NOUVELLE AFRIQUE JURIDIQUE ET POLITIQUE (NAJP)

N°1 – Juillet-Décembre 2024

Centre d'Études et de Recherches en Droit et Institutions Politiques (CERDIP)

NOUVELLE AFRIQUE JURIDIQUE ET POLITIQUE (NAJP)

N°1 – Juillet-Décembre 2024

L'Harmattan

5-7, rue de l'École polytechnique, 75005 Paris

http://www.harmattan.fr
https://www.editions-harmattan.fr

ISBN : 978-2-336-51769-8
EAN : 9782336517698

NOUVELLE AFRIQUE JURIDIQUE ET POLITIQUE

PRESENTATION ET LIGNE EDITORIALE

Nouvelle Afrique Juridique et Politique (NAJP) est la revue du **Centre d'Etudes et de Recherches en Droit et Institutions Politiques** (CERDIP) de la Faculté de Droit et des Sciences Economiques de l'Université Omar Bongo, à Libreville (Gabon). C'est une revue internationale francophone de doctrine et de jurisprudence, qui accueille des contributions originales et pertinentes dans le champ des sciences juridiques et politiques. Le comité scientifique de la revue veille à la qualité et au caractère inédit des contributions. NAJP rend également compte de l'actualité scientifique, juridique et politique, en Afrique et dans le monde.

Nouvelle Afrique Juridique et Politique paraît deux fois dans l'année, soit un numéro publié à la fin de chaque semestre (Janvier-juin et Juillet –décembre). C'est une revue à comité de lecture (*peer-reviewed journal*), qui évalue les propositions des auteurs en double aveugle (*double-blind reviewing process*). Les réponses d'acceptation ou de refus sont notifiées dans un délai raisonnable, à partir de la date de réception.

Les auteurs répondent à des appels thématiques. Ils peuvent aussi envoyer spontanément leurs articles pour des numéros *varia.*

COMITE DE REDACTION

Directeur :

Dr. Serges MEYE NDONG

Membres

Dr. Olga ALLOUME OKANE
Dr. Georges WORA
Dr. Roméo TSOUKA
Dr. Ghislain De Saint-Val MOUTSINGA
Dr. Nadia ASSENGONE
Dr. François NDJAMONO

NOTE DU COMITE DE REDACTION

Après sa création en 2002, la revue Afrique Juridique et Politique a connu, deux années durant, une existence à peu près normale, en offrant à ses lecteurs deux numéros par an, comme elle s'en était engagée.

Malheureusement, ce rythme de parution n'a pu être tenu, à cause des perturbations qui, chaque année, tendent à paralyser l'Université Omar Bongo et, donc, le fonctionnement du Centre d'Etudes et de Recherche en Droit et Institutions Politiques (CERDIP), dont dépend la revue.

Le présent numéro, par lequel le CERDIP relance la revue, désormais dénommée Nouvelle Afrique Juridique et Politique, se veut de marquer un nouveau départ. Le CERDIP vient ainsi mettre fin à la longue éclipse de la revue, et espère que se pérennisera la relative stabilité observée à l'Université Omar Bongo, ces derniers mois, pour assurer la régularité des parutions.

Nouvelle Afrique Juridique et Politique est par ailleurs relancée pour paraitre deux fois au cours d'une année civile. Le CERDIP rassure que ses membres seront informés des appels à communication par tous les canaux, à même d'en permettre une large diffusion.

SOMMAIRE

LE PRÉSIDENT DE LA RÉPUBLIQUE AUX ÉTATS-UNIS D'AMÉRIQUE ET AU CAMEROUN

Étude comparative des deux chefs d'États

Ramsès ABOMO AKONO
Faculté des Sciences Juridiques et Politiques
Université de Bertoua-Cameroun
ramsesabomoa@gmail.com

RÉSUME

Parler du Président de la République aux États-Unis d'Amérique n'a pas la même conception que celle du Cameroun. Si aux États-Unis d'Amérique le Président de la République arbore deux casquettes, celle de chef d'État et celle de chef de l'administration (ou Gouvernement) dans un exécutif monocéphale, tel n'est pas le cas au Cameroun. Au Cameroun, il est chef de l'État dans un exécutif bicéphale. Toutefois, il apparait qu'un rapprochement peut être fait entre les deux institutions dans le cadre de leurs attributions. En tant que chef de l'exécutif, ils exercent entre autres le pouvoir règlementaire, le pouvoir diplomatique, le pouvoir d'extradition et le droit de grâce.

Mots-clés : Président de la République, Chef d'Etat, Chef de l'administration, Statut, Attributions.

THE PRESIDENT OF THE REPUBLIC IN THE UNITED STATES OF AMERICA AND IN CAMEROON

Comparative study of the two heads of state

ABSTRACT

Talking about the President of the Republic in the United States of America is not the same concept as in Cameroon. If the United States of America the President of the Republic wears two hats that is to say, head of state and head of administration (or government) in a oneheaded executive, this is not the case in Cameroon. In Cameroon he is head of state in a two-heads de executive. However, it appears that these two heads of state have a rapprochement within the framework of their powers. As chief executive, they exercise among others the regulatory power, the diplomatic power, the power of extradition and the right of pardon.

Keywords: President of Republic, Head of state, Head of administration, Status, Attributions.

INTRODUCTION

En droit constitutionnel, la production scientifique portant sur le Président de la République semble devenue excessivement volumineuse[1]. Du moins, c'est la même conclusion à laquelle était

---

[1] Sans être très exhaustif, Voir. B. LACROIX et J. LAGROYE (dir.), *« Le Président de la République », Presses de la FNSP*, 1992 ; *« Président des Etats-Unis »,* in Dictionnaire constitutionnel, PUF, 1992 ; I. RICHIR, *Le Président de la République et le Conseil constitutionnel,* Thèse de Doctorat en droit public, Université de Paris X, 1990 ; M-C. PONTHOREAU, « Le Président de la République. Une fonction à la croisée des chemins, *Pouvoirs,* 2001/4 (n°99), pp. 33-44 ; C. AMAR, *Le Président de la République dans les régimes parlementaires bireprésentatifs européens*, Thèse Doctorat en Droit public, Université Lumière -Lyon-II, 2t., 2003, 1288p ; F-J. AIVO, *Le Président de la République en Afrique noire Francophone. Genèse, mutations et avenir de la fonction*, L'Harmattan, 2007, 643p ; A. Le Divellec, « Le Prince inapprivoisé », *Droits*, n°44, 2007 ; J. MASSOT, « Chef de l'Etat et chef du Gouvernement : la dyarchie hiérarchisée », *La Documentation française*, 2008 ; *pouvoirs*, n°41 (1987), « Le Président » et n°68 (1994), « qui gouverne la France ? » ; M-A. COHENDET, *Le Président de la République*, 2e éd., Dalloz, Paris, 2012, 187p ; M. FRANGI, *Le Président de la République, arbitrer, diriger, négocier*, L'Harmattan, 2012, 218p ; P-E. ABANE ENGOLO, « L'empêchement définitif du Président de la République en droit camerounais *», RADP*, Vol. I, n°1, Juin-Décembre 2012, pp. 182-204 ; J-L. ENGOUTOU, « Le Président de la République, chef des forces armées dans les Etats d'Afrique noire francophone », *RADP*, Vol. 6, n°11, 2017, pp. 29-48 ; J. POATY S, « Le serment du Président de la République dans les constitutions noires de succession française : un serment prostituée ? », *Annales de l'Université Marien N'gouabi, Sciences juridiques et politiques*, Vol. 18, n°2-2018, pp. 67-84 ; BIOY, A. LAQUIEZE, T. RAMBAUD, F. ROUVILLOIS (dir.), *Le Président de la Ve République et les libertés*, CNRS Editions, 2019, 378p ; P-E. ABANE ENGOLO et J-P. MARKUS (dir.), *La fonction présidentielle au Cameroun*, L'Harmattan, 2019, 455p ; C. MONEMBOU, « La parole constituante du Président de la République dans les Etats d'Afrique noire francophone », *Revue Afrilex*, 2020, pp. 1-23 ; S.F. SOBZE, « La suppléance du Président de la République en Afrique francophone », in *L'exception en droit, Mélanges en l'honneur de Joseph Owona*,

parvenu le Professeur Massimo LUCIANI dans un essai mettant en lumière les difficultés rencontrées par la doctrine lorsqu'il s'agit de systématiser les rapports juridiques entre le chef de l'Etat et les autres organes constitutionnels[2]. Parler du « rapport de droit »[3] est très largement utilisée par la science juridique. Dans certains domaines il apparait avec clarté ; dans d'autres, il manque de netteté ; c'est pourquoi il n'existe pas de théorie du rapport de droit qui soit partout reconnue et qui permette d'analyser sans coup férir toutes les situations. Dans la présente analyse, il sera question de mener une étude comparative entre le Président de la République aux Etats-Unis d'Amérique du Nord (USA) et au Cameroun[4]. Pour en saisir la substance, il convient de prime abord de clarifier certains concepts, car en droit, « il est toujours bon de s'interroger sur le sens et l'usage des mots »[5].

Une « étude comparative » apparait comme un examen qui met en comparaison[6] deux ou plusieurs éléments afin de déterminer leurs points de similarité et leurs différences. Elle peut s'appliquer dans n'importe quel domaine comme la science juridique, la science politique, etc. L'objectif d'une étude comparative est généralement de comprendre comment et pourquoi des notions se ressemblent ou pas. Cela permet de tirer des conclusions à partir de ce rapprochement méthodologique[7].

---

sous la (dir.) de Magloire Ondoa et Patrick Edgard Abane Engolo, L'Harmattan, Paris, 2021, pp. 717-754.

[2] M. LUCIANI, « La parabolla della presidenza della repubblica », *Rivista AlC*, n°1, 2014, pp. 1-3. En outre, ce constat est souligné d'entrée de jeu par Francesco Natoli dans son article publié en 2022 (Voir. F. NATOLI, « L'interprétation présidentielle de la Constitution dans les régimes parlementaires : une comparaison franco-italienne », *Revue des droits de l'homme*, n°21-2022, p. 1.

[3] La notion de « rapports » peut désigner, les liens ou les relations entre deux entités. Elle peut avoir un aspect statique en termes de position d'une chose par rapport à l'autre, ou un aspect dynamique en termes d'influence réciproque. Voir. F. MELIN-SOUCRAMANIEN et P. PACTET, *Droit constitutionnel*, Paris, Sirey, 37e édition, 2017, p. 493.

[4] Cette étude comparative permettra aussi de ressortir les différents rapports entre le Président de la République et les autres pouvoirs (le cas du pouvoir législatif).

[5] E. De MARI, « De la réformation à la réforme du droit », in O. SAUTEL (dir.), *Reformer le droit !*, LexisNexis Litec, 2007, p.7.

[6] Lire utilement : P. LEGRAND, « A propos d'une réflexion sur la comparaison juridique », *Revue internationale de droit comparé*, 1993, pp. 879-888.

[7] Par ailleurs, Selon le Professeur Mireille DELMAS-MARTY, *« les études comparatives conduisent aussi à résister, soit de façon radicale par le rejet de toute*

Sans l'ombre d'un doute, l'expression « Président de la République »[8] quant à elle marque la fin des empires, des régimes monarchiques et dictatoriaux. Celle-ci est connexe à une autre expression voisine à savoir « chef de l'Etat »[9]. Du latin « *praesidere* » qui signifie « présider », le Président de la République désigne le chef d'Etat des pays ayant choisi « une Constitution République »[10]. Le chef

intégration, soit de façon plus nuancée, excluant l'unification selon des règles uniformes mais ouvrant la voie d'une harmonisation autour de principes communs, appliqués avec marge nationale d'appréciation. Celles-ci, sortent de droit à la différence pour les Etats, permettraient, en conciliant les contraintes d'un droit commun et les exigences de la diversité, de conjuguer l'un et le multiple ». Voir. M. DELMAS-MARTY, Etudes juridiques comparatives et internationalisation du droit : Leçon inaugurale prononcée le jeudi 20 mars 2003, *Collège de France* 2003, pp. 11-57.

[8] Aux USA, « le Traité de Paris » (1783) met terme à la guerre d'indépendance des USA. Sa première Constitution est élaborée en 1787, puis le 4 mars 1789 (création des USA), qui instaure pour la première fois un Gouvernement fédéral (...). Le Président des USA est élu tous les quatre (4) ans en même temps que le vice-Président (généralement en fin d'années bissextiles) au suffrage universel indirect. Son mandat débute le 20 janvier de l'année suivante et dure quatre (4) ans (avant 1937, le mandat présidentiel commençait le 4 mars). Il ne peut se représenter que pour un second mandat. Notons que depuis 1951, le mandat présidentiel est de 4 ans renouvelable une seule fois. En France, le 22 septembre 1792, la décision est prise de dater les actes de l'an I de la République. C'est n'est qu'en 1848 que la véritable présidence de la République a été instituée par la Constitution de la IIe République, et non sans débat. Ce Président (Louis Bonaparte) est élu démocratiquement au suffrage universel direct, pour un mandat de 4 ans non renouvelable. Celui de la IIIe et IVe République est élu pour un mandat de 7 ans. Quant à celui de la Ve République en 1958, il est élu pour 5 ans au suffrage universel direct. A cela, il faut préciser que *« nul ne peut exercer plus de deux mandats consécutifs »*. Depuis 2000, le quinquennat va naitre en France et le mandat est de 5 ans renouvelable une fois. Le Cameroun va aussitôt s'inspirer de la France, depuis son accession à l'indépendance en 1960, le constituant du 4 mars 1960 prévoit que le mandat présidentiel est de 5 ans. Par la réforme du 18 janvier 1996, il est élu pour 7 ans renouvelables une fois, puis l'article 6 (2) de l'amendement de la loi d'avril 2008 fait du mandat du Président de la République 7 ans renouvelables à plusieurs fois (rééligible). Voir. B. LACROIX et J. LAGROYE (dir.), *op.cit.*, note 1.

[9] Au sens traditionnel, le chef de l'Etat est dans l'organisation des pouvoirs publics l'organe suprême. A ce titre, il est la tête du pouvoir exécutif.

[10] G. BURDEAU, *« Une survivance : la notion de Constitution »*, Mélanges A. MESTRE, SIREY 1956 ; M. HAURIOU, « *Précis de droit constitutionnel »*, CNRS, 1965, p. 242-292 ; P. BASTID, « L'idée de Constitution », *Economica*, 1985 ; P. AVRIL, « La Constitution : Lazare ou Janus ? », *RD publ.*, 1990, p. 949 ; C. SCHMITT, « *Théorie de la Constitution »*, PUF, 1993 ; M. TROPER, L. JAUME (dir.), 1789 et « *L'invention de la Constitution »*, Bruylant- LGDJ, 1994 ; O. BEAUD,

d'Etat est la personne qui exerce l'autorité suprême d'un Etat et représente son Etat dans les relations internationales. Il est le garant de l'unité[11], de l'intégrité[12] et de la continuité de l'Etat[13].

Sous ce versant, le chef de l'Etat est l'incarnation de la nation *« dans la mesure où la nation reste un projet fragile, elle a besoin de s'incarner dans un homme qui lui donne en quelque sorte son identité »*[14]. Il est souvent considéré comme le père de la nation avec une grande concentration de pouvoirs entre ses mains. C'est à juste titre que le Doyen Frédéric Joël AIVO affirme que : *« le Président a été et reste malgré les mutations contemporaines le principal régulateur de la vie sociale »*[15]. Quant à Gérard GONAC, il affirme que celui-ci *« (...) est au centre de tout. C'est lui qui bâtit la nation, dirige l'Etat et le personnalise à l'extérieur comme à l'intérieur »*[16]. Se situant au cœur du système constitutionnel parce que clef de voûte des institutions pour reprendre Michel DEBRE, le Président de la République, institution à la fois organe et personne[17] selon la dualité définitionnelle de Maurice

---

Constitution et droit constitutionnel », Dictionnaire de la culture juridique, PUF, 2003 et *Constitution et constitutionnalisme*, Dictionnaire de philosophie politique, PUF, 2003 ; A. Le DIVELLEC, *« Un ordre constitutionnel confus »,* in les 50 ans de la Constitution, Litec, 2008, p. 147 ; J. HUMMEL, « *Essai sur la destinée de l'art constitutionnel* », M. HOUDIARD, 2010 ; M. TROPER, D. CHAGNOLLAUD (dir.), « *Traité international de droit constitutionnel* », Dalloz, vol. 3, 2012 ; « Constitutions écrites dans l'histoire », *Jus Politicum*, Dalloz, vol. V, 2003 (et n°9 en ligne).

[11] C.G. ANGUE, « Le Président de la République, garant de l'unité nationale au Cameroun », in *La fonction présidentielle au Cameroun,* sous-la (dir.) de P-E. ABANE ENGOLO et J-P. MARKUS, L'Harmattan, 2019, pp. 113-138.

[12] T. O. TAMA AYINDA, « Le Président de la République, garant de l'intégrité du territoire en droit camerounais », in *La fonction présidentielle au Cameroun*, sous la (dir.), de P-E. ABANE ENGOLO et J-P. MARKUS, L'Harmattan, 2019, pp. 167-190.

[13] A. NGA NGONO, « Le Président de la République, garant de la continuité de l'Etat au Cameroun », in *La fonction présidentielle au Cameroun,* sous la (dir.), de P-E. ABANE ENGOLO et J-P. MARKUS, L'Harmattan, 2019, pp. 139-166.

[14] G. CONAC, « Portrait du chef d'Etat », *Pouvoirs*, n° 25, 1983, p. 121.

[15] F-J. AIVO, *op.cit.,* p. 23.

[16] G. GONAC, *ibidem*, note 14.

[17] A ce sujet, le Professeur Cyrille Monembou (à qui nous voulons une fois de plus rendre hommage), pense qu'il faut considérer que *« le Président de la République est une institution organe au regard des prérogatives qui lui sont accordées par les constituants. Il est ensuite une institution personne en ce sens que celui qui incarne l'institution bénéficie d'une protection lui permettant d'exercer en toute quiétude ses missions constitutionnelles ».* Voir. C. MONEMBOU, « La parole constituante du Président de la République dans les Etats d'Afrique noire francophone », *op.cit.,* p. 3.

HAURIOU[18] est inéluctablement appelé à jouer un rôle notable en matière constitutionnelle. Sa place à travers les pouvoirs qu'il détient de la Constitution[19], a toujours permis d'avoir une idée du régime politique dans un Etat, et son rôle à la tête du pouvoir exécutif[20] varie selon les Etats et leurs régimes politiques[21].

Suivant l'œuvre de MONTESQUIEU, l'on peut classer les régimes politiques en deux grandes catégories : les régimes de confusion de pouvoir et les régimes de séparation de pouvoir. Dans la typologie classique des régimes politiques, l'on distingue le régime présidentiel[22],

---

[18] M. HAURIOU, « La théorie de l'institution et de la fondation. Essai de vitalisme social », in *Aux sources du droit : le pouvoir, l'ordre et la liberté,* Cahiers de la Nouvelle Journée, n°23, 1925, réimprimée, Université de Caen, 1990. On dira également E. MILLIARD, « Hauriou et la théorie de l'institution », *Droit et société,* 1995, n°30/31, pp. 381-412.

[19] Lire. B-R. GUIMDO DONGMO, « Les rapports entre les pouvoirs dans le régime politique camerounais », in *L'exception en droit, Mélanges en L'honneur de Joseph Owona*, sous la (dir.) de Magloire Ondoa et Patrick Edgard Abane Engolo, L'Harmattan, Paris, 2021, pp. 83-105. En effet, l'auteur relève que « *le Président de la République est en effet habilité à faire, défaire et refaire le Gouvernement comme bon lui semble dès lors qu'aucune contrainte constitutionnelle ne s'impose à lui...* ». Par ailleurs, à la lecture de la loi constitutionnelle du 18 janvier 1996, il en ressort que, d'une part, une domination du législatif par l'exécutif car, le Président de la République désigne 30 sénateurs parmi les 100 que compte le Sénat (Art. 20 al. 1 de la Constitution), il influence le mandat des parlementaires à travers la prorogation et l'abrogation (Art. 15 al 4 de la Constitution) et peut initier la réunion du Parlement en congrès (Art. 14, al. 4 de la Constitution). D'autre part, il apparait une ascendance de l'exécutif sur le juridictionnel, car le Président de la République non seulement préside le Conseil supérieur de la magistrature (Art. 37 al. 3 Paragraphe 1 de la Constitution), mais également détient la carrière des magistrats (Art. 37 de la Constitution), sans oublier le pouvoir du Président de la République de dissoudre le Parlement (Art. 8 al. 12 de la Constitution). A ce sujet, le Professeur Bernard-Raymond GUIMDO DONGMO précise que « *la dissolution en question revêt un caractère réactionnaire et discrétionnaire* ».

[20] G. BURDEAU, « La fonction gouvernementale », *Revue politique et parlementaire*, 1946, p. 208 ; F. HAMON et M. TROPER, *Droit constitutionnel*, LGDJ, 37e éd., 2016, n°131-149.

[21] J. OWONA, *Droit constitutionnel et régimes politiques africains*, Berger-Levrault, 1985, 410p ; P. PARINI, *Régimes politiques contemporains*, Elsevier Masson, 1991, 308p ; P. LEROY, *Les Régimes politiques du monde contemporain- Tome 2*, PUG, 1er éd., 2013, 160p ; C-F. MOMO et E-A T. GATSI, « L'exécutif dualiste dans les régimes politiques des Etats d'Afrique noire francophone », *Les annales du droit*, n°14/2020, pp. 123- 166 ; GAZANO, *Régimes politiques étrangers*, Gualino, LGDJ, 1er éd., 2021, 48p.

[22] C'est un régime fondé sur la séparation stricte des pouvoirs. Le chef d'Etat est aussi le chef du Gouvernement, il exerce effectivement le pouvoir exécutif. Dans ce régime,

le régime parlementaire[23], le régime d'assemblée[24] et certaines autres variantes qui se définissent habituellement en fonction ou par rapport à ces grands types classiques à savoir le régime semi-parlementaire ou le semi-présidentiel[25]. Cependant, il est important de ne pas confondre les concepts de « régime » et « système politique ».

---

l'exécutif n'est pas responsable devant le corps législatif, contrairement au régime parlementaire. Le Gouvernement ne peut être renversé par le Parlement ou Congrès et inversement le pouvoir exécutif ne peut dissoudre le Parlement. La seule véritable et authentique expérience du régime présidentiel est celui des Etats Unis d'Amérique, qui a inspiré d'autres Constitutions américaines et d'ailleurs. En outre, lire F. GOGUEL, « Réflexions sur le régime présidentiel », *Revue française de science politique*, Vol XII - n°12-2, juin 1962, pp. 289-311 ; L. DUBOIS, « Le régime présidentiel dans les nouvelles constitutions des Etats africains d'expression française », *Revue de droit des pays d'Afrique*, Vol. 72, 1962, pp. 218-248 ; J-L. THIEBAULT, « Les périls du régime présidentiel », *Revue internationale de politique comparée*, n°2006/1 (Vol.13), pp. 95-113 ; J. BOUDON, *Manuel de droit constitutionnel. Tome I*, PUF, 3e éd., 16 avril 2021, 324p.

[23] C'est un régime fondé sur la séparation souple des pouvoirs. Le Gouvernement incarnant le pouvoir exécutif, peut être renversé par le Parlement devant lequel il est politiquement responsable. Les membres du Gouvernement ne sont pas élus, mais sont issus de la majorité parlementaire à laquelle ils doivent leur pouvoir.

Notons que : Si le Gouvernement n'est responsable que devant le Parlement alors le régime parlementaire est qualifié de « moniste », exemples : l'Angleterre, le Japon, l'Inde, le Canada, etc. Si le Gouvernement est responsable à la fois devant le Parlement et le chef de l'Etat, le régime parlementaire est « dualiste ». Le chef de l'Etat, s'il est élu au suffrage universel, joue un rôle politique important. Exemples : la France, la Russie, etc. Dans ce régime, il sied de constater que le chef d'Etat possède en théorie le pouvoir exécutif. Dans la pratique ce pouvoir est délégué à un chef du Gouvernement responsable devant le Parlement. En outre, lire D. TURPIN, *Le régime parlementaire*, Dalloz, Coll. Connaissance du droit, mai 1997, 116p ; C. AMAR, *Le Président de la République dans les régimes parlementaires bireprésentatifs européens*, *op.cit.*, note 1 ; J-P. FELDMAN, M. KOULIBALY, M. GBONGUE, E. KOUADIO, *Le régime parlementaire. Catalyseur du développement en Afrique*, L'Harmattan, 02 mai 2012, 86p ; J-P. JACQUE, *Droit constitutionnel et institutions politiques*, Dalloz, Coll. Mémentos, 13e éd., Août 2020.

[24] A. Le PILLOUER, « La notion de ''régime d'assemblée'' et les origines de la classification des régimes politiques », *Revue française de droit constitutionnel*, 2004/2 (n°58), pp. 305-333.

[25] Elaboré par le juriste français, spécialiste du droit constitutionnel, le Professeur Maurice Duverger né en 1942, a théorisé les régimes semi-parlementaire ou semi-présidentiel considérés comme des régimes mixtes. Empruntant des caractéristiques au régime parlementaire et régime présidentiel, il a pour critères : le chef d'Etat est élu au suffrage universel direct, le chef d'Etat ayant des prérogatives propres, la responsabilité du Gouvernement devant le Parlement. Il existe donc un partage de responsabilités entre le chef du Gouvernement et le chef de l'Etat, pouvant varier selon

Si les systèmes politiques désignent les grandes catégories d'organisation des pouvoirs publics, à savoir : les régimes démocratiques, les régimes autoritaires et les régimes totalitaires. Les régimes quant à eux désignent la forme d'organisation d'un Etat, c'est-à-dire le mode de fonctionnement qu'il définit dans sa Constitution des modes de scrutin, des rôles de chaque institution et de rapports entre les différents pouvoirs (exécutif et législatif). En effet, un régime politique se fonde sur un ensemble de règles concernant les modalités de la détention et de l'exercice du pouvoir politique qui reposent sur différents types d'institutions politiques. Le plus souvent ces règles sont définies dans le cadre d'une constitution (mais aussi dans d'autres textes juridiques, en particulier les lois organiques et les lois concernant les élections). A ces dimensions juridiques, s'ajoutent des dimensions politiques sur lesquelles la science politique met l'accent[26]. Ainsi, un régime politique combine un système juridique (constitutionnel) et un système politique qui, lui, renvoie à l'ensemble des interactions entre les institutions et les acteurs politiques[27].

Les USA et le Cameroun sont deux cultures et chaque culture a ses réalités. Sur le plan politique par exemple, les USA pratiquent un

---

les Constitutions. A titre d'illustration, la France sous la Ve République était semi-présidentiel. D'autres pays tels que : l'Islande, l'Irlande, l'Autriche, le Portugal et la plupart des pays de l'Europe de l'Est pratiqués ces formes de régime. Par ailleurs, lire : *Droit, institutions et systèmes politiques. Mélanges en hommage à Maurice Duverger*, Publ. Sous la (dir.) de Dominique Colas et Claude Emeri, Paris, PUF, 1987, 800p ; O. DUHAMEL, « Remarques sur la notion de régime semi-présidentiel », *Droit, institutions et systèmes politiques*, 1988, pp. 581-590 ; M-R. DONNARUMMA, « Le régime semi-présidentiel. Une anomalie française », *Revue française de droit constitutionnel*, Janvier 2013/1 (n°93), pp. 37-66.

[26] X. CRETTIEZ, J. De MAILLARD, P. HASSENTEUFEL, « Chapitre 3. Les régimes politiques », *Introduction à la Science politique,* 2018, pp. 74-115.

[27] En effet, le système politique est une catégorie plus générale qui prend en compte des éléments d'ordre idéologique ou socio-économique (les systèmes démocratiques, par exemple, comprennent plusieurs types de régime : parlementaire, présidentiel). Voir dans ce sens : M. DUVERGER, *Le système politique français. Droit constitutionnel et les systèmes politiques*, PUF, 1985, 624p ; J-L. VULLIERNE, *Le concept de système politique*, Thèse de Doctorat en Science politique, Université de Paris 1- Panthéon-Sorbonne, 1987 ; P. LEROY, *Les régimes politiques du monde contemporain-Tome 3*, PUG, 2001, 214p ; Y. MENY, *Le système politique français*, 7e éd., LGDJ, 2019, 160p.

régime politique dit présidentiel[28]. Par contre, au Cameroun le débat sur le véritable régime politique reste expansif[29]. D'un côté, il y a ceux qui pensent qu'il s'agit d'un régime parlementaire[30], de l'autre côté, il y a ceux qui estiment qu'il s'agit d'un régime semi-présidentiel ou alors d'un système présidentialiste[31]. Si l'on s'en tient à d'autres avis d'experts dans la matière à l'instar du Professeur Joseph OWONA : « *le Cameroun a évolué dans un régime parlementaire de type orléaniste*[32] *depuis 1978 [...]* »[33], même si aujourd'hui l'on parle d'un système présidentialiste[34]. A la vérité, le constituant camerounais ne cache pas sa préférence pour le modèle constitutionnel qui consacre la suprématie de l'institution présidentielle, lequel ne doit nullement être assimilé au prétendu régime présidentialiste et encore moins au régime présidentiel. De toute évidence, en attendant que de développements constitutionnels futurs changent la donne actuelle, le régime politique camerounais reste imprégné des traits caractéristiques du régime parlementaire dualiste.

---

[28] J. OWONA, *Droits constitutionnels et institutions politiques du monde contemporain. Etude comparative*, Paris, L'Harmattan, 2010, 730p ; J. BOUDON, « La séparation des pouvoirs aux Etats-Unis », *Pouvoirs,* 2012/4 (143), pp. 113-122.

[29] J-C. TCHEUWA, « Essai sur la qualification du régime politique camerounais : la difficile affirmation d'un régime authentiquement parlementaire », *Revue juridique et politique des Etats francophones*, Vol. 57, pp. 155-172.

[30] J-T. HOND, « De l'affirmation du caractère parlementaire du régime politique camerounais au regard de la Constitution du 18 janvier 1996 », *in Regards sur le droit public en Afrique. Mélanges en l'honneur du Doyen Joseph-Marie Bipoum Woum*, sous la (dir.), De Maurice Kamto, Stéphane Doumbe-Bille, Brusil Miranda Metou, L'Harmattan, 2016, pp. 65-78. En outre, Voir. Séminaire sur le thème *« Régime politique camerounais et séparation des pouvoirs »*, CERCAF, Université de Yaoundé II, 19 juin 2015 (inédit). Pour le Professeur Magloire Ondoa, l'universitaire défendait la thèse selon laquelle « *le régime politique camerounais est un régime parlementaire de type orléaniste* », ce que rejetait plutôt son co-panéliste le Professeur Mathias Eric Owona Nguini.

[31] J-T. HOND, *ibid.* En outre, Voir. Séminaire sur le thème « Régime politique camerounais et séparation des pouvoirs », CERCAF, Université de Yaoundé II, 19 juin 2015 (inédit). En effet, « Monter aux antipodes sur le même débat, le politiste Eric Mathias Owona Nguini, déclarait à ce sujet que *« le Cameroun n'est rien d'autre de plus qu'une monarchie même s'il y a un Président de la République élu »*. Dans ses répliques conclut-il « *A défaut d'être un présidentialisme, ce régime est une monarchie* ».

[32] Le parlementarisme orléaniste apparait comme une technique de décentralisation des régimes à forte prépondérance de l'exécutif, monarchie ou présidentialiste. Exemples : Cameroun (1978-2008 et suivant), le Royaume du Maroc (régie par la Constitution de 10 mai 1972), Burkina Faso (dans les décennies 1970).

[33] J. OWONA, *op.cit.*, note 28.

[34] J-T. HOND, *op.cit.,* note 30.

C'est dans ce sens que le Professeur Bernard-Raymond GUIMDO DONGMO affirme en effet que « *la séparation des pouvoirs telle que consacrée dans la Constitution camerounaise donne une configuration particulière aux rapports entre les pouvoirs. Ces rapports révèlent un régime parlementaire et une prépondérance de l'exécutif. Assurément, il s'agit d'un régime parlementaire orléaniste, car la branche présidentielle de l'exécutif et le Parlement sont dotés d'importantes attributions* »[35].

De ce fait, parler du Président de la République aux Etats-Unis d'Amérique n'a pas la même conception comme celle du Cameroun. Dès lors, l'on est en droit de se poser la question suivante : peut-on comparer le Président de la République aux USA et au Cameroun ? Si oui, quels sont les points de dissimilitude et de similitude entre les deux chefs d'Etats ? La réponse à la question ainsi posée est ambivalente. En effet, il convient de saisir à l'aide des textes juridiques et d'une approche comparatiste[36], toute la substance des rapports entre les deux chefs d'Etats. Une telle démarche est digne d'intérêt juridique, car, étudier le Président de la République aux USA et au Cameroun permet de mieux ressortir l'ossature institutionnelle et les pouvoirs qu'exercent ces deux chefs d'Etats. Si dans un régime parlementaire, le Président de la République est au centre du pouvoir[37], dans un régime présidentiel par contre, son pouvoir fait face au système de « *Checks and balances* »[38] comme aux USA. Ainsi, mener une étude comparative entre le Président de la République aux USA et au Cameroun laisse percevoir que d'une part, les deux Présidents ont des statuts différents (I), et d'autre part, ils exercent des attributions semblables (II).

---

[35] B-R. GUIMDO DONGMO, « Les rapports entre les pouvoirs dans le régime politique camerounais », *op.cit.*, p. 105.

[36] M-C. PONTHOREAU, « Cultures constitutionnelles et comparaison en droit constitutionnel », *in Démocratie et liberté : tension, dialogue, confrontation. Mélanges en l'honneur de Slobodan MILACIC*, *op.cit.*, 2008, pp. 219-237.

[37] P. JAN, *Le Président de la République au centre du pouvoir*, Documentation française (La), 2011, 214p.

[38] Ce système a fortement inspiré les rédacteurs de la Constitution américaine, ceux-ci ont institué en 1787 un régime présidentiel organisé selon une séparation stricte des trois pouvoirs. Ladite séparation est tempérée par l'existence de moyens de contrôle et d'action réciproques conçus conformément à la doctrine des « *Checks and balances* » (que l'on peut traduire par l'existence de procédures de contrôles et de contrepoids).

I- DEUX PRÉSIDENTS DE LA RÉPUBLIQUE AUX STATUTS DIFFÉRENTS

L'exercice du pouvoir exécutif aux Etats-Unis d'Amérique n'est pas identique à celui du Cameroun, car les deux Présidents de la République ont des Statuts distincts. Avant de s'accentuer sur la différenciation quant à leur entrée en fonction, mandat et responsabilité (B), il convient, de présenter la distinction au niveau de leur place au sein de l'exécutif (A).

A- LA DISTINCTION QUANT À LEUR PLACE AU SEIN DE L'EXÉCUTIF

Dans son sens le plus traditionnel, l'expression de pouvoir exécutif désigne la fonction d'exécution des lois et l'organe chargé de cette fonction[39]. S'il est clair que chaque pays a son propre système exécutif, cet exécutif peut être monocéphale[40] ou bicéphale[41]. Aux USA, le Président de la République exerce seul le pouvoir exécutif[42], car il est chef d'Etat et chef de l'administration (1). Par contre, au Cameroun, l'exécutif est exercé par le Président de la République et le Gouvernement (2).

1- Le Président des États-Unis d'Amérique : Chef d'Etat et chef de l'administration dans un exécutif monocéphale

Sans être mentionnée *expressis verbis* dans la Constitution américaine, le « locataire » de la maison blanche[43] incarne à la fois deux

---

[39] A. Le DIVELLEC, M. De VILLIERS, *Dictionnaire du Droit constitutionnel,* Dalloz, 11e éd., 2017, p.276.

[40] Dans un régime présidentiel, l'exécutif est souvent monocéphale. Il se résume au chef de l'Etat et le reste de l'administration lui est subordonné : c'est le cas des USA.

[41] Dans un régime parlementaire, l'exécutif est bicéphale. Il est composé du chef de l'Etat (cela peut-être le Monarque comme au Royaume-Uni ou en Suède) et du Gouvernement, parfois ramené à la personne du Premier ministre : c'est le cas de la France, le Cameroun, etc.

[42] Article 2, Section 1, Clause 1 de la Constitution américaine.

[43] Les USA ont connu plusieurs Présidents entre autres : son tout premier Président, SE. George Washington (du 30 avril 1789 au 4 mars 1797 indépendant, succédé par John Adams qui était fédéraliste). Quatre assassinés [Abraham Lincoln (républicain

fonctions, l'une, en tant que chef d'Etat, et l'autre, chef de l'administration[44] car, il est à la tête d'un exécutif monocéphale[45]. A lecture de la Constitution de 1787[46], qui organise une séparation nette et stricte entre les trois pouvoirs, le Président des USA détient le pouvoir exécutif, c'est lui le chef de l'exécutif[47]. En tant que chef d'Etat, le Président est élu au suffrage universel, il symbolise l'unité du pays, la continuité et la permanence de l'Etat, des pouvoirs qui lui sont conférés de l'acte fondamental (loi suprême et fondamentale des USA)[48].

Son entrée en fonction n'est pas fortuite, elle obéit à un rite démocratique devenu un évènement populaire car, le Président américain prête solennellement serment sur les marches du Capitole, siège abritant le Congrès. Conformément à l'article 2, Section 1, Clause 4 de la Constitution, il prononce la formule suivante *« Je jure (ou affirme) solennellement de remplir fidèlement les fonctions de Président des Etats-Unis et, dans toute la mesure de mes moyens, de sauvegarder, protéger et défendre la Constitution des Etats-Unis ».* Ce serment devenu un rituel américain est immuable depuis 1789 et marque la continuité d'une démocratie. A ce titre, faut-il le rappeler qu'il est commandant en chef de l'armée, chef de la diplomatie et détient le droit de grâce pour les crimes fédéraux, etc. Mais, en cas de

---

unioniste national 1861-1865), James A. Garfield (républicain de mars 1881 à septembre 1881), William Mc Kinley (républicain 1887-1901), et John F. Kennedy (démocrate] ; quatre sont morts naturellement [William H. Harrison, Zachary Taylor (whig), Warren G. Harding (républicain 1921-1923), et Franklin D. Roosevelt (démocrate 1933-1945)]. En 2022, quatre anciens Présidents des USA sont encore vivants : [Jimmy Carter (démocrate 1977-1981), Bill Clinton (démocrate 1993-2001), George W. Bush (républicain 2001-2009), Barack Obama (démocrate 2009-2017), Donald Trump (républicain 2017-2021) et Joe Biden (démocrate, 46e Président des USA depuis le 20 janvier 2021).

44 Relevons que la fonction de Président des USA fut établie lors de la ratification de la Constitution des Etats-Unis en septembre 1787 et le premier Président entra en fonction en 1789.

45 C'est lui le « *chief exécutive* » du « *too big govermment* » c'est-à-dire de vastes administrations bien diffuses.

46 La toute première Constitution des Etats-Unis a été adoptée par la Convention, le 17 septembre 1787, soit plus de dix ans après la proclamation unilatérale d'indépendance (4 juillet 1776) et quatre ans après l'indépendance des USA (le 3 septembre 1783, le Traité de Versailles officialise la naissance des USA…).

47 Article 2, Section 1, Clause 1 de la Constitution américaine.

48 *Ibid.*

décès ou d'incapacité du Président américain, le vice-Président[49] lui succède automatiquement car, l'on pourrait dire qu'il n'y a jamais de vacance du pouvoir présidentiel aux USA[50] comme cela peut s'observer dans certains Etats d'Afrique noire francophone[51].

Par ailleurs, chef de l'administration[52], pour exercer son pouvoir exécutif encore appelé pouvoir fédéral, il s'entoure des Ministres sous la dénomination des Secrétaires d'Etat (secretary) en charge d'un ministère (Department)[53], et d'un cabinet collectif voire non collégial[54]. Pour le Professeur Joseph OWONA, *« ce cabinet n'est pas une instance collective, il est totalement dépendant du Président des Etats-Unis qui dirige les activités de chacun de ses membres. Ceux-ci sont des administrateurs »*[55]. De Par son statut présidentiel, ses compétences s'étendent dans les 50 Etats qui composent les Etats-Unis[56]. En tant que chef de l'administration, il jouit d'un vaste pouvoir règlementaire autonome, sur un budget fédéral le plus élevé du monde depuis la

---

[49] En tant que second personnage de l'Etat après le Président, le Vice-président est élu par le même collège électoral qui élit le Président, en même temps et pour la même durée de mandat de quatre ans. Notons que le Vice-président n'a pas de pouvoir propre, son principal rôle constitutionnel est de lui succéder en cas d'incapacité. Ce fut d'ailleurs le cas de Lyndon Johnson, après l'assassinat de John F. Kennedy en 1963 et Gerald Ford, à la démission de Richard Nixon en 1974.

[50] En effet, entre le moment où il entre en fonction (2 mois et demi), le Président sortant assure toutes les prérogatives de Président des Etats-Unis.

[51] E. KEMFACK TEMFACK, « La vacance de la présidence de la république en droit constitutionnel camerounais », *Revue Afrilex*, 2018, pp. 1-29.

[52] Notons que l'Administration (the Administration) aux USA est le pouvoir fédéral des Etats-Unis. C'est une appellation des médias désignant le pouvoir exécutif.

[53] Il existe quinze départements ministériels à chaque tête un secrétaire : le Département des affaires étrangères (Department of state), le Département de la justice (Department of justice), le Département de l'éducation, santé et des services sociaux, des anciens combattants, sécurité intérieure, des transports, du trésor, de la défense, de l'intérieur, de l'agriculture, du commerce, du travail, du logement et du développement urbain, de l'énergie.

[54] D. LEVY, « Le ''Cabinet'' du Président des Etats-Unis », *Revue française de société politique*/ Année 1954 /4-2 / pp. 363-383.

[55] J. OWONA, *op.cit.,* note 28.

[56] Ainsi par exemple, si la police est du ressort de chacun des Etats sur son territoire, le FBI (Fédéral Bureau of Investigation, principal service fédéral de la police judiciaire), qui dépend du Department of Justice, peut intervenir sur tout le territoire des Etats-Unis pour les délits fédéraux (comme l'enlèvement ou le crime organisé) ou les délits inter-Etats.

seconde guerre mondiale[57]. Cependant, tel n'est pas le cas du Président camerounais, car il est chef d'Etat dans un exécutif bicéphale.

2- Le Président du Cameroun : Chef d'état dans un exécutif bicéphale

Au Cameroun, conformément à l'article 5 (1) de la Loi n°96/06 du 18 janvier 1996 portant révision de la Constitution du 02 juin 1972, il est clairement établi que « *Le Président de la République est Chef de l'Etat* ». Cette formule lourde de signification est révélatrice de la place que la Constitution réserve à l'institution présidentielle dans le constitutionnalisme camerounais. Un détour dans l'histoire constitutionnelle du Cameroun permet de rendre compte que cette disposition est constante dans les textes constitutionnels. Seulement, l'usage des mots n'est pas identique, car avant la réforme constitutionnelle du 18 janvier 1996, la formulation la plus usuelle était la suivante : « *Le Président de la République, Chef d'Etat* »[58]. Au-delà de cette divergence de libellé, l'objectif reste le même, à savoir : renforcer les pouvoirs et le statut de celui qui est désigné comme Chef de l'Etat. Dans une perspective comparative, cette disposition est perceptible dans quasiment toutes les Constitutions des Etats d'Afrique noire francophone[59], ce qui traduit une volonté d'affirmer la prépondérance du Président de la République sur les autres pouvoirs[60].

Par ailleurs, il exerce ses fonctions dans un exécutif bicéphale dans la mesure où, l'exécutif appartient au Président de la République et au

---

[57] L'administration Trump a publié en mars 2019 sa proposition budgétaire pour l'année fiscale 2020 à un taux de 4750 milliards de dollars. Cela constituait un nouveau record dans l'histoire de gouvernement fédéral des Etats-Unis. En 2021, sous l'administration de Joe Biden, le budget des USA a atteint un grand record à hauteur de 6000 milliards de dollars pour l'exercice de la nouvelle année 2022.

[58] Lire dans ce sens : l'article 11 de la Constitution du 4 mars 1960 ; l'article 8 de la Loi n°61-24 portant révision constitutionnelle et tendant à adapter la Constitution actuelle aux nécessités du Cameroun réunifié. Et l'article 5 de la Constitution du 2 juin 1972.

[59] A titre illustratif : l'article 33 de la Constitution centrafricaine du 30 mars 2016 ; l'article 41 de la Constitution béninoise du 11 décembre 1990 ; l'article 64 de la Constitution congolaise du 6 novembre 2015 ; l'article 36 de la Constitution burkinabé du 2 juin 1991 révisée ; l'article 54 de la Constitution ivoirienne du 8 novembre 2016, etc.

[60] S. BALDE, *La convergence des modèles constitutionnels. Etude des cas en Afrique subsaharienne*, Publibook, Paris, 2011, 536p.

Gouvernement. Il définit la politique de la nation[61] et le Gouvernement met en œuvre celle-ci. Bien qu'étant un régime de séparation souple des pouvoirs, l'on note que le Président de la République est le moteur de l'appareil étatique[62] et considérer comme la clef de voûte du système et des institutions politiques[63] au Cameroun. Il incarne l'unité nationale et est garant de la cohésion sociale[64]. En effet, le texte constitutionnel désigne le Président de la République comme un acteur de premier plan dans la garantie de la cohésion sociale[65]. C'est à lui que revient le devoir de prendre des mesures indispensables pour éviter des cas de sécession ou de division de la population. De ce fait, il peut être considéré comme le garant de la diversité linguistique et culturelle du Cameroun[66]. Dans la même veine, il veille au respect de la Constitution, assure par son arbitrage le fonctionnement régulier des pouvoirs publics, garant de l'indépendance nationale, de l'intégrité du territoire, de la permanence et de la continuité de l'Etat (…)[67]. La fonction présidentielle au Cameroun est donc très remarquable avec des pouvoirs important[68] car, il faut relever que la position centrale qu'occupe le Président de la République au sein des institutions camerounaises se fonde sur le fait qu'il est l'élu de la nation toute entière[69].

En revanche, le Gouvernement applique et met en œuvre la politique de la nation telle que définie par le Président de la République[70] dans la mesure où, la définition de la politique de la nation est une prérogative constitutionnelle, qui n'est pas méconnue dans le paysage

---

[61] J-M. NDZINA NOAH, « La définition de la politique de la nation par le Président de la République », in *La fonction présidentielle au Cameroun*, sous la (dir.), P-E. ABANE ENGOLO et J-P. MARKUS, L'Harmattan, 2019, pp. 35-59.

[62] F-X. MBOME, *Régimes politiques africains,* Yaoundé, Editions Bala, 1990, p. 69.

[63] G. CONAC, *op.cit.,* note 14.

[64] F. DAVID, « Le Président de la République, garant de la cohésion sociale », *RFDC*, n°59, 2004, p. 535.

[65] *Ibid.*

[66] P-E. MBPILLE, *Le Président de la République en droit constitutionnel camerounais*, Thèse de Doctorat en droit public, Université de Yaoundé II, 2015, p. 185.

[67] Article 5 alinéa 2 de la Constitution camerounaise.

[68] Lire utilement l'ouvrage collectif sous la (dir.) P-E. ABANE ENGOLO et J-P. MARKUS, *La fonction présidentielle au Cameroun*, L'Harmattan, 2019, 474p.

[69] L'alinéa 2 de l'article 5 de la Constitution camerounaise dispose que le Président de la République est *« élu de la nation tout entière, il incarne l'unité nationale… »*.

[70] Article 11 alinéa 1 de la Constitution camerounaise.

constitutionnel africain[71]. A la tête du Gouvernement se trouve un Premier ministre qui est le chef du Gouvernement. Il dirige l'action de celui-ci, exécute les lois et exerce aussi le pouvoir règlementaire, tout en nommant et révoquant sous réserve des prérogatives reconnues au Président de la République[72]. Après avoir présenté la distinction quant à leur place au sein de l'exécutif, *Quid* de la différenciation quant à leur entrée en fonction, mandat et responsabilité ?

B- LA DISTINCTION QUANT À LEUR ENTRÉE EN FONCTION, MANDAT ET RESPONSABILITÉ

Bien qu'étant tous les régimes démocratiques et, à chaque démocratie ses réalités, l'élection se présente comme la voie idéale pour accéder au pouvoir. Si les urnes constituent l'arme la plus forte d'accession au pouvoir dans une démocratie, il faut dire que les techniques de désignation du Président de la République varient dans chaque pays (1), de même que leur mandat et responsabilité divergent en fonction de chaque Constitution (2).

1- Une divergence quant à leurs modalités de désignation

Alexis De TOCQUEVILLE au milieu du XIXe siècle pensait déjà à son temps que « *Dans toute démocratie le peuple a le gouvernement qu'il mérite, le pouvoir l'appartient...* »[73]. Autrement dit, c'est « le gouvernement du peuple, par le peuple et pour le peuple »[74]. Suivant ce principe, la souveraineté appartient donc au peuple[75], qui choisit ceux

---

[71] T. A. MBIDA ELONO, « La définition de la politique de la nation dans les Etats d'Afrique noire francophone », *Revue africaine de droit public*, Vol. X, n°24, 2021, pp. 271-311.

[72] Article 12 de la Constitution camerounaise.

[73] A. De TOCQUEVILLE, *De la démocratie en Amérique I*, Paris, Flammarion, 1981, coll. ''GF'', p. 438.

[74] Voir. Définition de la démocratie par le juriste, homme politique, 16e Président américain SE. Abraham Lincoln (Républicain Unioniste national de 1861 à 1865). Lire en outre : A. DUHAMEL et B. MERCIER, *« La démocratie : ses fondements, son histoire et ses pratiques »,* Québec, le Directeur général des élections, 2000, p. 13 et 15.

[75] Le Doyen Magloire Ondoa, dans ses enseignements de Droit constitutionnel et Régimes politiques (inédit) pense au sujet de la démocratie que « le peuple est le souverain ». Autrement dit, « le peuple c'est Dieu, ce que le peuple veut, c'est ce qu'on fait... ».

qui le gouverneront[76]. Le mode d'accession au pouvoir dans une démocratie est le vote donc la reconnaissance se fait à travers un suffrage universel[77]. Ce suffrage peut être direct (l'électeur désigne lui-même ses représentants) ou indirect (lorsque le corps électoral élit un collège restreint de « grands électeurs », qui à son tour désigne ses représentants du peuple) en fonction de chaque démocratie. Car, ne dit-on pas que « *nul gouvernement n'est légitime si son autorité et ses fonctions ne découlent pas du consentement des gouvernés* »[78].

Au Cameroun, le vote est libre, c'est un droit civique ou politique et non une obligation[79], des citoyens âgés de vingt (20) ans révolus, inscrits sur une liste électorale[80]. L'élection présidentielle a lieu au scrutin uninominal majoritaire à un tour, vingt jour (20) jours au moins et cinquante (50) jours au plus avant l'expiration des pouvoirs du Président de la République en exercice[81]. Est élu, le candidat ayant obtenu la majorité des suffrages exprimés[82]. En effet, au Cameroun « *le Président de la République est élu au suffrage universel direct, égal et*

---

[76] Ce principe apparait dans plusieurs Constitutions des Etats d'Afrique d'expression française. Sans être exhaustif, lisons : Art. 3 Const. 04 octobre 1958 en France ; Art. 2 Const. 18 janvier 1996 au Cameroun ; Art. 4 Const. 11 décembre 1990 au Benin ; Art. 3 Const. 22 janvier 2001 au Sénégal ; Art. 32 Const. 02 juin 1991 au Burkina Faso ; Art. 5 Const. 12 mai 1996 au Niger ; Art. 3 Const. 04 mai 2018 au Tchad ; Art. 50 Const. 08 novembre 2016 en Côte d'Ivoire, etc.

[77] C'est l'organisation électorale dans laquelle voter est un droit reconnu à l'universalité des citoyens. C'est ce qu'impliquait l'article 6 de la Déclaration de 1789 : « Tous les citoyens ont le droit de concourir personnellement, ou par leurs représentants, à sa formation […] ». Par ailleurs, le suffrage universel consiste en la reconnaissance du droit de vote à l'ensemble des citoyens. Il est défini par opposition au suffrage restreint qui réserve le droit de vote à certains citoyens, en particulier au suffrage indirect.

[78] J-H. HALLOWEL, cité par S. DAKO, *Processus électoraux et transitions démocratiques en Afrique noire francophone. Etude des cas du Benin, du Cameroun, du Gabon, du Sénégal et du Togo*. Thèse de Doctorat, Université d'Abomey-Calavi, 2008, p.12.

[79] La question de rendre le vote obligatoire a souvent été débattue. Tels que la Belgique, la Suisse, la Grèce, ce qui n'est pas le cas au Cameroun ou en France. En revanche, le droit de vote est moralement un devoir pour les citoyens, comme le rappelle l'inscription figurant sur les cartes électorales : *« voter est un droit, c'est aussi un devoir civique »*.

[80] Article 45 de la Loi n°2012/001 du 19 avril 2012 portant Code électoral du Cameroun.

[81] Article 116 alinéa 3 de la même loi susmentionnée.

[82] Article 116 alinéa 4 de la même loi susmentionnée.

secret, à la majorité des suffrages exprimés »[83]. Cette élection est à un tour, direct et les éventuels candidats à la présidentielle doivent être des citoyens camerounais d'origine, ayant trente-cinq (35) ans révolus à la date de l'élection[84]. Il prête serment devant le peuple camerounais en présence des membres du Parlement, du Conseil constitutionnel et de la Cour suprême réunis en séance solennelle[85]. Le serment est reçu par le Président de l'Assemblée nationale, la formule du serment et les modalités d'application des dispositions des alinéas 1 et 2 de l'article 7 de la Constitution camerounaise sont fixés par la loi[86]. Tel n'est pas le cas aux USA.

Par contre, l'élection présidentielle américaine est un scrutin indirect permettant l'élection du collège électoral qui choisit le Président des USA et le vice-Président. La désignation des « grands électeurs » et le choix des candidats font l'objet de règles établies par chacun des Etats d'où sont issues des traditions plus au moins formalisées. Autrement dit aux USA, les citoyens n'élisent pas directement leur Président de la République, ceux-ci désignent les grands électeurs qui représentent chaque(s) Etat(s) en fonction des quotas, et c'est à leur tour (les grands électeurs) d'élire le Président américain. Cela suit un processus à partir des primaires présidentiels dans chaque Etat[87]. Au cours de ses primaires, les candidatures sont évaluées par des comités exploratoires[88] car, les candidats recherchent des soutiens financiers.

---

[83] Article 6 alinéa 1 de la Loi n°96/06 du 18 janvier 1996 portant révision de la Constitution du 02 juin 1972 du Cameroun.

[84] Article 6 alinéa 5 de la Constitution camerounaise.

[85] Article 7 alinéa 2 de la Constitution camerounaise.

[86] Article 7 alinéa 3 de la Constitution camerounaise.

[87] Encore appelé « caucus », l'ensemble des primaires qui se tiennent dans chaque Etat des USA, font partie du mécanisme de désignation du candidat d'un parti à l'élection présidentielle américaine. Elles sont organisées à l'intérieur des Etats entre février et juin de l'année de l'élection présidentielle. Alors que les primaires sont organisés par les Etats et les communautés locales, les partis politiques s'occupent directement des caucus. Dans les deux cas, l'élection est indirecte : les participants ne votent pas directement pour un candidat, mais pour un nombre maximum de délégués, liés par un serment, aillent à la convention nationale du parti voté effectivement pour leur candidat. Dans la même veine, il faut relever que les partis décident eux-mêmes du nombre de délégués de chaque Etat, qui est représentatif de leur population (…) des supers délégués participent également à l'élection d'ailleurs sont en majeurs partie des membres du gouvernement et des dirigeants du parti, qui eux ne prêtent pas serment et votent donc à leur guise.

[88] V. SAMSON, « Le casse-tête du processus électoral américain », *le Figaro,* 01 janvier 2008, [lire en ligne].

Toutefois, il est possible à des candidats indépendants de se présenter sans passer par les primaires[89]. Chaque Etat y a alors une voix, peu importe son nombre d'habitants ou de représentants[90]. Ainsi, le candidat qui a le plus grand nombre des grands électeurs emporte tous les sièges des grands électeurs[91]. Si aucun candidat ne recueille la majorité absolue des votes des grands électeurs (égalité ou dispersion des voix), c'est la Chambre des représentants qui élit le Président et le Sénat désigne le vice-Président en vertu du XIIe Amendement.

En outre, la Constitution américaine énumère les critères d'éligibilité pour être Président des USA, il s'agit entre autres[92] : Être âgé d'au moins 35 ans ; Être citoyen des Etats-Unis à la naissance ou être citoyen à la date de ratification de la Constitution, pour les premières élections ; Avoir résidé aux Etats-Unis pendant au moins 14 ans ; Ne pas être candidat à un troisième mandat[93], etc. Dans tous les cas lorsqu'il est élu, avant son entrée en fonction le Président de la République prête serment conformément à la Constitution devant Dieu[94] et le peuple américain[95]. L'autre point de différenciation entre les deux institutions peut se situer au niveau de leur mandat et responsabilité.

---

[89] V. SAMSON, *ibid.*

[90] Une telle procédure fut d'ailleurs utilisée en 1800 pour l'élection de Thomas Jefferson et en 1824 pour l'élection de John Quincy Adams.

[91] A titre illustratif, cette règle de la totalité a été appliquée à l'élection présidentielle de 2008, lorsque le démocrate Barack Hussein Obama, un américain d'origine africaine devenait le 44e Président des USA, sur un score de 338 grands électeurs contre 163 pour le républicain John Mc Cain De même qu'en 2016, le républicain Donald Trump damait le pion à Hilary Clinton sur un total de 278 grands électeurs contre 219 pour sa rivale démocrate, ainsi que le démocrate Joe Biden en 2020 sur un score de 206 grands électeurs contre 232 pour Donald Trump (Lire. A. Le GENTIL, Présidentielle américaine : le décompte définitif conforte la victoire du démocrate Joe Biden, Le Journal du Dimanche, https://www.lejdd.fr 14 novembre 2020).

[92] Article 2 de la Constitution des Etats-Unis et les amendements s'y rattachant.

[93] Cf. Amendement suite au décès du Président Franklin Delano Roosevelt, lors de son quatrième mandat. Depuis ce triste évènement, tous les Présidents américains restent conformes à la volonté du père fondateur George Washington, de n'exercer au plus que deux mandats.

[94] C. MONEMBOU, « Dieu dans les Constitutions africaines. Réflexion sur la place du divin dans le nouveau constitutionnalisme des Etats d'Afrique noire francophone », in M. Badji et S.Tall, *Les transformations de l'Etat. Mélanges en l'honneur de Babacar Gueye*, Toulouse, Presses de l'Université de Toulouse 1 Capitole.

[95] Section 1, Article 2, section 2 de la Constitution américaine.

2- Une divergence quant à leur mandat et responsabilité

Le débat sur le mandat présidentiel au Cameroun est sans cesse rebondissant. En effet, le Cameroun souffre d'une absence de clause du mandat présidentiel. Depuis son accession à la souveraineté, le Cameroun a évolué vers un vent de dictature institutionnelle car, le constituant du 4 mars 1960 n'a pas mis une clause au mandat présidentiel, il est de « *5 ans renouvelable* ». Cela va évoluer de la IIe République[96] à la IIIe République[97], avant de voir la volonté précaire du constituant du 18 janvier 1996 qui tente de mettre cette clause, il précise que le mandat du Président de la République est de « *7 ans renouvelable une seule fois* »[98]. Cette IVe République annonce un air de renouveau, malheureusement depuis l'amendement constitutionnel du 14 avril 2008, l'on a assisté à un reflux du constitutionnalisme camerounais[99] caractérisé par le renforcement du statut présidentiel, il n'est plus question de « *7ans renouvelable une fois* », mais plutôt de « *7 ans rééligible* »[100]. C'est dire donc, à l'état actuel du droit constitutionnel camerounais, le mandat présidentiel est limité dans le temps, mais pas dans le nombre[101]. Si le Président de la République au Cameroun semble être une « éternisation au pouvoir dans la mesure où son mandat n'est pas limité dans le nombre » [102] tel n'est pas le cas aux USA.

---

[96] La Constitution du 1er septembre 1961 accouche la IIe République, à savoir la République fédérale du Cameroun. Le Président de la République fédérale est chef de l'Etat fédéral et chef du Gouvernement fédéral et est assisté dans sa mission d'un vice-Président de la République fédérale. Il est élu pour un mandat de 5 ans rééligible.

[97] La Constitution du 2 juin 1972 accouche la IIIe République, à savoir la République unie du Cameroun. Le Président de la République est chef d'Etat et chef du Gouvernement bien qu'il nomme le Premier ministre (poste symbolique). Il est élu pour 5 ans au suffrage universel direct et secret, il est rééligible.

[98] Article 6 de la Constitution camerounaise.

[99] J-M. KOBILA, « Peut-on parler d'un reflux du constitutionnalisme au Cameroun ? », *RASJ*, vol. 6, n°1, 2009, pp. 267-306.

[100] Ainsi, le constituant du 14 avril 2008 précise dans l'alinéa 2 de l'article 6 que : « *Le Président de la République est élu pour un mandat de sept (7) ans. Il est rééligible* ».

[101] J-M. BIKORO, *Le temps en Droit constitutionnel africain. Le cas des Etats africains d'expression française*, Thèse de Doctorat en Droit public, Université de Yaoundé II, 2018, p. 55.

[102] A. TCHOUPIE, « La suppression de la limitation du nombre de mandats présidentiels au Cameroun : analyse de la bifurcation de la trajectoire d'une politique institutionnelle », *Revue africaine des relations internationales*, Vol.12, n°1 & 2,

Aux USA, la stabilité constitutionnelle est certaine[103]. D'une part, l'on assiste à l'absence des révisions informelles de sa Constitution, d'autre part, l'on peut observer la volonté du constituant américain d'avoir limité le mandat dans le nombre[104]. Ainsi, le XXIIe amendement[105] a mis une clause du mandat présidentiel aux USA, car, précise-t-il : « *Nul ne pourra être élu à la présidence plus de deux fois [...]* », qu'il soit consécutif ou non[106].

A la suite de la question du mandat présidentiel, il sied, de dire aussi un mot sur la question de la responsabilité des deux Présidents. Sont-ils responsables politiquement ou pénalement ? Au Cameroun, parler de la responsabilité du Président de la République invite à distinguer d'un côté la responsabilité politique et de l'autre côté la responsabilité pénale. L'idée d'une responsabilité politique du Président camerounais peut se traduire à la lecture de l'article 53 (2) de la Constitution en vigueur[107], qui met en exergue l'hypothèse de la mise en accusation du Président de la République devant le Parlement statuant dans la majorité

2009, pp. 5-37. Conseil pour le développement de la recherche en sciences sociales en Afrique, 2011 (ISSN 0850-7902).

[103] P. JUILLARD, « Le mythe de la stabilité constitutionnelle aux Etats-Unis », *Revue française d'études constitutionnelles et politiques,* n°29, Avril 1984, pp. 5-20.

[104] Il faut noter que, depuis le décès du Président Franklin Delano Roosevelt en plein exercice de son quatrième mandat non achevé, la clause du mandat présidentiel a été instituée aux USA (deux ans après sa mort, en 1947).

[105] Le XXIIe amendement a été adopté le 21 mars 1947 et entrée en vigueur le 27 mars 1947 afin de limiter le mandat présidentiel américain. Lire utilement : J. BOUDON, « La désignation du Président des Etats-Unis », *RDP*, n°5, 2005, p. 1303.

[106] Le texte du XXIIe amendement a deux sections précises : Section 1 : « *Nul ne pourra être élu à la présidence plus de deux fois, et quiconque aura rempli la fonction de Président, ou agi en tant que Président, pendant plus deux ans dans un mandat pour lequel quelque autre personne était nommée Président, ne pourra être élu à la fonction de Président plus d'une fois. Mais cet article ne s'appliquera pas à quiconque remplit la fonction de Président au moment où cet article a été proposé par le congrès, et il n'empêchera pas quiconque pouvant remplir la fonction de Président, durant le mandat au cours duquel cet article devient exécutoire, de remplir la fonction de Président ou d'agir en tant que Président durant le reste de ce mandat.* ». Section 2 : « *Le présent article ne prendra effet qu'après sa ratification comme amendement à la Constitution par les législatures de trois quarts des différents Etats dans un délai de sept ans à dater de sa présentation aux Etats par le congrès.* ».

[107] Par une lecture comparative, on retrouve cette armature constitutionnelle dans bien d'autres Etats. C'est le cas de l'article 68 de la Constitution en vigueur en France, en Côte d'Ivoire (Art. 161 Const.), au Gabon (Art. 78 al.3 Const.), au Congo Brazzaville (Art. 95 al. 3 Const.), etc.

des quatre cinquièmes[108]. Dans la pratique, il faut dire que cette responsabilité n'est qu'un leurre dans un contexte de prépondérance ou d'omnipotence du chef de l'Etat sur les autres pouvoirs (par exemple le pouvoir de remaniement, de nomination de l'exécutif[109] et la majorité présidentielle au parlement), mais aussi et surtout le fait qu'il n'existe pas encore une procédure claire de destitution du Président au Cameroun devant le Parlement. En revanche, l'on assiste plutôt d'une part, à la responsabilité du Gouvernement devant le Parlement[110] car, le Parlement peut renverser le Gouvernement en cas de mise en œuvre de la responsabilité politique de ce dernier[111]. D'autre part, à la responsabilité du Parlement devant le Président de la République car, le Président de la République peut, en cas de nécessité et après consultation du Gouvernement, des bureaux de l'Assemblée nationale et du Sénat, prononcer la dissolution de l'Assemblée nationale[112]. L'élection d'une nouvelle assemblée a lieu conformément aux dispositions de l'article 15 (4) de ladite Constitution[113]. De ce point de vue, la dissolution en question revêt un caractère réactionnaire et discrétionnaire[114]. De ce qui en découle, l'on pourrait alors penser qu'au Cameroun, la responsabilité politique du Président de la République est encore un mythe.

[108] En effet, l'alinéa 2 de l'article 53 de la Constitution camerounaise dispose : « Le Président de la République ne peut être mis en accusation que par l'Assemblée nationale et le Senat statuant par un vote identique au scrutin public à la majorité des quatre cinquièmes des membres les composant ».

[109] T. OJONG, *L'infraction politique en droit pénal camerounais*. Université de Douala, DEA en Droit privé fondamentale, 2005.

[110] Lire l'alinéa 2 de l'article 11 et 34 de la Constitution camerounaise.

[111] B-R. GUIMDO DONGMO, « La responsabilité politique du gouvernement dans la constitution camerounaise », *Revue de la Recherche Juridique/ Droit et Prospectif*, n° 2007-4, pp. 2099-2119.

[112] Article 8 alinéa 12 de la Constitution camerounaise.

[113] En effet, l'alinéa 4 de l'article 15 de la Constitution précise à cette question : « *En cas de crise grave ou lorsque les circonstances l'exigent, le Président de la République peut, après consultation du Président du Conseil constitutionnel et des bureaux de l'Assemblée nationale et du Senat, demander à l'Assemblée nationale de décider, par une loi, de proroger ou d'abréger son mandat. Dans ce cas, l'élection d'une nouvelle Assemblée nationale a lieu quarante (40) jours au moins et cent vingt (120) jours au plus après l'expiration du délai de prorogation ou d'abrégement de mandat* ».

[114] M-A. COHENDET, *Droit constitutionnel,* LGDJ, Lextenso éditions, Collection Cours, 2015, p. 528.

Quant à la responsabilité pénale, celle-ci fait couler beaucoup d'encre et de salive. En effet, la question de la responsabilité pénale du Président de la République au Cameroun est considérée comme une hypothèse théorique. Certes, l'article 53 alinéa (1) de la Constitution camerounaise engage la responsabilité du Président de la République en cas de haute trahison des actes accomplis dans l'exercice de son pouvoir et que les autres actes des articles 5, 8, 9 et 10 de la Constitution sont couvert d'immunités même au terme de son mandat. A la bonne analyse de ces dispositions, il sied, de constater que la haute trahison évoquée ici n'est pas bien définie. Cela suscite d'ailleurs des interrogations au point où, l'on se demanderait qu'entend-on par actes de haute trahison ? Quels sont les actes de haute trahison ? Et quelles sont les peines prévues en cas de haute trahison ? S'il ne fait aucun doute que la haute trahison est une conduite ayant une parenté avec les infractions pénales, on doit cependant souligner que les textes ne la définissent pas. Cette carence pose un grave problème d'un point de vue de la légalité des délits et des peines[115]. La seule consolation à ce niveau est l'affirmation selon laquelle la Haute cour de justice prononce les peines prévues par les lois pénales ordinaires[116]. A partir de là, il ne semble pas insensé de penser que la haute trahison est une qualification générique et que le cas échéant, il faudra rechercher dans les lois pénales la qualification précise à appliquer. Au regard de l'absence précise, du silence du constituant et du législateur dans le cadre de la définition des infractions politiques (telles que la haute trahison...)[117], il en découle que le Président de la République au Cameroun dans la pratique est irresponsable politiquement et pénalement des actes commis dans l'exercice de ses fonctions. Car, il bénéficie d'une immunité judiciaire qui le couvre du fait de ses fonctions présidentielles[118]. C'est peut-être dans ce sens que le Professeur Luc SINDJOUN affirmait : « *Les institutions en Afrique et plus*

---

[115] J-M. TCHAKOUA, *Introduction générale au droit camerounais*, Presses de l'UCAC. ISBN : 2-848449-026-8, N°04-119/07-08.

[116] Article 35 de l'Ordonnance n°72/07 du 26 août 1972.

[117] T. OJONG, *L'infraction politique en droit pénal camerounais,* DEA en Droit privé fondamental, Université de Douala, 2005.

[118] C'est dans ce sillage que le Professeur Francis Ampère Simo affirmait entre autres : « *au plan politique la Constitution du Cameroun fait du Président de la République un irresponsable* ».

particulièrement au Cameroun permettent au Président d'en user à sa convenance »[119].

Si les chefs d'Etats en France et (au Cameroun) bénéficient souvent d'une immunité provisoire[120], dans la mesure où protéger la fonction dans un système constitutionnel où le Président de la République joue un rôle essentiel, toute appréciation de ses actes doit être politique, pour reprendre le Doyen Georges VEDEL interroger par Thierry BREHIER[121]. Par contre, il faut reconnaitre que cela connait une relativité aux USA, car les USA sont souvent érigés en modèle d'indépendance de la justice.

Aux USA, la question de la responsabilité du Président américain ne se situe pas dans le cadre d'une question de défiance ou encore d'une motion de censure, il s'agit en réalité de l'hypothèse d'une responsabilité politique ou pénale. La probabilité donc de l'engagement de la responsabilité du Président américain se voit à travers une procédure communément appelée « *l'impeachment* »[122] renvoyé devant le Sénat par la Chambre des représentants pour y être jugé en cas de « trahison, corruption, ou autres hauts crimes et délits ». Il faut préciser que, cette mise en accusation à l'endroit du Président américain peut aussi se voir engager à l'endroit du vice-Président, des juges et fonctionnaires fédéraux pour « trahison, concussion et autres crimes ou

---

[119] M-T. KOFFI, L. SINDJOUN, « Le Président de la République au Cameroun (1982-1996). Les acteurs et leur rôle dans le jeu politique », Bordeaux, CEAN-IEP., 1996, 45p, *Etude internationale*, Vol. 28, n°3, 1997, p. 666-667.

[120] P. ARDENT, « Responsabilité politique et pénale des chefs d'Etat, des chefs de gouvernement et des ministres », *Revue internationale de droit comparé*, n°2, Avril-Juin 2002, pp. 465-485 ; L. FAVOREU « De la responsabilité pénale et politique du Président de la République », *Revue française de droit constitutionnel,* 2002/1 (n°49), pp. 7-29.

[121] Voir. *Le Monde* du 27 aout 1998.

[122] L'impeachment qui signifie « mise en accusation » ou « procédure de destitution », est une procédure Anglo Saxon permettant au pouvoir législatif de destituer un haut fonctionnaire. Utilisée en des rares cas au Royaume-Uni, cette procédure est surtout connue par son utilisation aux Etats-Unis depuis la fin des années 1990, contre Bill Clinton (en 1998) et Donald Trump (en 2019). Sa procédure compte trois étapes : * l'enquête (menée en général par le Comité judiciaire de la Chambre des représentants des Etats-Unis), * le vote à la majorité simple par la Chambre des représentants et, * le procès (qui se tient devant le Sénat des Etats-Unis, présidé par le vice-Président, ou par le Président de la Cour suprême si c'est le Président qui est jugé ; la décision de culpabilité ne peut être acquise qu'à la majorité des deux tiers).

délits majeurs »[123]. Dès lors, l'article 2 de la Constitution des Etats-Unis, traitant du Président, dispose dans sa Section 4 : « *Le Président, le vice-Président et tous les fonctionnaires civils des Etats-Unis seront destitués de leurs charges sur mise en accusation et condamnation pour trahison, corruption ou autres crimes et délits majeurs* ». Cette procédure constitutionnelle est non politique, mais juridique. En effet, en vertu de la conception américaine de séparation stricte des pouvoirs, la procédure de destitution est de nature juridique. Elle n'est en aucun cas une sanction politique. De ce fait, les fonctionnaires destitués ne peuvent par exemple pas être graciés par le Président des Etats-Unis.

En outre, le verdict d'un « *impeachment* » peut seulement être la destitution de l'accusé et l'interdiction d'occuper tout poste officiel[124]. Seuls les tribunaux peuvent, une fois l'accusé déchu, le juger pour ses actes et le condamner aux peines prévues par la loi. Si le Président est déclaré coupable à la majorité des deux tiers, il est destitué[125]. Mais, souvent dans la plupart des cas aux USA, cette mise en accusation a été spectaculaire parfois exceptionnelle[126], car sur une soixantaine de procédures depuis 1789, le quart a abouti, soit à l'acquittement (un cas sur deux), soit à la condamnation ou démission[127]. Dans la même perspective, mettant au jour la fragilité de l'articulation des pouvoirs au sein d'un régime présidentiel, le procès en destitution contre Donald Trump a semblé confirmer le jugement selon lequel « les crises d'un régime parlementaire sont des crises de gouvernement alors que celles

---

[123] M. LONG, « Le statut pénal du Président de la République », *Revue française de droit constitutionnel*, 2003/4 (n°56), pp. 877-886.

[124] Article 1, Section 3, Constitution américaine.

[125] Article 2, Section 4 de la Constitution des Etats-Unis.

[126] Ainsi en plus de deux cents ans, il y'a eu plusieurs procédures d'impeachment à l'encontre d'un Président, dont aucune n'a donné lieu à une condamnation : Andrew Johnson en 1868 (crimes et délits) ; William Clinton en 1996 (pour parjure, faux témoignage et obstruction à la justice) ; Bill Clinton en 1998 (crimes contre l'Etat…) ; Donald Trump en 2019-2020 (pour abus de pouvoir, et entrave à la bonne marche du Congrès). Une seule procédure à l'encontre d'un Ministre ou agent fédéral de l'exécutif : un Secrétaire d'Etat à la guerre en 1976 (a permis sa destitution et son jugement pénal). Onze procédures à l'encontre de juges fédéraux, dont le quart a abouti à leur destitution. Notons que : le 37e Président américain Richard Nixon (pour entrave à la justice et violation des droits constitutionnels des citoyens) a démissionné avant que ne puisse aboutir la procédure d'impeachment.

[127] Trois ont concerné les Présidents Andrew Johnson-acquitté en 1868, Richard Nixon, qui démissionna en 1973, William-Jefferson, Bill Clinton, acquitté (de parjure et d'obstruction à la justice) en 1999.

affectant un régime présidentiel sont souvent des crises de régime »[128]. Dans ce procès, le 18 décembre 2019, le républicain Donald Trump a été officiellement mis en accusation (*impeached*) par la Chambre des représentants. Le premier article d'accusation a été adopté par 230 voix contre 197, et le second par 229 voix contre 198. Il fallait au minimum 216 pour les valider[129].

Si les Présidents de la République américaine et camerounaise ont deux statuts différents, il n'en demeure pas moins que ces deux figures emblématiques peuvent avoir des attributions similaires.

II- DEUX PRÉSIDENTS DE LA RÉPUBLIQUE AUX ATTRIBUTIONS SEMBLABLES

Au-delà de la polémique sur les statuts du Président de la République aux USA et au Cameroun, il y a lieu de constater qu'en tant que chef exécutif et clef de voûte du système politique dans leur pays, ces deux Présidents du point de vue constitutionnel exercent presque les mêmes attributions, qu'elles soient internes (A), ou externes (B).

A- LA SIMILLITUDE QUANT À LEURS ATTRIBUTIONS INTERNES

L'expression « attributions » peut renvoyer aux « compétences », « pouvoirs », « obligations » qui s'associent à une charge, une fonction, un poste exercé par une autorité[130]. Au plan national, ils existent plusieurs attributions similaires qu'exercent les deux Présidents de la République : c'est le cas des pleins pouvoirs. Ces pleins pouvoirs

---

[128] J. HUMMEL, « La procédure d'impeachment contre Donald Trump peut-elle être qualifiée de conflit constitutionnel ? », *Revue internationale de droit constitutionnel, Jus politicum,* n°27, Février 2021.

[129] *Ibid.*

[130] En droit, on parle plus du concept de « compétence ». En effet, la compétence apparait comme une aptitude juridique à prendre les actes correspondant à l'exercice d'une fonction gouvernementale, administrative, juridictionnelle ou d'un mandat exécutif... (cf. A. Le DIVELLEC, M. De VILLIERS, *Dictionnaire du Droit constitutionnel*, Dalloz, 11e éd., 2017, p.62).

peuvent se voir selon qu'on est en temps normal (1) ou en temps de crise (2).

1- L'exercice des pouvoirs en période normale

Qu'on soit au Cameroun ou aux USA, le Président de la République exerce les pleins pouvoirs. En tant que clef de voûte du système et des institutions politiques[131], il est le garant de la Constitution, de l'indépendance, de l'intégrité et de la souveraineté de son pays. Par ailleurs, il est le chef ou le commandant en chef de l'armée et exerce le pouvoir réglementaire. Au Cameroun, comme aux USA, la Constitution reconnait le Président de la République comme le commandant en chef de l'armée. L'article 2, Section 2 (1) de la Constitution américaine dispose à ce sujet : « *Le Président sera commandant en chef de l'armée et de la marine des Etats-Unis, et de la milice des divers Etats quand celle-ci sera appelée au service actif des Etats-Unis...* ». Cette même disposition constitutionnelle apparait dans l'article 8 (2) et (3) de la loi fondamentale du Cameroun.

En effet, depuis 1960, les Constitutions consacrent expressément la subordination de l'autorité militaire au pouvoir civil en désignant le Président de la République comme chef des forces armées[132]. Le texte constitutionnel du 18 janvier 1996 s'est donc inscrit dans la continuité de ses devanciers en reconnaissant au Président de la République cette compétence. Il y a donc, une « *affirmation de principe de l'autorité du Président de la République sur l'armée* »[133]. Ainsi, l'alinéa 2 précise : « *[...] Il est le chef des forces armées* » et l'alinéa 3 ajoute : « *[...] Il veille à la sécurité intérieure et extérieure de la République* ». A ce sujet, l'on ne le dira jamais assez, il possède à ce titre l'initiative voire la conduite des opérations militaires dans la défense du territoire, en veillant à la sécurité intérieure et extérieure de la République. L'on peut d'ailleurs comprendre pourquoi au Cameroun il délègue un Ministre chargé de la défense et d'un Secrétaire d'Etat à la défense ou chargé de

---

[131] G. CONAC, « Portrait du chef d'Etat », *op.cit.,* p. 121.
[132] Lire l'article 16 de la Constitution du 4 mars 1960 ; les articles 8, 12 de la Loi n°61-24 portant révision constitutionnelle et tendant à adapter la Constitution actuelle aux nécessités du Cameroun réunifié et l'article 9 de la Constitution du 2 juin 1972.
[133] J-L. ENGOUTOU, « Le Président de la République, chef des armées dans les Etats d'Afrique noire francophone », *op.cit.,* p. 33.

la sécurité intérieure, cela peut aussi s'observer aux Etats-Unis. Car, c'est un domaine de pleine souveraineté qu'il exerce. En tant de paix donc, le Président de la République commandant en chef des forces armées, peut user de son pouvoir pour maintenir l'ordre public[134]. A cela s'ajoute l'exercice du pouvoir réglementaire.

Le pouvoir réglementaire qu'exerce chaque chef d'Etat dans son pays est consacré par la norme fondamentale. Certes, dans le contexte camerounais tout comme en France et dans les Etats d'Afrique noire francophone, les titulaires du pouvoir réglementaire sont nombreux[135], mais le Président de la République exerce un pouvoir réglementaire dit initial par opposition à celui des ministres et autres autorités administratives qui exercent un pouvoir réglementaire dérivé[136]. Il peut donc nommer et révoquer ses collaborateurs à tout moment, vu que le mutisme constitutionnel sur la durée des fonctions gouvernementales ou administratives rend l'existence des membres en question précaire[137]. Au Cameroun[138] par exemple, le Président de la République conformément à l'article 10 (1) de la Loi n°96/06 du 18 janvier 1996 nomme le Premier ministre et, sur proposition de celui-ci, les autres membres du Gouvernement. Il met fin à leurs fonctions. C'est lui qui crée et organise les services publics de l'Etat[139], nomme aux emplois civils et militaires de l'Etat[140], confère les décorations et les distinctions honorifiques de la République[141].

Aux USA, le Président bénéficie des mêmes pouvoirs à la lecture de l'article 2, Section 2, alinéa 2 de la Constitution, car il nomme ses

---

134 Cela a été souvent le cas aux USA par exemple comme l'on fait Eisenhower en Arkansas en 1957 (pour contrer la ségrégation scolaire à Little Rock), J. Kennedy au Mississipi et en Alabama en 1962 et 1963 pour des raisons semblables ou encore George W. Bush dans la lutte contre le terrorisme. Par ailleurs, au Cameroun cela s'est souvent vu à maintes reprises par la prise des mesures afin de faire revenir la paix et de maintenir l'ordre public par le Président Paul Biya au sujet de la guerre contre Boko-Haram et la crise anglophone.

135 B. SELLIER, *Droit administratif*, Tome, Flammarion, Paris, 2001, p.98.

136 *Ibid*

137 J.M. BIKORO, « Le Président de la République chef de l'Etat au Cameroun », in *La fonction présidentielle au Cameroun,* sous la (dir.), P-E. ABANE ENGOLO et J-P. MARKUS, L'Harmattan, 2019, p. 23.

138 Article 8 alinéa 8 de la Constitution camerounaise.

139 Article 8 alinéa 9 de la Constitution camerounaise.

140 Article 8 alinéa 10 de la Constitution camerounaise.

141 Article 8 alinéa 11 de la Constitution camerounaise.

secrétaires d'Etat, les ambassadeurs, les procureurs de district fédéraux, les consuls, les juges à la Cour suprême et tous les autres fonctionnaires des Etats-Unis, etc. Il lui faudra alors obtenir la confirmation du Sénat. A ce titre, il révoque également ses collaborateurs à tout moment. Par ailleurs, il exerce le pouvoir règlementaire d'application car, il exécute les lois votées par le Congrès, mais toujours est-il, c'est lui qui les promulgue et peut les rejeter à tout moment[142]. Quant au Cameroun, l'article 8, alinéa 5 de la Constitution en vigueur consacre également le pouvoir de promulgation des lois tel que prévu à l'article 31 au Président de la République. En outre, ces pleins pouvoirs peuvent aussi s'étudier en période de crise ou d'urgence.

2- L'exercice des pouvoirs en période de crise

En temps de crise les pouvoirs du Président présentent une augmentation sensible par rapport aux périodes plus normales[143]. Au Cameroun, c'est l'article 9 de la Constitution qui traite de cette question. En effet, l'alinéa 1 dispose : « *Le Président de la République peut, lorsque les circonstances l'exigent, proclamer par décret, l'état d'urgence qui lui confère des pouvoirs spéciaux dans les conditions fixées par la loi* ». L'alinéa 2 ajoute : « *Le Président de la République peut, en cas de péril grave menaçant l'intégrité du territoire, la vie, l'indépendance ou les institutions de la République, proclamer, par décret, l'état d'exception et prendre toutes mesures qu'il juge nécessaires. Il en informe la Nation par voie de message* ». Quant aux USA, la Constitution américaine contrairement à la plupart des Constitutions européenne et africaine qui ont, dans un certain sens « constitutionnalisé » les pouvoirs de crises[144], ne prévoit pas

[142] Article 2, Section 2, al. 2 de la Constitution américaine.

[143] R-K. GOOCH, « Les pouvoirs du Président des Etats-Unis d'Amérique. Leur évolution récente », *Revue internationale de droit comparé*, Vol. 2 n°3, juillet-septembre 1950, pp. 481-494.

[144] A cette question, il faut noter que les pouvoirs de crises ont été constitutionnalisés dans d'autres Etats du monde comme : en France (Art. 16, Constitution de la Ve République, 4 Octobre 1958) ; en Suisse (Art. 68, Constitution du 1er janvier 2020) ; en Espagne (Art. 116, Constitution du 6 décembre 1978) ; au Brésil (Art. 136 & 137, Constitution du 5 octobre 1988) ; au Benin (Art. 68, Constitution du 2 décembre 1990 modifiée le 5 juillet 2018) ; au Sénégal (Art. 52 , Constitution du 7 janvier 2001 révisée par la Loi n°2019-10) ; au Gabon (Art. 25 & 26, Constitution du 26 mars 1991 modifiée par la Loi n° 47/2011 du 12 janvier 2011) ; au Niger (Art. 67, 68 et 69

l'application d'un quelconque régime d'exception[145]. Seulement, il convient de préciser que le silence de la Constitution américaine ne signifie pas interdiction : implicitement, l'article 1, Section 9 habilite le Congrès à prendre de telles mesures pour restaurer l'ordre : « *[...] Le privilège de l'ordonnance de l'habeas corpus ne pourra être suspendu, sauf dans les cas de rébellion ou d'invasion, si la sécurité publique l'exige [...]* »[146].

En revanche, la Stafford Act, une loi fédérale des Etats-Unis de 1988 substitue peut-être à ce mutisme de la Constitution américaine. En effet, la Stafford Act, est une version modifiée de 1988 de la Loi de 1974 sur les secours en cas de catastrophe[147]. Il a créé le système en place aujourd'hui par lequel une déclaration présidentielle de catastrophe ou d'urgence déclenche une aide financière et l'assistance physique à travers l'Agence fédérale de gestion des urgences (FEMA)[148]. Son contenu semble séduisant au-delà de certaines critiques diffuses[149]. Car, ladite loi consacre plusieurs dispositions en cas de catastrophes[150]. Ces dispositions confèrent au Président américain le pouvoir d'apprécier, d'autoriser, de préparer, d'administrer et, de déterminer toute règle ou tout règlement qui peut être nécessaire pour exercer les pouvoirs qui lui

---

Constitution du 30 octobre 2010) ; au Tchad (Art. 96, Constitution du 04 mai 2018) ; en Centrafrique (Art. 43 & 44, Constitution du 30 mars 2016) ; au Maroc (Art. 59, Dahir n°1-11-91 du 27 chaabane 1432 (29 juillet 2011), etc.

145 W. MASTOR, « L'état d'exception aux Etats-Unis : le USA PATRIOT Act et autres violations ''en règle'' de la Constitution », *Cahiers de la recherche sur les droits fondamentaux*, n°6-2008, pp. 61-70.

146 *Ibid.*

147 Notons que, la Loi de 1974 sur les secours en cas de catastrophe (loi publique 93-288) a été adoptée par le Président Richard Nixon comme loi fédérale des Etats-Unis qui a établi le processus présidentiel de déclaration de catastrophe, www.presidency.ucsb.edu.

148 Voir. Fondation New America, Le paysage juridique de la gestion des urgences aux Etats-Unis, avril 2011.

149 Cf. (Evans Désirée, L'étude sur la réponse du gouvernement à Katrina souligne le besoin d'une réforme de la loi Stafford, 2011 ; Le Veil homme et la tempête, *PBS Frontline*, 2012 ; Protéger le droit de l'homme au retour avec la dignité et justice après l'ouragan Katrina, *Défenseur des droits de l'humains environnementaux*, 2011 ; H.R. 592-113ème Congrès. Congrès des Etats-Unis, 2013).

150 Entre autres : Constatations, déclarations et définitions (Titre 1) ; Préparations aux catastrophes et assistances à l'atténuation (Titre 2) ; Administration de l'assistance en cas de catastrophe majeure d'urgence (Titre 3) ; Programmes d'assistance en cas de catastrophe majeure (Titre 4) ; Programmes d'assistance d'urgence (Titre 5) ; Préparation aux situations d'urgences (Titre 6) et divers (Titre 7).

sont conférés dans ladite loi. Cela peut se faire soit par l'intermédiaire d'une agence fédérale, soit par tout autre moyen que le Président juge approprié[151].

Par ailleurs, il faut souligner que les crises sont une réalité de la vie quotidienne. Il est donc normal que le droit les appréhende et leur consacre un régime juridique que l'on qualifie généralement de régime d'exception[152]. Pour cela, le droit doit s'adapter en permanence à la vie sociale[153]. L'adaptation du droit ne signifie pas l'élaboration d'un droit absolument nouveau, mais désigne en réalité des modifications successives apportées aux lois et principes à titre de réformes. Or, ces réformes sont souvent adoptées par le législateur sous forme de lois d'exception ou lois spéciales. L'encadrement des crises appelle donc la mise en place d'un régime d'exception[154]. Le cas le plus récent est la crise sanitaire de Coronavirus[155] où de nombreux pays ont mis en place des régimes dérogatoires[156]. Elle a permis en plus un retour sur les rapports entre les épidémies et le droit[157] et susciter un nombre exceptionnel d'analyses doctrinales sur cette question[158]. Face à cette crise sanitaire, les deux Présidents ont pris des mesures d'urgences[159]

---

[151] Voir. Robert T. Stafford Disaster Relief and Emergency Assistance Act, Public Law 93-288, as amended, 42 U.S.C. 5121 et seq., and Related Authorities. *United States Code, Title 42. The public Heath and welfare, Chapter 68. Disaster Relief.* Notes: Non-Stafford Act sections appear in U.S. Code sequence for convenience, *FEMA P-592*, may 2019, 181p.

[152] T. HUYEN NGUYEN, *La notion d'exception en droit constitutionnel français,* Thèse de Doctorat en droit public, Université de Paris I-Panthéon-Sorbonne, 2013, 643p ; J. ANDRIANTSIMBAZOVINA, « Les régimes de crise à l'épreuve des circonstances sanitaires exceptionnelles », *RDFL*, 2020, chron. n°20.

[153] T. HUYEN. NGUYEN, *op.cit.*, p. 321.

[154] J. DJEUYA TCHUPOU, « La lutte contre le Coronavirus (COVID-19) au Cameroun : recherches sur les fondements juridiques de la stratégie gouvernementale de riposte face à la pandémie », *Le Nemro, Revue trimestrielle de droit économique*, Avril/Juin 2020, pp. 300-313.

[155] Devenue une pandémie mondiale depuis mi-mars 2020 selon l'OMS.

[156] R. NEMEUDEU, « Le Covid-19 et le droit », *Chronique in Le Nemro, Revue trimestrielle de droit économique*, Janvier/mars 2020, p.1.

[157] R. NEMEDEU, « Les pandémies et le droit », *Le Nemro, Revue trimestrielle de droit économique*, Avril/juin 2020, pp. 1-4.

[158] Lire en ce sens : A. GELBLAT, L. MARGUET, « Etat d'urgence sanitaire : la doctrine dans tous ses états ? », *Revue des droits de l'homme*, Avril 2020, pp. 1-29.

[159] Le vendredi 13 mars 2020 le Président américain Donald Trump décrète l'état d'urgence aux USA face à la crise du Coronavirus. Une mesure qui permettra de débloquer jusqu'à 50 milliards de dollars de fonds fédéraux pour aider les Etats et les

afin de protéger leur population[160] et de réaffirmer la préservation du droit à la vie, du droit à la santé des êtres humains tels que conférés dans certaines normes juridiques[161]. Que dire à présent des attributions externes des deux Présidents ?

B- LA SIMILLITUDE QUANT À LEURS ATTRIBUTIONS EXTERNES

John Fitzgerald KENNEDY en son temps affirmait déjà que « *Le Président américain est un homme au pouvoir extraordinaire qui l'exerce dans les limites extraordinaires* »[162]. En effet, l'auteur s'impressionnait sur l'importance des pouvoirs du chef d'Etat américain même au niveau externe. Lesdits pouvoirs trouvent leurs fondements dans un certain nombre de sources dont les unes sont expresses, d'autres implicites. Une telle remarque peut aussi s'observer des pouvoirs du Président camerounais. Car, les deux chefs d'Etats exercent presque les mêmes attributions internationales, c'est le cas par exemple du pouvoir diplomatique (1), de l'exercice du pouvoir d'extradition et du droit de grâce (2)

---

localités des Etats-Unis à lutter contre la pandémie Covid-19. Quant au Président de la République du Cameroun SE. Paul Biya par le canal de son chef du Gouvernement Joseph J. Ngute, a déclaré la lutte acharnée contre la Covid-19, le mardi 17 mars 2020 en prenant treize mesures (...).

[160] Il faut noter que, ces mesures d'urgences sanitaires à un moment ont été sujettes de restriction de certaines libertés et droits fondamentaux. Voir. G. ONDOUA AKOA, « La liberté d'aller et venir à l'épreuve du Covid-19 », *Le Nemro, Revue trimestrielle de droit économique,* Avril/juin 2020, pp. 447-458.

[161] Lire par exemple : la Constitution de l'Organisation mondiale de la santé de juillet 1946 ; le Préambule de la
Constitution du 18 janvier 1996 au Cameroun ; les articles 1 et 11 de la Déclaration américaine des droits et devoirs de l'homme du 2 mai 1948 ; l'article 4 de la Déclaration américaine relative aux droits de l'homme du 22 novembre 1969 ; les articles 4 et 16 de la Charte africaine des droits de l'homme et des peuples du 27 juin 1981 ; les articles 3 et 25 de la Déclaration universelle des droits de l'homme du 10 décembre 1948 ; l'article 6 du Pacte international relatif aux droits civiques et politiques et l'article 12 du Pacte relatifs aux droits économiques, sociaux et culturels du 16 décembre 1966.

[162] Cf. Définition de la fonction du Président de la République par John Fitzgerald Kennedy (35e Président de la République des USA). En outre, lire L. FISCHER, N. MOURTADA-SABBAH, « Les pouvoirs inhérents du Président américain. Une menace pour les valeurs démocratiques ? », *Pouvoirs,* 2006/4 (n°119), pp. 115-125.

1- L'exercice du pouvoir diplomatique

En tant que chef d'Etat, chaque Président est chef de la diplomatie dans son pays. Les deux Présidents assurent une fonction de représentation. Ils reçoivent et rencontrent les chefs d'Etats étrangers. Ils ont le pouvoir de nommer les ambassadeurs, de reconnaitre ou non des gouvernements étrangers, sans oublier la noble tâche de négocier et de conclure les traités et accords internationaux. Conformément à la Constitution américaine, le Président américain conclut les traités qui engagent le pays sur la scène internationale, il appartient au Sénat de les ratifier (à la majorité des deux tiers)[163], même si le Président a la possibilité de contourner cette obligation en concluant des accords exécutifs[164].

Dans la même perspective, pour son homologue camerounais, la norme fondamentale lui confère d'office les fonctions de représentation de l'Etat dans tous les actes de la vie publique. Ainsi, il accrédite les ambassadeurs et les envoyés extraordinaires auprès des puissances étrangères. Les diplomates et les délégués extraordinaires des puissances étrangères sont accrédités auprès de lui[165]. C'est lui qui négocie et ratifie les traités et accords internationaux. Toutefois, les traités et accords internationaux qui concernent le domaine de la loi, défini à l'article 26 de la Constitution sont soumis avant ratification à l'approbation en forme législative du Parlement.[166] Ainsi, sous l'impulsion et l'orientation du Président de la République du Cameroun, chef de la diplomatie, il apparait que le Cameroun élargi de jour en jour son cercle des partenaires mondiaux par le canal de la diplomatie. Suivant l'exercice du pouvoir diplomatique, comment les deux Présidents de la République exercent-ils le pouvoir d'extradition et le droit de grâce ?

2- L'exercice du pouvoir d'extradition et du droit de grâce

Considérée comme the « *publica manu* » c'est-à-dire la « main de l'Etat » à l'étranger dans la lutte contre la délinquance[167], l'extradition

[163] Article 2, Section 2 de la Constitution américaine.
[164] Article 1, Section 7 de la Constitution américaine.
[165] Article 8 alinéa 4 de la Constitution camerounaise.
[166] Article 43 de la Constitution camerounaise.
[167] R-M. OUMAROU, *Le respect des droits de l'homme dans la procédure d'extradition*, Master en sciences juridiques et politiques option droit public, Université catholique de l'Afrique de l'Ouest, 2012.

est un mécanisme juridique par lequel un Etat (Etat requis) livre une personne qui se trouve sur un territoire à un autre Etat (Etat requérant) qui la réclame aux fins des poursuites ou d'exécution d'une peine[168]. Dès lors, l'Etat requis peut ordonner une extradition à un Etat requérant. Il faut relever cependant, que l'autorisation d'un extradé repose sur la confiance que l'Etat requis a vis-à-vis de l'Etat requérant, car très souvent lorsque l'Etat requérant soupçonne ou à des sérieuses raisons de penser que la personne dont l'extradition est demandée sera soumise dans l'Etat requérant aux tortures et autres peines ou traitements cruels, inhumains et dégradants, l'extradition est refusée[169].

Au Cameroun, le Président de la République a promulgué la Loi n°2005/007 du 27 juillet 2005 dans l'enthousiasme feutré des grands baptêmes législatifs[170]. Ce Code de procédure pénale définit l'extradition comme « *un acte par lequel un Etat remet un étranger trouvé sur son territoire à un autre Etat, sur la demande de celui-ci aux fins de poursuites pour une ou plusieurs infractions de droit commun ou pour l'exécution d'une peine privative de liberté prononcée contre cet étranger par une juridiction répressive de l'Etat requérant en raison d'une ou de plusieurs infractions de droit commun* »[171]. Il faut préciser en plus que « *quiconque s'est, sur le territoire national, rendu complice d'un crime ou d'un délit commis à l'étranger, peut être poursuivi et jugé au Cameroun suivant la loi étrangère et la loi camerounaise, à condition que l'existence du fait principal ait été établie par une décision définitive d'une juridiction étrangère compétente* »[172]. Ladite législation prévoit aussi l'objet d'une poursuite et d'un jugement au Cameroun, quiconque s'est rendu complice à l'étranger, d'un crime ou d'un délit commis au Cameroun[173]. A ce sujet, le Cameroun a souvent

---

[168] J. SALMON, *Dictionnaire de Droit international public*, Bruxelles, Bruylant, 2001, p. 489.

[169] C'est dans cette perspective que la Cour d'appel de Yaoundé s'était prononcée sur l'affaire de sept rwandais réfugiés au Cameroun mais poursuivis dans leur pays pour génocide, elle a émis un avis défavorable à la demande d'extradition présentée par le Rwanda (Confère arrêté n°337 du 21 février 1997).

[170] G. NTONO TSIMI, « Les principes généraux de l'extradition et la réforme du droit camerounais de l'extradition passive », *Revue de science criminelle et de droit pénal comparé*, 2013/3 (n°3), pp. 527-546.

[171] Article 635 de la Loi n°2005/007 du 27 juillet 2005 portant Code de procédure pénale du Cameroun.

[172] Article 636 de la même loi susmentionnée.

[173] Article 637 de la même loi susmentionnée.

fait l'objet de demande d'extradition. Il en a été ainsi dans l'affaire Bagosora Théoneste rendu par la Cour d'appel du Centre en mars 1996, où la Cour l'a autorisée au profit de l'Etat de Belgique qui en avait fait la demande formelle[174]. En outre, le cas de l'extradition des séparatistes camerounais du Nigeria jugée parfois « illégale » par les autorités nigérianes constitue aussi une illustration[175].

Aux USA, comme ailleurs, ils existent plusieurs conventions d'extradition que les Etats concluent entre eux de manière réciproque. En effet, la question de l'extradition répond très largement à une logique d'accords entre les Etats souverains qui prennent des engagements en la matière soit à travers des conventions bilatérales, soit à travers des conventions multilatérales[176]. Les demandes d'extradition entre les USA et la France par exemple sont jusqu'à présent régies par une Convention du 6 janvier 1909, complétée par une Convention additionnelle du 12 février 1970, ainsi que par deux échanges de lettres du même jour[177]. Le traité qui est proposé à la ratification, a été signé à Paris le 23 avril 1996 ; il est le fruit d'une longue négociation diplomatique au plus haut niveau débutée en 1971 et qui a longtemps achoppé sur la question de la représentation des intérêts américains, en tant qu'Etat requérant, devant les juridictions françaises, et sur une clause de « dépolitisation » de certaines infractions graves en relation avec le terrorisme[178]. Comme le

---

[174] CA du Centre, Arrêt n°433/COR du 15 mars 1996, Ministère public c/Bagosora Théoneste.

[175] Sur la demande d'extradition du Président de la République du Cameroun, 47 séparatistes camerounais à l'instar du leader indépendantiste Sisiku Ayuk Tabe avait notamment été arrêté dans un hôtel d'Abuja le 5 janvier 2018 en compagnie de 9 de ses partisans, puis extrader au Cameroun afin d'être jugé.

[176] Lire sur ce point : B-R. GUIMDO DONGMO, « Les juges et le droit international humanitaire : cas des juges camerounais et internationaux », in *L'effectivité du droit. De l'aptitude du droit objectif à la satisfaction de l'intérêt particulier, Mélanges en l'honneur du Professeur François Anoukaha*, L'Harmattan, p. 1049.

[177] Or ces textes anciens ne permettent plus aujourd'hui un niveau suffisant de coopération entre les deux pays et connaissent un certain nombre de difficultés d'application liées notamment aux différences de règles de procédure existant entre les deux systèmes juridiques l'un français, codifié et de tradition romaine, l'autre américain, de Common law et de tradition anglo-saxonne.

[178] Dans ce sens, il faut noter que, le traité, une fois ratifié, s'applique à toutes les infractions, qu'elles aient été commises avant ou après son entrée en vigueur, à l'exception des procédures pour lesquelles des documents ont déjà été soumis aux tribunaux et qui restent soumises aux Conventions de 1909 et 1970.

Cameroun, les USA ont souvent fait l'objet de demande d'extradition, c'est le cas par exemple de l'extradition de Julien Assange qui a fait couler beaucoup d'encre et de salive dans cette décennie[179].

Quant au droit de grâce, c'est une compétence du Président de la République lui permettant de remettre une peine, ou de substituer à une peine plus douce (Art. C. 17 France)[180]. Conceptualisée, la grâce présidentielle est le pouvoir par lequel, dans certains pays, le chef d'Etat a le pouvoir d'annuler une peine ou d'ordonner qu'elle ne soit pas mise à exécution[181]. La Constitution camerounaise reconnait au Président de la République le droit de grâce, car l'article 8 (7) dispose *expressis verbis* que le Président de la République « *exerce le droit de grâce après avis du Conseil supérieur de la magistrature* ». Ainsi, il peut décider de l'arrêt des poursuites des détenus[182].

Aux USA, le Président de la République à l'instar de la plupart des chefs d'Etats a le droit de grâce pour les crimes fédéraux, hors du cas d'impeachment. En effet, la troisième phrase du Paragraphe 1 de l'article 2, Section 2 précise : « *[...] il aura le pouvoir d'accorder des sursis et des grâces pour crimes contre les Etats-Unis, sauf dans le cas d'impeachment* ». Dès lors, le Président peut gracier, commuer des sentences avec ou sans condition ou proclamer une amnistie. Il peut aussi accorder un sursis pour une durée déterminée ou indéterminée[183].

---

[179] En effet, l'extradition de Julien Assange vers les USA détenus en Grande Bretagne, a été reprochée d'avoir mis en danger certaines sources d'informations américaines en publiant en 2010 sur Wikileaks 250.000 câbles diplomatiques et 500.000 documents confidentiels portant sur les activités de l'armée américaine en Irak et en Afghanistan (Voir. ATS et AFP, La justice britannique rend possible l'extradition de Julian Assange, *Le temps*, 10 décembre 2021).

[180] A. Le DIVELLEC, M. De VILLIERS, *Dictionnaire de droit constitutionnel, op.cit.,* p. 139.

[181] En effet, ce pouvoir tire son origine des pouvoirs régaliens du chef de l'Etat. Il peut éventuellement s'accompagner d'un pouvoir d'amnistie.

[182] C'est le cas en 2019, lorsque le Président de la République Paul Biya avait ordonné l'arrêt des poursuites judiciaires contre 289 détenus de la crise anglophone. En effet, 210 séparatistes anglophones ont été libérés avant que ne s'ouvre leur procès devant le Tribunal militaire de Yaoundé. En outre, la libération des partisans du MRC (Mouvement de Renaissance Camerounais), qui déjà condamnés ont bénéficié également de la grâce présidentielle en janvier 2020.

[183] C'est peut-être dans ce sens qu'en 2019, le Président américain Donald Trump a gracié un ex-soldat américain condamné pour meurtre et un autre accusé d'avoir

Néanmoins, il faut quand même préciser que le droit de grâce se différencie du pouvoir d'amnistie tant par son fondement constitutionnel que par ses effets[184] (simple remise de peine-totale ou partielle- pour le droit de grâce, contre effacement de la condamnation elle-même pour l'amnistie)[185]. En outre, si la grâce et l'amnistie aboutissent, toutes deux à mettre fin à l'exécution de la peine d'un condamné, la grâce est un acte du Président de la République alors que l'amnistie relève de la compétence exclusive du Parlement.

CONCLUSION

En somme, l'étude comparative du Président de la République aux Etats-Unis d'Amérique et au Cameroun a permis de constater que ces deux chefs d'Etats d'une part, se différencient sur leurs statuts et d'autre part, ils ont des attributions semblables. Mais, toujours est-il, qu'ils sont

---

assassiné à l'arme blanche un taliban, en dépit des critiques d'ancien responsables militaires américains. Il a décidé de gracier le premier lieutenant Clint Lorance, condamné pour avoir ordonné en 2012 de tirer sur un groupe de trois civils afghans, dont deux sont morts. Cet officier purge une peine de 19 ans (…). Il a également gracié un ancien membre des bérets verts, unité d'élite de l'armée américaine accusé du meurtre prémédité en 2010 d'un taliban soupçonné de fabriquer des bombes. Enfin, le Président américain a annulé la décision de rétrograder Edward Gallagher, un soldat membre d'une autre unité d'élite, les « Navy Seals » accusé d'avoir poignardé à mort en Irak un jeune détenu de l'organisation de l'Etat islamique, et d'avoir exécuté d'autres civils (Edward Gallagher), il a été blanchi en juillet de la plupart de ces accusations, mais condamné pour avoir posé avec d'autres « Seals » pour une photo le montant avec le cadavre de ce jeune détenu.

[184] P. TÜRK, « Le droit de grâce présidentiel à l'issue de la révision du 23 juillet 2008 », *RFDC*, 2009/3 (n°79), pp. 513-542.

[185] Ainsi, le pouvoir d'amnistie, inscrit dans la tradition républicaine, permet à la représentation nationale, de façon *a priori* objective et collective, de décider de faire table rase d'un certain type d'infractions, commisses pendant une période déterminée, en signe d'apaisement, par exemple au sortir d'une période de crise ou d'une élection présidentielle (Sur les différentes types d'amnistie, attachés au type d'infraction, à une catégorie de personnes ou à la nature de la sanction, Voir. M. GUILLAUME, « Amnistie et grâce : ordre, contre-ordre, désordre », *Mélanges J. Gicquel,* Montchrestien, 2008, p. 220 ; J. MAKOWIAK, « L'amnistie en question », *RDP*, n°2, mars-avril 2008, p. 511.). Au contraire, la grâce, en principe individualisée et relevant exclusivement du chef de l'Etat, n'efface pas la condamnation, mais « emporte seulement dispense d'exécuter la peine », sous forme d'une remise intégrale, d'une réduction ou d'une commutation de la peine prononcée par la juridiction répressive.

avant tout « chef d'Etat »[186]. Ainsi, « *Le Président de la République est chef, mais chef de l'institution qui englobe et surplombe toutes les institutions sociales, chef de tous les chefs au sein, de l'Etat* » pour reprendre l'heureuse formule du Professeur Alain Didier OLINGA[187].

---

[186] H. BITA HEYEGHE, « Le chef de l'Etat, chef des armées », *Civitas Europa*, 2017/2 (n° 39), pp. 129-159.

[187] A. D. OLINGA, *La Constitution de la République du Cameroun*, 2e éd., Yaoundé, PUCAC, 2013, p. 50.

L'AMBIVALENCE DE LA PRISE EN COMPTE DE LA PROTECTION DU DROIT A LA SANTE DES FONCTIONNAIRES ET DES PERSONNELS NON-FONCTIONNAIRES AU CAMEROUN

ADAM Mahamat
Docteur ph/D en droit public
Email : mahamatadam707@gmail.com

Résumé :
La présente réflexion porte sur l'ambivalence de la prise en compte de la protection du droit à la santé des personnels fonctionnaires et des personnels non fonctionnaires au Cameroun. Elle est analysée sous le prisme de la contribution du droit de la santé camerounais à l'amélioration de la santé des personnels fonctionnaires et des personnels non fonctionnaires au Cameroun. La question de l'ambivalence de la prise en compte de la protection du droit à la santé des personnels fonctionnaires et des personnels non fonctionnaires se rattache à la problématique générale de la mise en œuvre par le gouvernement de la couverture santé universelle. Il devient impératif d'assurer une protection sanitaire des agents de l'Etat. En vue de son émergence à l'horizon 2035, il est plus qu'urgent pour le Cameroun de se doter d'un personnel en bonne santé. Bras séculier chargés de traduire les objectifs de l'Etat en des réalisations, les personnels fonctionnaires et non fonctionnaires au Cameroun jouissent d'une protection certaine. Ceci à la fois normative et contentieuse de leur droit à la santé. Mais, cette protection semble aujourd'hui limitée à la fois par les facteurs intrinsèques et extrinsèques. Il est temps pour le Cameroun qui est engagé dans les chantiers de la moralisation publique et de l'assainissement de la gestion publique à améliorer la condition sanitaire des personnels fonctionnaires et des personnels non fonctionnaires. Cette protection devrait se faire en amont, par la mise en place des mesures préventives et en aval, par des dispositions de prises en charge et sans discrimination possible.

Mots clés : Ambivalence, Protection, Droit à la santé, normative, Personnels fonctionnaires et non fonctionnaire.

THE AMBIVALENCE OF TAKING INTO ACCOUNT THE PROTECTION OF THE RIGHT TO HEALT OF CIVIL SERVANTS AND NO-CIVIL SERVANTS IN CAMEROON

Abstract :

This reflection focuses on the ambivalence of taking into account the protection of the right to health of civil servants and non-civil servants in Cameroon. It is analyzed under the prism of the contribution of Cameroonian health law to improving the health of civil servants and non-civil servants in Cameroon. The question of the ambivalence of taking into account the protection of the right to health of civil servants and non-civil servants is linked to the general issue of the government-s implementation of universal health coverage. It is becoming imperative to ensure the health protection of State agents. In view of its emergence by 2035, it is more than urgent for Cameroon to acquire healthy personnel. Secular arms responsible for translating the objectives to the State into achievements, civil servants and non-civil servants in Cameroon enjoy certain protection. This both normative and contentious of their right to health. But this protection now seems limited by both intrinsic and extrinsic factors. It is time for Cameroon, which is engaged in the projects of public morality and the improvement of public management, to improve the health condition of civil servants and non-civil servants. This protection should be done upstream, by the implementation of preventive measures and downstream, by care arrangements and without possible discrimination.

Key words : Ambivalence, Protection, Right to health, Normative, Civil servants and non-civil servants.

INTRODUCTION

Dans toutes les sociétés, le devoir de protéger les faibles est une nécessité absolue. Cette protection s'est affirmée au XIXe siècle lors de la révolution scientifique et technique[188] avec une importante aggravation de condition de travail et de sécurité. D'origine religieuse, la protection des faibles notamment des couches défavorisées est devenue peu à peu une affaire publique c'est-à-dire de l'Etat et de ses démembrements à l'instar des collectivités[189] publiques.

La tendance à aider ceux qui sont dans une position de faiblesse trouve son fondement dans la recommandation biblique selon laquelle l'on doit « *aider son prochain comme soi-même*[190] ». Sous l'ancien régime, « *La protection sociale se résumait aussi à l'aide offerte par les populations les plus aisées à titre charitable*[191] ».

Le caractère laïc de l'Etat a permis qu'on passe aujourd'hui d'un système dit de charité à un système d'obligation[192]. En France par exemple, les révolutionnaires de 1789 ont posé le principe de la responsabilité de l'Etat à l'égard de ceux qui n'ont pas le moyen de se prendre en charge en consacrant dans le préambule de la Déclaration des droits de l'homme et des citoyens « *Des droits naturels, inaliénables et sacrés de l'homme* » et ils affirmeront aussi que « *Tous les citoyens, étant sont également admissibles à toutes dignités*[193].. ».

Sur le plan politique, la protection sociale se fonde sur le principe de la solidarité nationale. Ce qui signifie que la nation doit assurer un service collectif, c'est-à-dire le service d'intérêt général. Jacques FOURNIER, affirme d'ailleurs que le service collectif présente un avantage dans la mesure où il permet d'assurer une meilleure protection contre un certain nombre des risques. A l'analyse, on se rend compte que cette position est beaucoup plus proche de celle de l'école de service public soutenue par le Doyen Léon DUGUIT. Ce dernier

---

188 FOURNIER (J.) & QUESTIAUX (N.), *Traité du social, situations, luttes, politiques, institutions*, 4ème éd, Paris, Dalloz, 1984, p.894.

189 AHMADOU (I.), *La protection du droit à la santé des agents publics au Cameroun*, mémoire de master 2 recherche en droit public, l'Université de Douala, 2015-2016, p.3.

190 FOURNIER (J.) & QUESTIAUX (N.), *Traité du social, situations, luttes, politiques, institutions*, 4ème éd, Paris, Dalloz, 1984, *op.cit.*, p.1212.

191 GRANDGUILLOT (D.), *Droit social*, Montchrestien, Gualino, 2009, p.46.

192 *Ibid.*

193 Article 6 DDHC.

soutien que la raison d'être du droit administratif et donc de l'administration est la satisfaction du bien commun. Le besoin pour la collectivité de protéger ses faibles va s'accentuer avec la révolution scientifique et technique.

Grâce à ladite révolution, apparaît l'émergence d'une couche nouvelle qualifiée de « *classe ouvrière* ». Le maître dans ce domaine fût Karl MARX qui affirme que l'histoire de l'humanité n'a été que celui de la lutte des classes. Il faut le dire, le droit de la sécurité sociale, c'est la branche du droit qui recouvre les modalités de couverture des risques sociaux. Jacques FOURNIER, fait savoir qu'il s'agit de tout évènement susceptible de mettre en mal, l'activité rémunératrice de l'individu. Tel est le cas de la maladie de l'accident et bien d'autres incapacités pouvant affecter une personne.

Au Cameroun, chaque corps administratif est régit par des textes précis. Concernant le régime spécial, rappelons d'emblée que la spécialité peut-être partielle ou totale. Tel est le cas des personnels fonctionnaires. Avant tout, rappelons que le but de la sécurité sociale est d'assurer la protection nécessaire aux travailleurs. Cette protection concerne entres autre la santé.

Le développement d'un domaine quelconque entraîne l'émergence d'un droit nouveau. C'est du moins ce qu'on peut dire du droit de la santé. Le dernier est un droit nouveau. Dans ce sens, « *L'évolution de l'activité médicale rencontre le développement d'un ordre juridique fondé sur la protection d'un droit à la santé*[194] ». Le droit à la santé n'est pas consacré par la constitution du Cameroun. Tel n'est pas le cas de la constitution Française où ce droit a acquis une valeur constitutionnelle en ces termes que : « *La nation garantie à tous, notamment à l'enfant, à la mère et aux vieux travailleurs la protection de la santé*[195] ». Pour le cas Camerounais, le constituant a préféré une formule plus générale, en précisant dans son préambule que « *Toute personne a droit à la vie* ». Le droit à la vie intègre aussi le droit à la

194 LAUDE (A.), « Dix ans du droit de la santé », in une décennie de santé, *les Tribunes de la santé-sève*, Editions de santé, p.56.
195 Préambule de la constitution Française du 28 octobre 1946.

santé. Cet avis est partagé par d'autres auteurs à l'instar de Bertrand MATHIEU[196] et Tatiana GRUNDLER[197].

Au Cameroun, il existe un régime particulier pour les employés de l'Etat. On distingue deux catégories des personnels de l'Etat. Les personnels fonctionnaires et les personnels non fonctionnaires issus d'un statut particulier et qui sont régis par le code du travail. C'est le statut général de la fonction publique qui régit les rapports entre l'Etat et son personnel. On constate que ces différents personnels font face à l'épineux problème de la protection de leur droit à la santé d'où le thème de l'ambivalence de la prise en compte de la protection du droit à la santé des personnels fonctionnaires et des personnels non fonctionnaires au Cameroun. Mais au préalable, l'étude de l'ambivalence de la prise en compte de la protection du droit à la santé des personnels fonctionnaires et des personnels non fonctionnaires au Cameroun suppose acquise une définition sommaire des notions de « l'ambivalence », « *protection* », « *droit à la santé* » et « *personnels fonctionnaires et non fonctionnaire* ».

Le terme ambivalence, au centre de notre recherche désigne le caractère de ce qui comporte deux composantes de sens contraire, ou de ce qui se présente sous deux aspects. Ce terme est beaucoup plus connu dans le domaine médical. Il a été repris en 1910 par Eugen Bleuler pour caractériser un aspect de l'état psychique des schizophrènes. Il a été introduit par SIGMUND Freud dans une acception différente : il s'agit de la juxtaposition plus ou moins simultanée de deux affects : l'amour et la haine. On le trouve dans plusieurs écrits de Freud dans des sens un peu différents rattaché à notre thème. Le terme ambivalence fait ressortir l'interrogation de l'interprétation double de la prise en compte du droit à la santé des personnels fonctionnaires et des personnels non fonctionnaire au Cameroun.

Concernant la protection, le terme est dérivé du latin *« protectio »*, qui signifie *« action de protéger contre un agresseur ou un danger*[198] *»*. Ce terme renvoie à cet effet soit à l'acte de protéger et les

---

[196] MATHIEU (B.), « La protection du droit à la santé par le juge constitutionnel. A propos et à partir de la décision de la cour constitutionnelle italienne n°185 du 20 mai 1998 », *in Cahiers constitutionnels*, 1999, n°6, p.91.

[197] GRUNDLER (T.), « Section 1. Le droit à la protection de la santé », *la Revue des droits de l'homme*, disponible en ligne 30 juin 2012, consulté le 25 mars à 23h10 minutes sur http://WWW.revdh.revues.org/135.

[198] Dictionnaire Larousse, encyclopédie, Paris, PUF, 1999, p.1278.

résultats de cette protection soit au dispositif ou à l'institution qui protège[199]. Sous cet angle, protéger c'est non seulement prendre toute mesure utile afin de préserver ou défendre l'environnement des dangers qui menacent[200]. Gérard CORNU quant à lui, définit la protection comme « *Etant une précaution qui, répondant au besoin de celui ou de celle qu'elle couvre, et répondant en général à un devoir pour celui qui l'assure, consiste à prévenir une personne, un bien contre un risque, à garantir sa sécurité et son intégrité par des moyens juridiques ou matériels* ». Elle désigne aussi bien l'action de protéger que le système de protection établi (mesure, régime dispositif). François BRUGNION estime pour sa part que « *Le concept de protection possède une dimension essentiellement pratique : protéger n'est ni lire ni écrire, c'est aussi, essentiellement intervenir, agir*[201] ».

Quant au terme droit à la santé, il est important de s'appesantir d'abord sur le vocable « droit ». Le mot droit est une métaphore. Le terme vient de *di rectum* (en ligne droite) qui implique, au figuré, l'idée de ce qui est conforme à la règle[202]. Cette image se retrouve dansla plupart[203] des langues étrangères[204]. Ce terme recouvre deux acceptions différentes. Tantôt, il désigne l'ensemble des règles de conduite qui gouvernent les rapports des hommes dans la société et dont le respect est assuré par l'autorité publique : on parle en ce sens de droit objectif[205]. Dans cette première acception ; le droit se réfère uniquement à son sujet ou sa finalité qui est la régulation des rapports des hommes dans la société. Tantôt, on appelle droit, le pouvoir accordé à une personne d'user d'une chose ou d'exigé d'un autre individu l'exécution d'une prestation[206]. Sous cet aspect, on évoque le droit en général, mais un droit ou des droits et l'on se sent de l'expression droit subjectif, le

---

199 CORNU (G.), *Dictionnaire juridique*, Paris, *PUF*, 8éme éd, Février 2002, *op.cit.*, p.628.

200 MENGAN MEWONDO (J.), « La conservation des écosystèmes et la biodiversité au Cameroun », *moabi*,N°8, juin 1992, p.29.

201 BRUGNION (F.), « Le Comité International de la Croix-Rouge et la protection des victimes de guerre », in *Revue Internationale de la Croix-Rouge,* N°775, 2005, p.11.

202 STARCK (B.), Rolland (H.) et Boyer (L.), *Introduction au droit*, Paris, litec, 5e édition, 2000, p.1.

203 *Ibid.*

204 On a entre autres: dirito, derecho, recht, right.

205 STARCK (B.), ROLAND (H.) et BOYER (L.), *Introduction au droit, op.cit.*, p.1.

206 *Ibid.*

qualitatif évoquant le titulaire de la prérogative juridique[207]. Dans la seconde acception, le droit se réfère à son sujet, c'est-à-dire le tributaire d'une prérogative quelconque. Le droit à la santé pour sa part, est l'ensemble des règles juridiques qui s'appliquent à l'organisation et à la délivrance des actes de prévention et des soins donnés aux personnes. Le terme droit à la santé se distingue du droit à la bonne santé. Il est un droit créance de l'individu envers l'Etat. L'OMS affirme que : « *La possession d'un meilleur état de santé est un droit fondamental pour tout être humain*[208] ». Le droit à la protection de la santé doit être mis en œuvre par les différents Etats à travers le monde. A ce sujet, chaque Etat est chargé d'assurer à son niveau, la protection de ce droit fondamental.

D'ailleurs, le Cameroun est engagé dans la marche de l'élaboration d'une politique de santé universelle même si l'implémentation rencontre des difficultés. La conférence d'Abuja invite également les Etats africains à consacrer au moins 15% de leur budget à la santé. Il s'agit là, d'une couverture sanitaire universelle.

La définition de la notion des personnels fonctionnaires et des personnels non fonctionnaires nous plonge au cœur du droit de la fonction publique. De manière générale, les personnels fonctionnaires et les personnels non fonctionnaires sont toute de personnes qui par leur travail et leurs actions participent à une mission de service public. Parlant notamment du droit de la fonction publique, le Professeur Bernard Raymond-GUIMDO affirme que ce droit peut-être défini comme l'ensemble des règles juridiques applicables aux agents publics ayant la qualité du fonctionnaire. Mais, « *Les fonctionnaires ne sont pas des agents de la fonction publique largement entendue, il a aussi des agents de l'Etat qui, bien que relevant du droit, assure des missions de service public*[209] ». Joseph OWONA partage cet avis lorsqu'il affirme : « *La distinction étant le maître mot qui caractérisant les origines et les statuts juridiques hétérogènes des personnels de l'administration ou des personnes entrant en relation avec l'administration*[210] ». De façon simpliste, les personnels fonctionnaires

---

[207] *Ibid.*

[208] Préambule de la constitution du 7 avril 1948 de l'OMS.

[209] GUIMDO (B.R.), « La corruption dans le droit de la fonction publique : le cas du Cameroun », *Juris périodique,* n°75, doctrine et étude, Août-juillet, 2008, p.56.

[210] OWONA (J.), *Droit de la fonction publique camerounaise*, Paris, L'Harmattan, 2011, p.89.

sont ceux-là qui sont entrés dans la fonction publique à travers le concours. Par contre, les personnels non fonctionnaire sont ceux soumis à un statut dérogatoire au droit commun du travail. Ils sont régis par le code du travail. L'administration peut en cas des besoins et par nécessité de services, faire appel à des agents de droit privé. Ils sont des personnels liés à l'administration par le code du travail[211]. On peut distinguer ainsi les stagiaires, les auxiliaires, les journalistes et les vacataires qui sont des non titulaires, des contractuels proprement dits. C'est à distinguer avec les fonctionnaires ou les agents titulaires, ils constituent des véritables personnels de l'administration. Le statut général de la fonction publique défini le fonctionnaire comme « *Toute personne qui occupe un poste de travail permanent et titularisée dans un grade de la hiérarchie des administrations de l'Etat*[212] ».

Les personnels fonctionnaires sont soumis à un statut général ou à un statut particulier et bénéficient d'un régime spécial du fait de leur mission. Pour le législateur camerounais, le terme fonctionnaire désigne « *Tout magistrat, tout officier public ou ministériel, tout préposé ou commis de l'Etat ou toute autre personne morale de droit public d'une société d'Etat ou d'économie mixte, d'un officier public ou ministériel, tout militaire des forces armées, ou de la gendarmerie, tout agent de la sécurité nationale ou de l'administration pénitentiaire et toute personne chargée même occasionnellement d'une mission ou d'un mandat public, agissant dans l'exercice de ses fonctions*[213] ».

L'intérêt de notre étude est à la fois théorique et pratique. Mais qui peut également présenter des aspects, politiques, historiques ou sociaux : il s'agit bien de « *produire un travail qui soit novateur et qui ait du sens* », comme dirait Sébastian Dieguez.

Le choix d'un sujet n'est pas fortuit et désintéressé. Il présente pour la science juridique un certain intérêt. L'intérêt renvoie à l'utilité, l'importance de l'étude, ce qu'elle pourrait avoir d'avantageux[214]. Ainsi envisagé, Il est temps d'éviter de s'attarder sur une thématique qui n'apporte rien, soit au plan théorique, soit au plan pratique[215]. Il se

---

211 TC 25 novembre 1963, Arrêt Dame veuve MAZERAND.

212 Art 3 al 1 du statut général de la fonction publique camerounaise.

213 Art 131 de la loi n°2016/007 du 12 juillet 2016 portant code pénal camerounais.

214 JAILLANDON (E.), ROUSSSILLON (D.), *Outils pour la recherche juridique méthodologie de la thèse de Doctorat et du mémoire de master en droit,* Edition des archives contemporaines, A.U.F., 2010, p.91.

215 *Ibid.*

doit donc d'entrée de jeu, de faire ressortir la variété intérêts que regorge son sujet[216]. La présente thématique est celle de : « *L'ambivalence de la prise en compte de la protection du droit à la santé des personnels fonctionnaires et des personnels non fonctionnaires au Cameroun* » s'inscrit nécessairement dans cette optique. Il était question d'apprécier les dispositions mises en œuvre dans la protection du droit à la santé des personnels fonctionnaires et des personnels non fonctionnaires au Cameroun[217].

Dès lors, il importe de ressortir la problématique qui permettra de résoudre le dilemme autour de l'ambivalence de la prise en compte de la protection du droit à la santé[218] des personnels fonctionnaires et des personnels non fonctionnaires au Cameroun. Notre recherche s'articule évidemment autour d'une question fondamentale ou principale : **Comment se manifeste l'ambivalence de la prise en compte de la protection du droit à la santé des personnels fonctionnaires et des personnels non fonctionnaires au Cameroun ?** De cette question fondamentale, peuvent découler d'innombrables questions secondaires. Ces questions secondaires conduisent à des propositions de réponses contenues dans l'hypothèse qu'il conviendra de vérifier.

Il en ressort de cette question fondamentale, une hypothèse selon laquelle: **L'ambivalence de la prise en compte de la protection du droit à la santé des fonctionnaires et des personnels non fonctionnaires au Cameroun se manifeste doublement. Cette prise en compte est en même temps perceptible et demeure également perfectible.**

Le traitement d'un thème nécessite le recours à une démarche méthodologique précise. Pour le cas d'espèce, le recours à la méthode dogmatique et celle casuistique ont été d'un grand apport. Pour démontrer cette hypothèse, le recours à un plan paraît logique. Il est considéré comme un « *support de la démonstration et de l'argumentation* »[219]. Cette démonstration « *doit reposer sur une*

---

[216] *Ibid.*

[217] GRUNDLER (T.), « Section 1. Le droit à la protection de la santé », *la Revue des droits de l'homme*, *op.cit.,* disponible en ligne 30 juin 2012, consulté le 25 mars à 23h10 minutes sur http://WWW.revdh.revues.org/135.

[218] *Ibid.*

[219] JAILLANDON (E.), ROUSSSILLON (D.), *Outils pour la recherche juridique méthodologie de la thèse de Doctorat et du mémoire de master en droit,* Edition des archives contemporaines, A.U.F., 2010, *op.cit.,*p.41.

distinction essentielle, voire une opposition »[220]. Dans le cadre de cette thématique, l'on analysera l'ambivalence de la prise en compte de la protection du droit à la santé des personnels fonctionnaires et des personnels non fonctionnaires au Cameroun sous deux angles : celle perceptible et celle perfectible. A travers une analyse du cadre formel et matériel existant, nous proposons de démontrer d'une part, que la prise en compte de la protection du droit à la santé des personnels fonctionnaires et des personnels non fonctionnaires au Cameroun est perceptible (**I**) et d'autre part, qu'au regard de certaines insuffisances juridiques, cette prise en compte demeure perfectible (**II**).

I- La prise en compte perceptible de la protection du droit à la santé des fonctionnaires et des personnels non fonctionnaires au Cameroun

La protection renvoi généralement à une prise des mesures visant à protéger quelqu'un où à défendre quelqu'un contre un mal. En droit de la santé, la protection des personnels fonctionnaires et des personnels non fonctionnaires visent ici à garantir ceux-ci contre les risques de maladie et accidents en promouvant les mesures favorables pour maintenir leur santé. Il s'agit évidemment des mesures prises par l'administration tant en aval qu'en amont. Au Cameroun, la protection du droit à la santé des personnels fonctionnaires et des personnels non fonctionnaires est perceptible. Cela, à travers la consécration des mesures préventives visant à garantir le droit à la santé (**A**), ces mesures dites préventives sont complétées par une autre mesure importante qui est la prise en charge des personnels fonctionnaires et non fonctionnaires en cas de maladie (**B**).

A- La consécration des mesures préventives de protection

Les personnels fonctionnaires et non fonctionnaires au Cameroun jouissent d'une protection du droit à la santé. L'Etat, continue à mettre en place des mesures visant la prévention des atteintes à ce droit. Il s'agit de certains nombres des mesures prises pour prévenir la violation du droit à la santé de ces derniers. Le décret de 2000 notamment celui

[220] MATHIEU (G.), « Problèmes et méthodologie du plan », *RRJ-DP, Cahiers de méthodologie juridique, méthodologie de la recherche juridique, P.U.A.M.*, n°11,1996-4, p.1225.

du Premier ministre du 13 septembre 2000 stipule que : *« l'Etat est tenu d'assurer au fonctionnaire, sur le lieu du service public, toutes les conditions d'hygiène et de sécurité propre à prévenir les maladies et les accidents d'origine professionnelle*[221] ». Toutefois, l'une de l'interrogation est la mise en œuvre de cette prévention. Comment l'Etat, l'employeur public prend des dispositions pour prévenir les risques d'atteinte au droit à la santé des personnels fonctionnaires et des personnels non fonctionnaires au Cameroun[222]. Il ressort que pour prévenir les atteintes au droit à la santé, l'Etat s'assure en premier lieu en aménageant le lieu du travail (**1**) des personnels fonctionnaires et ces personnels non fonctionnaires et en second lieu, en veillant à préserver son intégrité notamment l'intégrité de son corps[223] (**2**). Comme nous avons l'habitude de le dire, un esprit sain dans un corps sain ne peut que produire des résultats satisfaisants.

1- Les mesures préventives par l'aménagement du lieu de travail

Le premier point, l'aménagement du lieu du travail consiste, à assainir l'environnement dans lequel les personnels fonctionnaires et les personnels non fonctionnaires travaillent. Cette campagne d'assainissement passe par l'action visant à protéger l'environnement du travail par l'édiction des mesures de sécurité et également des mesures environnementales pour faciliter aux personnels de l'Etat un cadre convivial et propice pour satisfaire l'intérêt général. Parlant de la mise en place des mesures environnementales, l'on se refaire au préambule de la constitution en vigueur qui affirme que tout le monde à droit à un environnement sain. Ce droit constitutionnel doit être respecté par tous et partout. Ceci dit, les personnels fonctionnaires et les personnels non fonctionnaires ont droit à un lieu de travail respectant les normes environnementales. Comme souligné haut, le décret de 2000/692 garantit d'ailleurs aux fonctionnaires, le droit à l'environnement sain. Que vise réellement les mesures environnementales édictées pour garantir le droit à l'environnement sain des personnels fonctionnaires et personnels non fonctionnaires au Cameroun ? A la lecture il s'agissait pour l'Etat d'instaurer des règles d'hygiène dans le lieu du travail et de veiller tout aussi à la sauvegarde

[221] Article 5 décret 2000/692/PM fixant les modalités de l'exercice du droit à la santé du fonctionnaire.
[222] *Ibid.*
[223] *Ibid.*

de l'environnement du travail des personnels fonctionnaires et des personnels non fonctionnaires au Cameroun.

2- La prévention axée sur l'adoption des mesures visant à la préservation de l'intégrité du corps

Le maintien d'une bonne santé passe par l'adoption passe par l'adoption d'une bonne hygiène de vie. C'est d'ailleurs l'une de condition pour sauvegarder la bonne santé de soi et celle des autres. Dans son lieu du travail, le fonctionnaire ou le non fonctionnaire doit s'assurer que son local c'est-à-dire le lieu où il exerce sa mission répond aux normes d'hygiène et plus encore, si l'aliment qu'il prend dans le service est propre et consommable sans danger[224].

A la sortie de son domicile, le premier contact avec le fonctionnaire ou le non fonctionnaire est le local où il part travailler. C'est son lieu de service. Les lieux abritant le service public c'est-à-dire les dépendances, les passages, les escaliers et pas de moindre les toilettes doivent être constamment propre.

A côté de cela, avoir des appareils sanitaires et possédants d'eau. Dans tous les cas et sauf contingences locales, les règles et mesures générales d'hygiène dans le lieu du service sont celles édictées en la matière par la législation et la réglementation du travail[225].

A cet effet, les locaux du travail doivent être gardés propre, le sol toujours nettoyé et également prévoir des systèmes d'évacuation. Le nettoyage à sec par brosse ou balais est formellement interdit[226]. Concernant la propriété des murs, des plafonds, ceux-ci doivent être propre et subir des nettoyages réguliers[227]. Les toilettes, condition d'hygiène primordiale doivent être pourvus d'objets appropriés notamment avoir le savon, les serviettes, les brosses. Ces outils

---

[224] Article 6, décret n°2006, *op.cit.*, « les locaux affectés au service public doivent être suffisamment aérés et éclairés ».

[225] Art 6, décret n°2000/692/PM du 13 septembre 2000 fixant les modalités de l'exercice du droit à la santé du fonctionnaire.

[226] Art 15, arrêté n°039/MTPS/IMT du 23 novembre 1984 portant mesures générales d'hygiène et sécurité sur les lieux de travail.

[227] GIBRIL (N.) et ASSEMBONI (A.), « L'accès à l'information et la participation du public à la prise de décisions publiques en droit africain de l'environnement », in M. Paquet et M. Faure, (dir), « La protection de l'environnement au cœur du système juridique international et du droit international ; Acteurs, valeurs et efficacité », *Bruxelles, Bruylant,* 2003, pp.47-50.

nécessaires doivent être livrés par la personne publique à savoir l'Etat et les collectivités publiques[228].

Si l'on se retrouve dans les services hospitaliers, les exigences sanitaires sont encore plus suivies. Le milieu hospitalier doit donner plus d'exemple. Il s'agit d'un lieu qui donne de la santé et non d'un lieu de contamination[229]. Les services hospitaliers à savoir les hôpitaux généraux, les districts de santé, les hôpitaux de référence, les centres de santé intégrée, ces différents services hospitaliers doivent être pourvus d'un système de chasse d'eau approprié et de papier hygiénique. Ils doivent avoir des personnels en charge de maintenir le lieu propre. Plus encore, ils doivent être regardants sur les produits (les médicaments) qui doivent être de bonne qualité et répondant aux normes ISO[230].

Bien plus, la vente des produits consommables aux alentours de ces lieux doivent être suivies par les spécialistes chargés de la nutrition. L'entrée de la nourriture d'un patient dans ces lieux doit au préalable passer à la phase de contrôle systématique. Compte tenu du contexte sanitaire actuel, les responsables en charge de ces lieux pensent à prescrire le port du masque obligatoire pour éviter la contamination. Prévenir les atteintes à l'environnement du travail est très important mais penser à l'hygiène alimentaire paraît encore plus cruciale[231].

Dans certains services publics, il existe aux alentours les lieux de vente des produits de consommation et même à l'intérieur, les lieux de repas. Pour maintenir la bonne santé, le fonctionnaire a besoin de se nourrir et dans la plupart de cas, ce dernier se nourrit à son lieu de travail (prendre le déjeuner). Ce déjeuner est souvent accompagné des boissons, des produits alcoolisés. Le décret du 13 septembre 2000

---

228 PALLEMAERTS (M.), « Le droit comme instrument des politiques internationales de l'environnement : effectivité et symbiose des normes », in PAQUES (M.) et FAURE (M.) (dir.), « La protection de l'environnement au cœur du système juridique international et du droit international », *Acteurs, valeurs et efficacité, Bruxelles, Brylant*, 2003, pp.23-32.

229 Pierre (L.), « Le Droit de l'homme à un environnement sain », *RTDH* 07/00, pp. 45-56.

230 LAUDE (A.), « La protection de la santé par le droit de l'environnement », in CHAMBORE DON Anthony (dir.), « Du droit de l'environnement au droit à l'environnement : à la recherche d'un juste milieu », *Harmattan*, Paris, 2007, pp. 23-36.

231 LAGOUTTE (J.), « La protection de l'environnement : répression administrative ou répression pénale ? », in travaux de l'institut de sciences criminelles et de la justice de Bordeaux, n°4, *la protection pénale de l'environnement*, pp. 12-23.

notamment à son article 7 prévoit : « Les fonctionnaires doivent disposer, dans leur lieu de service : de l'eau potable en quantité suffisante, contenue dans des récipients donnant toute les garanties d'hygiène et de salubrité[232] ». C'est ainsi que pour une bonne santé, il est interdit la vente des produits alcoolisés dans les services publics.

Pour ce qui est du repas, le fonctionnaire doit prendre son repas dans un lieu approprié et non dans son bureau. Le même décret de 2000 stipule : « Ils doivent être pris en dehors des bureaux, dans les lieux sains, spécialement aménagé à ce effet (…) ». Ces lieux de jouissance nutritive doivent être à une distance conséquente du lieu de travail. Le décret n'a pas précisé de manière explicite la distance normale ou convenable mais, il se dégage que ces locaux spéciaux doivent être complétement séparés des locaux du travail. En plus, ces locaux doivent satisfaire aux normes hygiéniques en vigueur[233].

La ratification par le Cameroun des instruments internationaux en matière de protection de l'environnement donne comme un pas vers la lutte contre les atteintes à l'environnement[234]. Cette volonté de faire de l'environnement un cadre idéal de vie se justifie aujourd'hui par l'adoption des normes juridiques en matière environnementale[235]. C'est le cas de la loi-cadre relative à la gestion de l'environnement au Cameroun. A côté de cet instrument juridique, la création exclusive d'un ministère en charge des questions environnementales. Désormais, l'environnement fait partie intégrante de notre patrimoine et nous avons l'obligation de veiller à sa protection[236]. L'environnement a acquis désormais une notoriété et couvre plusieurs aspects. Cette conception

---

[232] Art 7 du décret précité.

[233] KAM YOGO (E.D), « Le cadre institutionnel de la gestion de l'environnement au Cameroun », in RUPPEL (O.C.) et KAM YOGO (E.D.), *Droit et politique de l'environnement au Cameroun : Afin de faire de l'Afrique l'arbre de vie,* Presse de l'UCAC, Juin 2018, pp. 234-238.

[234] ANOUKAHA (F.), « Le droit à l'environnement dans les systèmes africains de protection de droit de l'homme », *Revue juridique et politique des Etats francophones* 2003/57, pp.16-24.

[235] BOUTENNET (M.), « Responsabilité environnementale : responsabilité civile ou responsabilité pénale ? », in SAINT PAU Jean Christophe (dir.), la *responsabilité des personnes morales, la protection pénale de l'environnement : étude comparée, Travaux de l'institut de sciences criminelles et de la justice de Bordeaux*, n°4, Paris, Cujas, 2014, pp. 35-45.

[236] ALEXANDRE (K.) « Emergence de principes généraux du droit international et d'une politique internationale de l'environnement », *in le droit international face à l'éthique et à la politique de l'environnement*, Georg, Genève, 1996, pp.10-16.

environnementale a permis d'assainir le milieu du travail. Il s'agit de la sauvegarde de l'environnement de travail. Le décret du 13 septembre 2000 fait savoir que les bâtiments devant abriter les services publics doivent disposer , suffisamment, des ouvertures afin de permettre l'éclairage naturel du bâtiment et la circulation d'air en son sein ; être tenu à l'abri de toute pollution ; nuisance provenant des émanations diverse et liquide ou de gaz, de sources sonores, d'insectes et d'animaux. Tout reste à croire que tous les composants de l'environnement doivent être intégrés dans le lieu de travail. Les services publics doivent promouvoir l'ambiance du milieu de travail en veillant à une bonne atmosphère. C'est-à-dire, les lieux doivent être à l'abri d'une quelconque pollution qui va nuire à la santé des fonctionnaires et non fonctionnaires et sources des maladies diverses (maladies respiratoires, maladie cardiovasculaire, maladie cutanée).

Pour faire face à cela, les nombreux services publics notamment les bureaux disposent de la ventilation. C'est du moins pour avoir de l'air purifié. L'air ne doit pas être évacué par les fenêtres et les passages.

L'environnement sonore et thermique n'est pas en reste. Le décret du Premier ministre de 2000 stipule que les services publics doivent avoir les locaux suffisamment éclairés dans le but de permettre une bonne circulation des personnes. On doit retrouver les éclairages et les lieux ne doivent pas être sombres. Plus encore, la lumière solaire ne doit pas non plus être une source de gêne pour les travailleurs[237].

Une autre mesure préventive phare concerne la sécurité dans le travail. Les personnels fonctionnaires et les personnels non fonctionnaires devront être dans les services sécurisés. Cette exigence sécuritaire a conduit l'administration, à mettre en place un cadre préventif des accidents dans le lieu ainsi que les risques qui peuvent subvenir dans le travail. Pour prévenir les accidents dans le travail, l'Etat continue à prendre des mesures préventives adéquates[238]. Ces mesures concernent l'aménagement des locaux. Les lieux de service ont des portes et des escaliers. Ces derniers doivent de tout urgence , avoir des issues de secours dans le but de faciliter en cas de besoin une

---

[237] FOTSO (C.K), *La répression des infractions relatives à la protection de la nature dans le système juridique français et Camerounais*, Thèse de doctorat, Université Jean Moulin, Lyon 3, 2015,176 p.

[238] MEUTCHEYE (I.), *Les accords sur les produits de base et la promotion d'une nouvelle génération d'organisations internationales. L'accord sur les bois tropicaux*, Thèse, 3é cycle, Yaoundé, IRIC, 1985,215 p.

évacuation rapide du personnel et des usagers en cas d'incendie ou tout autre danger[239]. Les issues de secours doivent être propres et la loi prévoit que les portes doivent avoir une largeur d'au moins quatre-vingt centimètre.

En plus des accidents, la loi prévoit que les matériels utilisés par les personnels fonctionnaires et les personnels non fonctionnaires puissent subir un contrôle technique régulier. Ces matériels sont les installations, les véhicules, les appareils et les diverses machines qui concourent à l'exercice de ses fonctions. C'est du moins ce qui ressort du décret relatif aux modalités d'exercice du droit à la santé du fonctionnaire. Ces appareils doivent présenter toutes les garanties de sécurité et être maintenus en bon état de fonctionnement[240] et les dispositifs à installer doivent être homologué.

La sécurité électrique dans les services publics reste toujours un problème d'actualité. Dans certains services publics, on note la quasi absence des installations électriques au Cameroun. L'exemple type est celui des services publics dans les villages. Si bien que les installations électriques existent dans les services publics basés dans les zones urbaines, la sécurité concernant des installations pose problème, les textes relatifs aux règles d'hygiène et de sécurité[241] dans les services publics font mention que les installations électriques dans les lieux de travail doivent être munies de système de sécurité en rapport avec la plus grande tension de régime existant entre le conducteur et la terre[242]. Ces textes ajoutent que les générateurs et transformateurs électriques situés dans les lieux de service doivent être protégés comme tous autres types de machines. Ils disposent également que tous les fils conducteurs d'électricité se trouvant à l'intérieur du lieu de travail doivent être

---

[239] Ibrahima LY, *Problématique du droit de l'environnement dans le processus de développement économique et social d'un pays. L'exemple du Sénégal*, Thèse d'Etat, Université Cheikh Anta Diop, Dakar, 1994,304 p.

[240] CAPO-CHICHI (A.), *Le droit pénal de l'environnement dans l'espace francophone, dans : Actes de la réunion constitutive du comité sur l'environnement de l'AHJUCAF*, Porto-Novo, 2008, 187 p.

[241] ROUYERE (A.), « Le droit comme indice. Existe-t-il des politiques d'environnement ? », In RENARD Didier et Als (dir.), *l'analyse des politiques publiques aux prises avec le droit et société*, vol.30, 2000, pp.9-15.

[242] RENS (I.), « Sur quelques controverses relatives à l'éthique, à la politique et au droit international de l'environnement », in *le droit international face à l'éthique et à la politique de l'environnement*, Georg, Genève, 1996, pp.16-29.

parfaitement protégés et isolés[243] , et placés hors de la portée des agents. Enfin, ils soulignent que les fils de raccordement de lampes, des outils et des appareils électriques, ainsi que les connexions sont protégés par un revêtement en caoutchouc dur et si besoin par une graine métallique flexible[244].

En dehors de ces mesures préventives visant à garantir le droit à la santé des personnels fonctionnaires et des personnels non fonctionnaires, l'Etat prône aussi la prise en charge des personnels fonctionnaires et des personnels non fonctionnaires en cas de maladie.

B- La perceptibilité de la prise en compte en cas de maladie

Cette partie permettra de mettre l'accent sur deux périodes majeures des personnels fonctionnaires et des personnels non fonctionnaires[245]. La première qui conditionne l'autre est la préservation du corps du fonctionnaire (**1**) et la seconde, consiste à la prise en charge en cas de maladie (**2**).

1- La protection du droit à la santé à travers la préservation du corps.

Dans l'exercice de ses fonctions, le fonctionnaire et le non fonctionnaire après un dur labeur a droit, à un repos. Toutefois, il s'agit des travailleurs de sexe féminin, on parlera également de congé de maternité[246]. Le congé est un droit inaliénable du fonctionnaire. Il appliqué dans le privé tout comme dans le public[247]. Mais le congé peut avoir une double connotation. On peut parler de congé maladie tout comme de congé administratif ou d'autres[248].

Le congé de maladie s'entend comme une période de repos accordé à un fonctionnaire lorsque son état de santé ne lui permet pas de remplir

---

[243] Article 114 arrêté n°039/MTPS/IMT du 26 novembre 1984.

[244] Article 24 du décret de 1994/199 du 7 octobre 1994 portant SGFP.

[245] ROUSSET (M.), « La création des tribunaux administratifs et le système Marocain de protection des administrés face à l'administration », *RJPIC*, n°1, 1995, pp. 16-34.

[246] PINET (G.), « Les défis de la santé au XXIe siècle : Approche législative des déterminants de la santé », *RILS, 49, n° spécial la législation sanitaire à l'aube de XXIe siècle*, Genève, OMS, 1998, XVII, pp. 34-46.

[247] *Ibid.*

[248] *Ibid.*

ses obligations[249]. Il s'agit d'une autorisation d'absence. Elle peut être de courte durée tout comme de longue durée, en fonction de la maladie du fonctionnaire ou du non fonctionnaire[250]. Le congé maladie doit être constaté par un médecin de l'administration qui confirme l'incapacité du fonctionnaire à remplir ses obligations.

Dans ce cas, le fonctionnaire malade doit constituer un dossier accompagné du certificat médical pour acheminer à la hiérarchie. Il peut aussi arriver que le fonctionnaire bénéficie d'un congé maladie de longue durée. Au Cameroun, l'admission à ce type de congé est soumise à l'approbation préalable du ministère en charge de la fonction publique et de la réforme administrative après avis du conseil national de la santé. L'octroi du congé maladie qu'il soit court ou de longue durée produit des effets. Le fonctionnaire mis en congé maladie continue à bénéficier normalement de son salaire ainsi que des prestations familiales. L'article 60 du statut général de la fonction publique dispose que l'agent public souffrant d'une maladie nécessitant un traitement de longue durée peut, après six mois consécutifs sans être guéri, bénéficier de plusieurs autres tranches semestrielles sans cela n'excède trois ans. Cette période maximale peut varier suivant l'ancienneté de l'agent.

Concernant le congé administratif, c'est-à-dire le congé annuel qui est d'une durée de 1 mois reconnu aux agents publics après douze mois de service effectif ; il n'est pas un congé automatique[251]. Il s'agit d'un congé accordé à la demande de l'intéressé. Le statut général de la fonction publique camerounaise affirme : « *Tout fonctionnaire en activité, après douze mois de service effectif, a un congé annuel de 30 jours consécutifs* ». Il faut souligner que ce congé est attribué par le ministre utilisateur pour les fonctionnaires des services centraux, et par décision du gouverneur ou du préfet pour les fonctionnaires des services déconcentrés. Le fonctionnaire en congé administratif conserve tout de même sa solde entière tout comme les primes et les indemnités. À l'occasion de ce congé annuel, le fonctionnaire ainsi que son conjoint et ses enfants mineurs ont droit aux frais de transport aller-retour pour eux et pour les bagages, du lieu de service à la localité d'origine.

---

[249] *Ibid.*

[250] SAMBA (D.), « Les mécanismes de dialogue et de concertation prévus dans les dispositifs réglementaires et institutionnels au Sénégal », *Revue Liaison-Energie-Francophonie*, n°99,2015, pp. 56-76.

[251] BELANGER (M.), « Une solution dans le débat sur le droit de la santé : le droit à la sécurité sanitaire », *Mélanges Dubois*, Paris, 2002, pp. 24-32.

Autre volet important de la protection du droit à la santé du fonctionnaire concerne le congé de maternité. Le statut général de la fonctionnaire publique stipule : « *Le fonctionnaire de sexe féminin bénéficie sur sa demande et sur présentation du certificat de grossesse du sixième mois, d'un congé de maternité d'une durée de 14 semaines pour couche et allaitement, avec solde entière* ». Ce certificat doit indiquer la date présumée de l'accouchement. Notons également que la femme fonctionnaire qui accouche avant de cesser ses activités bénéficie à titre de compensation de quatre semaines en vue de la jouissance effective dudit congé[252].

Soutenant cette pensée, Antoine de MADZEAUD affirme : « *La salariée enceinte bénéficie d'un congé pré et post natal...dont une partie (huit semaines) est d'ordre public absolu*[253] ». La femme enceinte bénéficiant du congé de maternité a droit à l'intégralité de son salaire durant cette période.

L'une de la prise en compte de la protection du droit à la santé des personnels fonctionnaires et des personnels non fonctionnaires la plus aboutie est la prise en charge en cas de maladie qui se manifeste dans la plupart de cas en évacuation sanitaire.

2- La protection du droit à la santé à travers le recours à la prise en charge en cas de maladie

La prise en charge en cas de maladie se trouve au cœur du droit administratif. Il s'agit ici de distinguer deux cas de figure majeure[254]. Il s'agit de voir si la maladie ou l'accident est imputable au service d'une part, et d'autre part, si elle est d'origine professionnelle.

Parlant de l'accident imputable directement au service, il s'agit d'une situation hasardeuse, un événement fortuit, un cas inopiné et isolé. L'accident imputable au service est pris en charge par l'administration. Car, elle est indépendante de la volonté du fonctionnaire[255].

Le volet maladie professionnelle trouve son fondement dans l'article L.461-2 du code de la sécurité français[256]. Mais pour le cas du

---

[252] Art 66 al 3 du SGFP.

[253] MADZEAUD (A.), *Droit du travail, op.cit.* p.543.

[254] BELANGER (M.), « Une solution dans le débat sur le droit de la santé : le droit à la sécurité sanitaire », *Mélanges Dubois*, Paris, 2002, *op.cit.*, pp. 69.

[255] *Ibid.*

[256] Article L-461-2 du code de la sécurité français.

Cameroun, la maladie d'origine professionnelle est une maladie résultante de la nature ou des conditions de l'exercice des fonctions du fonctionnaire. Il se dégage que la protection du droit à la santé des personnels fonctionnaires et des personnels non fonctionnaires, pour ce qui est de la prise en charge en cas de maladie souffre d'une certaine discrimination[257] au Cameroun.

Les personnels fonctionnaires des services hospitaliers bénéficient plus de privilèges liés au service que les fonctionnaires et les non fonctionnaires des autres corps. L'un de point important qu'on doit souligner concerne l'exercice de l'action récursoire par l'administration[258] qui consiste à exercer une action visant à obtenir le remboursement des dépenses effectuées pour la prise en charge.

Les personnels non fonctionnaires bénéficient eux-aussi de la participation de l'administration en cas des accidents et maladies professionnelles. Mais, contrairement aux personnels fonctionnaires, la protection des personnels non fonctionnaires est sujette à interrogation. Ils bénéficient de façon amoindris d'une prise en charge par rapport aux collègues fonctionnaires[259]. Il est dit que la participation de l'Etat dépend en grande partie de l'ancienneté de l'agent relevant du code du travail.

Là où la discrimination apparait au grand est la phase de l'évacuation sanitaire. L'évacuation sanitaire signifie le transport d'un patient pour motif médical d'un lieu vers un autre pour le rapprocher de son domicile habituel et/ou le faire bénéficier des moyens diagnostiques et thérapeutiques médicaux supérieurs à ceux disponibles[260].

L'évacuation sanitaire à l'étranger rencontre de plus un écho défavorable au Cameroun. Les uns mettent en avant son caractère dépensier tandis que les autres critiquent son caractère sélectif[261]. Il s'agit d'une évacuation qui concerne seulement les hauts fonctionnaires

---

[257] PETIT (S.), *Le droit de la protection des agents publics de trois fonctions publiques*, Paris, Berge Levrault, 1998, p.82.

[258] *Ibid.*

[259] PETIT (S.), *Le droit de la protection des agents publics de trois fonctions publiques*, Paris, Berge Levrault, 1998, *op.cit.*, p.132.

[260] MOUHAMMADOU (D.), *Etude épidémiologique prospective des évacuations sanitaires hors du Mali par le ministère de la santé en 2010*, Thèse pour l'obtention de grade de Docteur en médecine, Université de Bamako, 2011, p.312.

[261] PETIT (S.), *Le droit de la protection des agents publics de trois fonctions publiques*, Paris, Berge Levrault, 1998, *op.cit.*, p.112.

de l'administration camerounaise. Ce qui présage que les simples fonctionnaires ne bénéficient pas d'une évacuation sanitaire à l'étranger. Dans les deux cas, qu'on soit dans l'évacuation sanitaire à l'interne tout comme à l'extérieur[262], le Cameroun gagnerait à développer et à équiper les hôpitaux du pays pour mettre fin à l'évacuation sanitaire.

II- La **prise en compte perfectible de la protection du droit à la santé des fonctionnaires et des personnels non fonctionnaires au Cameroun**

Les droits de l'homme n'existent comme droits qu'à partir du moment où ils sont effectivement consacrés et protégés pour reprendre la pensée de Eric MILLARD. Cette pensée trouve son sens dans le domaine de protection du droit à la santé des personnels fonctionnaires et des personnels non fonctionnaires au Cameroun. S'il existe des textes qui consacrent la protection du droit à la santé des agents de l'Etat au Cameroun, il existe des limites qui freinent la prise en compte de la protection du droit à la santé des personnels fonctionnaires et des personnels non fonctionnaires au Cameroun (**A**). A-t-on toujours l'habitude de dire que la valeur juridique d'un droit « Doit être appréciée au regard des mesures qui permettent d'assurer sa mise en œuvre et son respect ». Il est donc urgent de penser à améliorer la protection du droit à la santé des personnels fonctionnaires et des personnels non fonctionnaires au Cameroun pour promouvoir l'émergence et le développement du Cameroun (**B**).

A- Les limites de la protection

Le droit à la santé est un droit qui « *Occupe et préoccupe* ». C'est un droit qui est reconnu et consacré par nombre des pays. Mais en dépit de sa proclamation par les textes constitutionnels et internationaux, le droit à la santé et comme tous les autres droits sociaux font toujours l'objet de considération particulière[263] par la jurisprudence et la doctrine classique.

La jurisprudence et la doctrine considèrent le droit à la santé comme des pseudos droits ou des simples objectifs politiques. Cette

---

[262] *Ibid.*

[263] DJUIKOUO (J.), « L'obligation de sécurité de l'employeur en droit camerounais », Etude offerte au Professeur Paul Gérard-POUGOUE, 2016, p.78.

considération à connotation politique que juridique à faciliter, à reléguer le droit à la santé des personnels fonctionnaires et des personnels non fonctionnaires au Cameroun[264]. A partir de là, on se pose la question de savoir : qu'est-ce qui fait obstacle à la prise en compte de la protection du droit à la santé des personnels fonctionnaires et des personnels non fonctionnaires au Cameroun ? La réponse à cette question fondamentale a permis de relever que ce qui fait obstacle à la protection du droit à la santé des personnels fonctionnaires et des personnels non fonctionnaires trouve son fondement dans les considérations[265] à la fois intrinsèques (**1**) et extrinsèques (**2**).

1- Les limites intrinsèques

L'un de l'obstacle à la protection du droit à la santé des personnels fonctionnaires et des personnels non fonctionnaires au Cameroun est la considération du droit à la santé comme un droit non subjectif. Cette catégorisation ne facilite guère une véritable prise en compte de la protection de ce droit. Le droit à la santé des personnels fonctionnaires et des personnels non fonctionnaires consacré par le statut général de la fonction publique est bel et bien dans la catégorie des droits dits « *sociaux* ».

La considération du droit à la santé comme un droit non subjectif s'oppose au droit subjectif. Il est conçu comme « *un pouvoir de vouloir, un intérêt juridiquement protégé* ». Ce qui signifie qu'écarté de cette catégorie des « droits sociaux », le droit à la santé ne peut être invoqué devant une juridiction, à moins qu'il y a survenance d'un dommage perceptible, direct et identifiable facilement. Cette absence de prévaloir son droit à la santé devant un juge, impact sur le rendement des personnels fonctionnaires et des personnels non fonctionnaires au Cameroun.

De plus, le droit à la santé est également rangé dans le cercle de droit créance au Cameroun. Il renvoie à l'ensemble des droits qui ne sont pas exigibles à l'Etat, c'est-à-dire que sa réalisation ne peut faire

---

264 Ibid.

265 DJUIKOUO (J.), « L'obligation de sécurité de l'employeur en droit camerounais », Etude offerte au Professeur Paul Gérard-POUGOUE, 2016, *op.cit.*, p.118.

l'objet d'une imposition, d'une pression à l'employeur public. Consacrés, ces droits restent, pour la plupart, lettre morte[266].

De manière générale, il apparaît que les droits considérés comme créance du moins de leur nature ne donne à ses bénéficiaires une action d'ester en justice. Le professeur GRUNDLER pense d'ailleurs que l'expression droit créance est communément utilisée pour désigner des droits qui répondent à un besoin social et exigent pour se réaliser une intervention positive des pouvoirs publics. C'est l'un d'obstacle majeur du droit à la santé par rapport aux autres droits sociaux consacrés par divers textes dans le cadre national et dans le cadre international[267].

2- Les limites extrinsèques

La limitation extrinsèque n'a ici un effet financier « *Qui dit droit à la santé, dit prestation et dit déboursement des moyens* ». Cela suppose que la satisfaction de ce droit crucial et partie intégrante des textes nationaux et internationaux suppose le déploiement d'une ressource financière conséquente[268]. C'est ce que disait le célèbre adage « *les moyens sont limités mais les besoins sont illimités, il faut donc trouver un équilibre entre le besoin et le moyen disponible* ». La question financière limite considérablement la prise en compte de la protection du droit à la santé des personnels fonctionnaires et des personnels non fonctionnaires au Cameroun.

La réduction du droit à la santé des personnels fonctionnaires et non fonctionnaires au Cameroun est le fait des textes. Les divers textes et même la réalité pratique ont fait de la question sanitaire, un domaine réservé aux riches et l'interprétation du profane[269] se justifie aujourd'hui « *Ne peut avoir accès aux soins de qualité que ceux qui en ont les moyens* ». Pourtant, dans le cadre de l'application du pacte économique, social et culturel, on a admis « *qu'il faille tenir compte des ressources disponibles au niveau des Etats pour apprécier le respect par ces derniers de leurs obligations sanitaires issues du pacte de 1966* ». Conformément à cette disposition, les Etats protègent le droit à la santé des personnels fonctionnaires et des personnels non

[266] EDIMO (F.), « Regard sceptique sur le droit à la santé au Cameroun », *Juridical tribune,* vol 3, issue 2, décembre 2015, p.65.
[267] *Ibid.*
[268] EDIMO (F.), « Regard sceptique sur le droit à la santé au Cameroun », *Juridical tribune,* vol 3, issue 2, décembre 2015, *op.cit.,* p.75.
[269] *Ibid.*

fonctionnaires dans la limite de moyens disponibles[270]. Cette situation explique aujourd'hui, le retard pour le Cameroun à mettre en place des couvertures sanitaires universelles (CSU). Pour GRUNDLER, « *Le juge manifeste une réelle réticence à adopter des solutions qui, s'agissant des droits sociaux, ont souvent des implications financières* ». La cour Européenne des droits de l'homme, par exemple a mis en avant l'aspect financier de la protection du droit à la santé pour restreindre la portée de sa jurisprudence car il faut éviter de faire « *peser une charge très lourde sur les Etats* ». Dans cette même perspective, la cour Indienne a développé la théorie des contraintes budgétaires pesant sur l'Etat pour justifier la réduction des remboursements des frais médicaux des fonctionnaires. Cette position semble bien transposable au Cameroun. En attendant une position claire de la juridiction administrative, il faut admettre que le coût de la santé, porte un sérieux coup à la protection du droit à la santé des personnels fonctionnaires et des personnels non fonctionnaires au Cameroun[271]. Il est temps de penser à améliorer davantage la protection du droit à la santé des personnels fonctionnaires et non fonctionnaires au Cameroun.

B- Amélioration souhaitable de la prise en compte de la protection du droit à la santé des fonctionnaires et des personnels non fonctionnaires au Cameroun

La véritable voie pour sortir de cet imbroglio demeure le recours à l'action syndicale (**1**). Et au sens de l'humanisme et de la révision du texte régissant le travail dans le secteur public (**2**).

1- Le recours à l'action syndicale comme alternative pour faire valoir le droit à la santé

La protection du droit à la santé des personnels fonctionnaires et personnels non fonctionnaires passe par ce chemin. Il s'agit d'une issue

---

[270] EDIMO (F.), « Regard sceptique sur le droit à la santé au Cameroun », *Juridical tribune,* vol 3, issue 2, décembre 2015, *op.cit.,* p. 35.

[271] Selon le ministre de la santé André MAMA FOUDA, lors d'une conférence de presse, « les réflexions du groupe technique mis en place par le chef du gouvernement traitent beaucoup plus de la grande dimension de la couverture santé universelle. Celle-ci englobe d'une part, l'organisation et le financement de la demande de santé et d'autre part, l'organisation et le financement de l'offre de santé ». WWW.Cameroon-info.net,édition du 17 mai 2017.

alternative pour les fonctionnaires et les non fonctionnaires d'exiger le respect de leur droit à la santé. Il faut le dire, le droit à la santé au Cameroun manque, en général « *La capacité intrinsèque à être garantie par le juge* ». NIVARD, souligne que la capacité intrinsèque et la compétence formelle des juges sont pleinement liées. Il fait savoir que le juge peut refuser sa compétence ou voir celle-ci limitée vis-à-vis d'un droit sur le fondement de son caractère impropre au contrôle juridictionnel[272].

2- La nécessité de la primauté de l'humanisation des soins et le souhait de la mise en œuvre effective de la couverture santé universelle

La voie idéale pour passer à la vitesse supérieure concernant la protection des personnels fonctionnaires et des personnels non fonctionnaires au Cameroun reste et demeure le recours au sens de l'humanisme dans la question concernant la santé et de penser à rendre effective le projet de l'implementation de la couverture santé universelle[273].

L'humanisation des soins ou l'humanisme dans le traitement des malades, cette question fait et continue toujours de faire débat au Cameroun. Qu'on soit fonctionnaire ou non fonctionnaire, le droit à la protection de la santé reste une problématique floue[274]. Disposer de droit et avoir accès à des soins de qualité et à un traitement digne ne guère facile au Cameroun. Même le statut du fonctionnaire ne vous donne pas une certaine primauté[275]. Certains disent d'ailleurs que le droit à la santé ne vise que les hauts placés c'est-à-dire les hautes personnalités et les plus riches. Peut-être pour sortir de façon définitive de cet épineux problème de protection à la santé des personnels

---

272 DONFACK (L.), « Une réforme fondamentale sous influence : le nouveau statut général de la fonction publique du Cameroun », *in Revue juridique africaine*, 1994, p.71.

273 *Ibid.*

274 EDIMO (F.), « Regard sceptique sur le droit à la santé au Cameroun », *Juridical tribune,* vol 3, issue 2, décembre 2015, *op.cit.,* p. 55.

275 EDIMO (F.), « Regard sceptique sur le droit à la santé au Cameroun », *Juridical tribune,* vol 3, issue 2, décembre 2015, *op.cit.,* p. 105.

fonctionnaires et des personnels non fonctionnaires au Cameroun, il faut rendre effective la couverture santé universelle.

La couverture santé universelle est une politique initiée par le gouvernement du Cameroun mais qui peine toujours à prendre corps. Il s'agit d'une politique de l'Etat visant à permettre à la population d'avoir accès aux soins à moindre coût. Cette politique ne vise pas un corps bien précis. Tout le monde est concerné. Et peut-être à partir de cette idée géniale du gouvernement, le droit à la santé des personnels fonctionnaires et des personnels non fonctionnaires au Cameroun trouvera tout son sens.

Conclusion

Parvenue au terme de cette réflexion portant sur l'ambivalence de la prise en compte de la protection du droit à la santé des personnels fonctionnaires et des personnels non fonctionnaires au Cameroun[276], il s'agit maintenant de dresser le bilan de cette étude. La question centrale était celle de la manifestation de l'ambivalence de la protection du droit à la santé des personnels fonctionnaires et des personnels non fonctionnaires au Cameroun. Après évaluation donc, il se dégage plusieurs constats.

La protection du droit à la santé des personnels fonctionnaires et des personnels non fonctionnaires au Cameroun est perceptible. Cette perceptibilité concerne à la fois les mesures préventives consacrées pour protéger les agents publics de l'Etat[277]. Ces mesures préventives sont orientées vers la préservation de l'intégrité du corps du fonctionnaire et du non fonctionnaire. Il s'agit de l'aménagement du lieu de service des personnels fonctionnaires et des personnels non fonctionnaires et de la prise en charge de ces derniers en cas de maladie[278].

Mais, il est à noter également que la protection du droit à la santé des personnels fonctionnaires et des personnels non fonctionnaires au Cameroun demeure encore perfectible. Cette perfectibilité s'explique

---

[276] OWONA (J.), *Droit de la fonction publique camerounaise*, Paris, l'Harmattan, 2011, *op.cit.*, p.146.
[277] *Ibid.*
[278] *Ibid.*

par les limites à la fois intrinsèques et extrinsèques[279] qui entérinent cette volonté manifeste de protection du droit à la santé des personnels fonctionnaires et des personnels non fonctionnaires au Cameroun d'où l'urgence absolue de prévaloir le sens de l'humanisme dans la question concernant la santé et de penser à rendre effective le projet de l'implémentation dc la couverture santé universelle.

[279] EDIMO (F.), « Regard sceptique sur le droit à la santé au Cameroun », *Juridical tribune,* vol 3, issue 2, décembre 2015, *op.cit.,* p. 165.

L'IDEE CONSTITUTIONNELLE DU PRESIDENT ALASSANE OUATTARA

Entre théorie et pratique

Adama CHERIF
Enseignant-chercheur
Université Peleforo Gon Coulibaly (Korhogo-Côte d'Ivoire)

Résumé

Lors de la campagne présidentielle de 2015, le Président Alassane Ouattara émet l'idée d'une réforme constitutionnelle. Six années après, il est intéressant de prêter attention à son idée et à la pratique constitutionnelles. Dans cet article sur l'histoire constitutionnelle et politique récente de la Côte d'Ivoire, l'auteur réfléchit principalement sur l'idée constitutionnelle d'Alassane Ouattara à partir d'une analyse de son discours programmatique. Ce faisant, l'article explique que l'idée d'Alassane Ouattara se caractérise par une certaine rupture avec l'ordre constitutionnel ancien jugé obsolète. D'une part, cette rupture nécessite un renouveau normatif à travers l'adoption d'une nouvelle Constitution inclusive, consensuelle et moderne en vue d'assurer la stabilité et le progrès de la Nation. D'autre part, cette rupture requiert un renouveau institutionnel s'articulant autour de l'idée nouvelle doctrine institutionnelle et d'un cadre institutionnel rénové.

Mots-clés

Alassane Ouattara – Idée constitutionnelle – Pratiques constitutionnelles - Renouveau normatif – Renouveau institutionnel

Abstract

During the 2015 presidential campaign, President Alassane Ouattara put forward the idea of constitutional reform. Six years later, it is interesting to pay attention to his constitutional idea and practice. In this article on the recent constitutional and political history of Côte d'Ivoire, the author reflects mainly on the constitutional idea of Alassane Ouattara from an analysis of his programmatic discourse. In doing so, the article explains that the idea of Alassane Ouattara is characterized by a certain break with the old constitutional order deemed obsolete. On the one hand, this rupture requires a normative renewal through the adoption of a new inclusive, consensual and modern Constitution in order to ensure the stability and progress of the nation. On the other hand, this rupture requires an institutional renewal articulated around the idea of a new institutional doctrine and a renovated institutional framework.

Keywords

Alassane Ouattara - Constitutional Idea – Constitutional Practice – Normative revival Institutions renewal

INTRODUCTION

Faut-il pour avoir une bonne Constitution, si elle existe, que les politiciens soient des constitutionnalistes et les constitutionnalistes des politiciens ? Sans nul doute ! En effet, selon Carl Schmitt « *la Constitution est une décision politique fondamentale* » (SCHMITT, 1993, p. 16). Dans le même sens, le Doyen Mélèdje Djédjro pense que la Constitution est *« un moyen d'expression de projets politiques »* (MELEDJE DJEDJRO, 2017, p. 26). De façon plus nuancée, le Doyen Francis Wodié affirme que les projets politiques puisent leurs sources dans les faits et que les personnes habilitées à « lire » les faits sont les hommes politiques[280]. Il en résulte que la Constitution est donc « *l'objectivation d'une volonté »*[281] politique.

La relation entre les hommes politiques et la Constitution se présente donc de façon éclatante. C'est dire que la révision ou l'établissement d'une Constitution est la concrétisation d'idées émises

---

[280] F. Wodié (2016), Conférence, *Wodié dit ses vérités sur la nouvelles Constitution*, Abidjan, Université Félix Houphouët-Boigny, 2 juin 2016, *L'Inter* (30 juin 2016), n° 5387, p. 3.

[281] R. Baumert, (2018), [en ligne] : http://www.juspoliticum.com/article/En-relisant-Pierre-Avril-Penser-le-droit-politique-2018-1329.html (consulté le 12/12/2022).

préalablement par un homme politique. C'est pourquoi, il est courant chez les constitutionnalistes d'étudier les idées et les pratiques constitutionnelles de personnalités politiques qui ont particulièrement marqué leurs temps. Ainsi, certains travaux concernent les hommes politiques comme Robespierre[282], Charles de Gaulle (MAUS, 2016, pp. 16-12 ; J.-L. DEBRE, 2015 ; ALIBERT-FABRE, 1990, pp. 699-713), François Mitterrand (ELKAIM, 2001), Hassan II (BOUTERFAS, 2010) et Jean Lesage (BOISMENU, 1989, pp. 76-107).

Cependant, avant d'aller plus loin dans cette réflexion complexe, il serait loisible de cerner la notion d'« idée constitutionnelle » et de présenter Alassane Ouattara.

La notion d'*« idée »* se conçoit comme une représentation intellectuelle élaborée par la pensée correspondant à un mot ou une phrase. Le mot « idée » a pour synonyme, entre autres, les mots *« réflexion », « conception », « pensée ».* Le mot « constitutionnel » est un adjectif qualificatif épithète désignant *« ce qui est relatif à la Constitution ».* La notion de « Constitution » quant à elle n'a pas une définition univoque. Certains auteurs font la distinction entre la Constitution politique et la Constitution sociale (HAURIOU, 1929, p. 7) ou juridique (BEAUD, 2003, p. 128).

D'autres font la distinction entre la Constitution normative et la Constitution institutionnelle (GADJI, 2016, p. 49). D'autres enfin distinguent la Constitution formelle de la Constitution matérielle (WALINE, 1995, p. 152). De la combinaison de toutes ces définitions, on peut retenir que le mot *« Constitution »,* selon la formule kelsénienne, s'entend comme la norme des normes, la norme fondamentale (KELSEN, 1977, p. 299 et ss). C'est la *« métha-règle »* (TROPER, 1992, p. 4), la loi fondamentale et supérieure dont se donne librement un peuple libre (ZOLLER, 1999, p. 31). Il en résulte que la Constitution est la norme suprême d'un Etat, écrite ou non écrite, relative à l'organisation et au fonctionnement des institutions d'une part, et aux rapports entre les gouvernants et les gouvernés d'autre part (DELPÉRÉ, 1992, pp. 211-221).

---

[282] Colloque (2017), *La pensée constitutionnelle de Robespierre*, Dijon, Université de Dijon, 18 et 19 mai 2017, [en ligne] : https://univ-droit.fr/recherche/actualites-de-la-recherche/manifestations/22646-la-pensee-constitutionnelle-de-robespierre, (Consulté le 20/05/2023).

Toutefois, il faut noter que la Constitution transcende la norme écrite pour englober l'ensemble de l'ordre constitutionnel. De ce fait, la notion d'idée constitutionnelle prend en compte les pratiques constitutionnelles des gouvernants (GADJI, 2016, p. 50), c'est-à-dire le résultat de l'application de la Constitution (DOSSO, 2012, p. 59). Il va s'en dire que dans le cadre de cette étude, l'idée et la pratique constitutionnelle d'Alassane Ouattara tendent donc à se confondre. Par conséquent, et par convention de langage, l'expression *« idée constitutionnelle »* doit être entendue comme englobant également *« les pratiques constitutionnelles »*. En conclusion, l'étude portera sur la Constitution matérielle entendue comme *« l'ensemble des règles juridiques [écrites ou non écrites] selon lesquelles les gouvernants exercent l'autorité au nom de l'Etat »* (LE DIVELLEC A. et DE VILLIERS M., 2022, p. 79).

Mais, qui est Alassane Ouattara ? Sa biographie a fait l'objet de nombreux écrits aussi bien d'universitaires (KONATÉ, 2003, pp. 253-309 ; TOURÉ, 2008), d'écrivains (DEBURNY, 2016 ; MONEY, 2015 ; OUATTARA & BEN ISMAÏLA DIABY, 2012 ; CISSE, 2007 ; FOFANA, 2009) que de journalistes[283]. De l'économie de cette littérature, il résulte qu'Alassane Ouattara est titulaire d'un doctorat en science économique de l'Université de Pennsylvanie (USA). Il porte une riche carrière d'économiste au Fonds Monétaire International (FMI) et à la Banque Centrale des Etats d'Afrique de l'Ouest (BCEAO). Sa vie politique se confond avec l'histoire politique mouvementée de la Côte d'Ivoire des trente dernières années. En effet, la carrière politique d'Alassane Ouattara débute par sa nomination d'abord à la tête d'un comité interministériel puis comme Premier Ministre en 1990[284]. À la mort du Président Félix Houphouët-Boigny, en 1993, il est impliqué dans une querelle de succession qui tourne en faveur d'Henri Konan Bédié. Ce dernier devient le nouveau Président de la République. Quelques mois plus tard, Alassane Ouattara est nommé comme Directeur Général Adjoint du FMI.

[283] RFI (2010) [en ligne] : https://www.rfi.fr/fr/afrique/20101126-portrait-alassane-ouattara, (Consulté le 06/06/ 2021).
[284] Cf. Loi constitutionnelle n° 90-1529 du 6 novembre 1990.

À l'approche des élections présidentielles de 1995, Alassane Ouattara envisage d'être candidat, mais certaines dispositions du nouveau code électoral semblent l'éliminer : il faut non seulement *« être Ivoirien de naissance, né de père et de mère eux-mêmes Ivoiriens »*, mais également *« avoir résidé de manière continue en Côte d'Ivoire depuis cinq ans »*. Les partis d'opposition boycottent activement l'élection présidentielle de 1995, et Henri Konan Bédié est élu Président de la République face à son principal challenger le professeur Francis Wodié.

Le 30 juillet 1999, Alassane Ouattara rentre en Côte d'Ivoire après avoir démissionné de son poste de Directeur Général Adjoint du Fonds Monétaire International. Le 1er août[285] il est élu comme président de son parti politique, le Rassemblement des Républicains (RDR).
Dans la même temporalité, une campagne médiatique du pouvoir vise à contester sa nationalité ivoirienne. Le 22 septembre 1999, une information judiciaire est ouverte contre lui pour faux et usage de faux. Le 29 novembre de la même année, alors qu'il se trouve en France, un mandat d'arrêt est lancé contre lui. Entre-temps, toute la direction du RDR est emprisonnée. C'est dans cette période de turbulence que dans la nuit du 23 au 24 décembre 1999, un coup d'Etat militaire met fin au régime d'Henri Konan Bédié et suspend la Constitution du 03 novembre 1960.

La nouvelle Constitution adoptée par référendum consacre des conditions d'éligibilité particulièrement restrictives (article 35 de la Constitution)[286]. Naturellement avec quatorze autres candidats, la candidature d'Alassane Ouattara est rejetée, « pour nationalité douteuse », d'abord à l'élection présidentielle d'octobre 2000[287] puis à l'élection législative du 1er décembre 2000. Cette exclusion fait d'Alassane Ouattara *« le visage de crise identitaire en Côte*

---

[285] Fratmat.info (s.d.), [en ligne] : https://www.fratmat.info/article/77828/60/rdr-retour-en-force-d-alassane-ouattara-a-la-tete-du-parti-voir-histoire-du-rdr, (Consulté le 08/06/2021).

[286] Le candidat doit, entre autres « être ivoirien d'origine, né de père et de mère eux-mêmes ivoiriens d'origine ». En outre, le candidat à l'élection présidentielle « doit ne s'être pas prévalu d'une autre nationalité ».

[287] CSCA, 6 octobre 2000, arrêt n° E 001/2000, Recevabilité des candidatures à l'élection du président de la République, [en ligne] : https://umeci.org.ci/wp-content/uploads/2020/04/Arr%C3%AAt-001-2000-du-6-octobre-2000.pdf, (Consulté le 20/05/2023)

d'Ivoire »[288]. À l'élection présidentielle, Laurent Gbagbo alors leader du Front Populaire Ivoirien (FPI) est élu face au Général Robert Guéi. Ce dernier tente un nouveau coup de force pour rester au pouvoir[289]. Il finit par quitter le pouvoir devant la pression populaire.

La légitimité de cette élection est contestée par Alassane Ouattara, et gravement compromise par les violations des droits de l'homme notamment la découverte d'un charnier de 57 corps à Yopougon[290]. De ce fait, un Forum de réconciliation nationale est organisé à l'issue duquel un certificat de nationalité est délivré à Alassane Ouattara. Moins de deux années plus tard, en septembre 2002, un coup d'Etat manqué contre le Président Laurent Gbagbo se transforme en rébellion armée. La guerre civile (A. GADJI, 2011, p. 17) qui éclate remet la question de l'éligibilité et de la nationalité au cœur des débats. Dans le cadre de la résolution de la crise, les Accords de Linas Marcoussis (DU BOIS DE GAUDUSSON, 2003, pp. 41-55) recommandent la révision de l'article 35 sur les conditions d'éligibilité. Toutefois, dans un Avis, le Conseil Constitutionnel décide que la Constitution ne peut être révisée au moment où une partie du territoire était occupée par une rébellion armée[291]. De ce fait, sur la base des pouvoirs de crise qu'il tenait de l'article 48 de la Constitution, Laurent

---

[288] Le Point International (2010), Alassane Ouattara, visage de la crise identitaire en Côte d'Ivoire, [en ligne] : https://www.lepoint.fr/monde/alassane-ouattara-visage-de-la-crise-identitaire-en-cote-d-ivoire-28-11-2010-1267847_24.php, (Consulté le 10/06/2021).

[289] Il en est contraint le 25 octobre 2000 par des manifestations populaire d'une ampleur inédite. Cependant, au cours de la même période, les militants du Rassemblement des Républicains qui manifestent dans les rues pour demander une reprise des élections sont violemment réprimée. Un charnier de plus de 50 corps est découvert dans la commune de Yopougon au moment où Laurent Gbagbo prête serment comme nouveau Président de la République.

[290] FIDH (2000), [en ligne] : https://www.fidh.org/fr/regions/afrique/cote-d-ivoire/Rapport-Enquete-sur-le-charnier-de, (Consulté le 10/06/2021) ; Human Rights Watch (2001), [en ligne] : https://www.hrw.org/fr/report/2001/08/28/le-nouveau-racisme/la-manipulation-politique-de-lethnicite-en-cote-divoire, (Consulté le 10/06/2021).

[291] Cons. const., 17 décembre 2003, n° 003/CC/SG, Avis demandé par le Président de la République, [en ligne] : http://www.conseil-constitutionnel.ci/sites/default/files/13618978361.pdf (Consulté le 10/06/2021).

Gbagbo, prend une décision permettant à Alassane Ouattara de se présenter exceptionnellement à l'élection présidentielle[292].

Prévue pour 2005, l'élection présidentielle se tient finalement en novembre 2010. Au premier tour, face à Laurent Gbagbo, il y a deux poids lourds de la politique ivoirienne : Henri Konan Bédié et Alassane Ouattara. Aucun candidat n'a la majorité absolue au premier tour. Un second tour est organisé entre Laurent Gbagbo et Alassane Ouattara. Prétendant l'existence de fraudes d'une grande ampleur, le Conseil constitutionnel annule les résultats du scrutin dans la plupart des circonscriptions électorales du Nord du pays, favorables à Alassane Ouattara, et déclare Laurent Gbagbo vainqueur[293]. Une crise post-électorale sans précédent éclate et fait plus de 3000 morts[294]. Le 11 avril 2011, Laurent Gbagbo, qui refusait de reconnaitre sa défaite, est capturé. Le Conseil Constitutionnel revient sur sa décision le 3 décembre 2010 et déclare Alassane Ouattara vainqueur de l'élection présidentielle[295].

Alassane Ouattara prête serment le 11 mai 2011. Il est réélu en 2015 pour un second mandat. En 2020 il se présente à l'élection présidentielle pour un troisième mandat[296], après y avoir solennellement renoncé dans son discours du 5 mars 2020 devant le

[292] Cons. const., 05 mai 2005, n° 2005-01/PR, Désignation à titre exceptionnel des candidats à l'élection présidentielle d'octobre 2005, [en ligne] : http://www.conseil-constitutionnel.ci/sites/default/files/1362654507l.pdf, consulté le 10/06/2021.
[293] Cons. const., 3 décembre 2010, décision n° CI-2010-EP-34/03-12/CC/SG, Proclamation des résultats définitifs de l'élection présidentielle du 28 novembre 2010, [en ligne] : http://www.conseil-constitutionnel.ci/sites/default/files/1362654785l.pdf, (Consulté le 20/05/2023).
[294] Conseil des droits de l'homme (2011), [en ligne] : https://www2.ohchr.org/english/bodies/hrcouncil/docs/17session/A.HRC.17.48_Extract_fr.pdf, (Consulté le 27/05/2023).
[295] Cons. const., 4 mai 2011, décision n° CI-2011 EC 036, Proclamation de Monsieur Alassane Ouattara en qualité de Président de la République de Côte d'Ivoire (Côte d'Ivoire), [en ligne] : http://www.conseil-constitutionnel.ci/sites/default/files/1363001932l.pdf, (Consulté le 20/05/2023).
[296] Ouattara (2020b) [en ligne] : https://www.yeclo.com/discours-a-la-nation-alassane-ouattara-officiellement-candidat-a-la-presidentielle-doctobre-2020/, (consulté le 25 janvier 2020).

Parlement réuni en Congrès à Yamoussoukro[297]. Cette candidature, controversée, entraine à son tour une grave crise électorale[298].

C'est à partir de sa prise de pouvoir en 2011 qu'Alassane Ouattara semble commencer à émettre des idées constitutionnelles. Mais c'est surtout à partir de la campagne présidentielle d'octobre 2015 que ses idées se précisent. Il propose dans son programme de société une réforme de la Constitution afin d'y extraire toutes les dispositions « confligènes ». Conformément à ses idées, la Constitution de 2016 est élaborée et adoptée.

Ces précisions faites, la thématique des idées constitutionnelles d'Alassane Ouattara aura toujours une dimension éminemment subjective qu'aucune analyse scientifique ne pourra étancher ou apaiser. Pour autant, la question mérite d'être étudiée de façon méthodique et systématique. Il s'ensuit en filigrane que la thématique présente un intérêt à la fois théorique et pratique. Sur le plan théorique, l'étude comble un vide, une sécheresse doctrinale en la matière. À notre connaissance, il n'existe pas encore d'étude consacrée exclusivement à l'idée constitutionnelle d'Alassane Ouattara. Sur le plan pratique, l'étude permet de comprendre la genèse et le développement de la Constitution ivoirienne, entendue dans son sens matériel.

L'étude de l'idée constitutionnelle d'Alassane Ouattara présente un caractère pluridisciplinaire. Si elle pourrait *a priori* relever de la science politique, l'étude sera toutefois abordée sous l'angle de l'histoire constitutionnelle et politique de la Côte d'Ivoire. L'histoire constitutionnelle est la branche du droit constitutionnel qui étudie les Constitutions et les régimes politiques au cours des époques. De ce fait, dans le cadre de cette étude, les sources d'investigations seront à la fois *« normatives-institutionnelles »* et doctrinales (SUANZES-CARPEGNA, 2006, p. 676). Plus concrètement, deux méthodes seront utilisées : la méthode sociologique qui se veut descriptive et

---

297 Ouattara (2020a), [en ligne] : https://www.presidence.ci/reunion-du-parlement-en-congres-adresse-du-president-de-la-republique-sur-letat-de-la-nation/, consulté le 22/01/2021.

298 Communiqué du Conseil des Ministres (2020), Communications, point 2, 11 novembre 2020 [en ligne] : http://www.gouv.ci/doc/1605123846COMMUNIQUE-DU-CONSEIL-DES-MINISTRES-DU-MERCREDI-11-NOVEMBRE-2020.pdf, (Consulté le 22/01/2021).

explicative, et de la méthode juridique qui est par essence normative (ESENG'EKELI, 2013, p. 21).

Toutefois, la méthodologie choisie impose des limites au sujet et au champ de recherche. Premièrement, pour des raisons d'accessibilité de la documentation, l'étude est circonscrite à l'idée et à la pratique constitutionnelles d'Alassane Ouattara à partir de sa prestation de serment comme Président de la République en 2011. Deuxièmement, l'étude n'est pas *per se* une étude de la Constitution de 2016. Cependant, il faut reconnaître l'impossibilité d'étudier l'idée constitutionnelle d'Alassane Ouattara sans faire référence à la Constitution du 8 novembre 2016.

L'objectif de l'étude est d'analyser et expliquer dans un ensemble cohérent l'idée constitutionnelle d'Alassane Ouattara. De même, étudier l'idée constitutionnelle d'Alassane Ouattara, c'est analyser les effets pratiques de son discours programmatique. Dès lors, le problème de droit que soulève cette étude se présente comme suit : comment explique-t-on l'idée constitutionnelle d'Alassane Ouattara ?

Cette interrogation conduit à préciser notre hypothèse selon laquelle l'idée et la pratique constitutionnelles d'Alassane Ouattara gravite autour du champ lexical du « neuf », du « nouveau », du « renouveau » et du « changement ». Autrement dit, tout en traduisant une certaine rupture avec l'ordre constitutionnel ancien qu'il trouve obsolète, l'idée constitutionnelle d'Alassane Ouattara met en exergue sa conception de l'organisation de l'Etat d'une part, et des rapports que l'Etat entretient avec les individus d'autre part.

En réalité, Alassane Ouattara a une seule idée constitutionnelle qui se subdivisent en plusieurs catégories. Dans un souci didactique, l'idée constitutionnelle d'Alassane Ouattara sera étudiée à l'aune de la classification opérée par Louis Favoreu dans son étude de la théorie générale du droit constitutionnel entre le droit constitutionnel normatif, le droit constitutionnel des libertés et le droit constitutionnel institutionnel (FAVOREU et al. 2019, p. 818 ss). Le droit constitutionnel des libertés pouvant se fondre dans le droit constitutionnel normatif, la classification peut, en définitive, se ramener à deux.

Par conséquent, l'étude permet de dégager deux axes majeures. Premièrement, il est frappant de constater que l'essentiel du discours d'Alassane Ouattara met en exergue l'idée de réforme de la Constitution ivoirienne que nous envisageons ici, on le rappelle, dans son sens à la fois matériel et formel. Bien naturellement, cette réforme passe avant toute chose par la définition d'un procédé et d'une procédure d'élaboration ou de révision. Deuxièmement, le second axe découle du premier. Il concerne la réforme des institutions jugées obsolètes et faibles, en vue de les rendre plus crédibles, démocratiques, et indépendantes. Au final, on pourrait dire que l'idée constitutionnel d'Alassane Ouattara est axée, principalement, sur le renouveau normatif (I), et subsidiairement, sur le renouveau institutionnel (II).

I. Une idée constitutionnelle principalement axée sur le renouveau normatif

Le discours politique d'Alassane Ouattara est axé sur l'idée controversée de l'établissement d'une nouvelle Constitution (1) dont il ébauche les principes directeurs (2).

1. L'idée controversée de l'établissement d'une nouvelle Constitution

L'établissement de la Constitution de 2016[299], qu'Alassane Ouattara appelle *« acte constitutionnel »*, *« contrat social »* ou « acte d'amour »[300], a engendré une double controverse. La première est liée au choix du procédé d'élaboration (a). La seconde est liée au choix de la procédure d'élaboration (b).

---

[299] Cf. Loi n° 2016-886 du 8 novembre 2016 portant Constitution de la République de Côte d'Ivoire, *JORCI* numéro spécial du 9 novembre 2016. La Constitution de 2016 a été adoptée par le Peuple ivoirien à une majorité 93,42%.

[300] Ouattara (2016e), *Discours à l'occasion de la cérémonie de promulgation de la Constitution de la troisième République*, 08 novembre 2016 [en ligne] : https://www.gouv.ci/_discours-detail.php?recordID=423, (Consulté le 27/05/2023) ; Ouattara (2017a), Discours, *Discours lors de la Cérémonie de présentation des vœux de nouvel an des Corps constitués*, 04 janvier 2017 [en ligne] : https://www.presidence.ci/ceremonie-de-presentation-des-voeux-de-nouvel-an-des-corps-constitues-discours-du-president-alassane-ouattara/, (Consulté le 27/05/2023).

a. Une controverse liée au choix du procédé d'élaboration

Lorsqu'au cours de la campagne présidentielle 2015 Alassane Ouattara émet l'idée d'une réforme constitutionnelle[301], il était difficile de savoir en quoi consistait cette réforme. La plupart des observateurs de la vie politique pensaient à une révision profonde de la Constitution. Mais, contre toute attente, Alassane Ouattara opte pour l'élaboration d'une nouvelle Constitution en remplacement de la Constitution de 2000.

Cette option a suscité une vive controverse doctrinale et politique. En effet, selon la doctrine constitutionnelle, une nouvelle Constitution ne peut être élaborée que dans deux hypothèses. D'une part, lorsqu'un Etat n'a pas de Constitution. C'est le cas lorsqu'il y a avènement d'un nouvel Etat. Ainsi la Côte d'Ivoire nouvellement indépendante en 1960 s'est dotée d'une Constitution (Constitution du 03 novembre 1960). D'autre part, une nouvelle Constitution peut être élaborée lorsque l'Etat n'a plus de Constitution. Ainsi en 2000, avec le coup d'Etat de décembre 1999, qui avait abrogé la Constitution de 1960, la Côte d'Ivoire s'est dotée d'une nouvelle Constitution (Constitution du 1er août 2000). On en déduit qu'il est impossible de changer de Constitution en l'absence de circonstances exceptionnelles ou de l'avènement d'un Etat nouveau[302].

L'établissement de la Constitution de 2016 est intervenu en dehors des deux périodes précitées. La nouvelle Constitution n'a pas été élaborée parce que la Côte d'Ivoire n'avait pas ou plus de Constitution. Même si dans l'esprit d'Alassane Ouattara, la Constitution de 2016 devait opérer une rupture avec celle de 2000, dans la forme, cette dernière n'a pas été abrogée par une révolution ou un coup d'Etat. Autrement dit, la rupture voulue n'a pas été extériorisée par l'existence d'un gouvernement de fait[303].

Il s'ensuit que le procédé utilisé pour l'établissement de la Constitution de 2016 opère une confusion entre le pouvoir constituant

---

[301] Afrique Magazine (octobre 2016), Côte d'Ivoire : pour une nouvelle République, Hors-Série, p. 24.

[302] Wodié (2016), pp. 2-3 ; Bléou (2016), Conférence, *Révision de la Constitution : pourquoi et comment?* 04 mai 2016, *La Tribune de l'AIP*, Abidjan.

[303] Le « gouvernement » Alassane Ouattara fut le dernier gouvernement de la IIe République et le premier gouvernement de la IIIe République.

originaire, chargé de mettre en place la Constitution initiale, et le pouvoir constituant dérivé, chargé de réviser la Constitution. Ainsi pour le professeur Francis Wodié *« la voie par laquelle l'on a pu doter la Côte d'Ivoire d'une nouvelle Constitution est la voie de la révision de la Constitution existante »*[304]. Pour lui, *« on ne peut pas passer de la révision d'une Constitution à l'élaboration d'une nouvelle Constitution »*[305]. Le professeur Martin Bléou partage ce point de vue lorsqu'il affirme que « *par la technique de la révision, on ne saurait aboutir à la mise en place d'une nouvelle Constitution, distincte de l'ancienne* »[306]. En revanche, pour le professeur Ouraga Obou, le procédé qui a donné naissance à la Constitution de 2016 ne peut être confondu avec la révision de la Constitution, car si la révision de la Constitution est un phénomène juridique, l'élaboration d'une nouvelle Constitution reste avant tout une œuvre « *éminemment politique* »[307].

À l'analyse, les éminents constitutionnalistes n'envisagent la révision de la Constitution que partiellement et non totalement. Or en droit constitutionnel comparé, le procédé de révision totale existe. De ce fait, même si cela n'a pas été formellement mentionné, il n'est pas exagéré de dire que la nouvelle Constitution de 2016 est issue d'une procédure de révision totale, générale ou intégrale de la Constitution en vigueur. Cette méthode est encore appelée l'«abrogation par la voie de modification»[308]. À preuve, si le projet de Constitution de 2016 avait été rejeté par le peuple, la Constitution de 2000 serait restée en vigueur.

En effet, le recours à la procédure de la révision totale permet de changer dans toutes ses dispositions une Constitution devenue désuète (COTTREL, al. 2015, p. 44). Ce procédé est admis par une partie de la doctrine constitutionnaliste française notamment George BURDEAU (1969, p. 82), Bernard Chantebout (2014, p. 398), Louis FAVOREU (2019, p. 113).

---

304 Wodié (2016).

305 Ibid.

306 Bléou (2016).

307 Portail officiel de la Présidence de la République de Côte d'Ivoire (2016) [en ligne] : https://www.presidence.ci/le-comite-dexperts-a-remis-au-chef-de-letat-lavant-projet-de-la-nouvelle-constitution/, (Consulté le 20/05/2023).

308 Le Pillouer (2009), p.11 [en ligne] : http://juspoliticum.com/article/De-la-revision-a-l-abrogation-de-la-constitution-les-termes-du-debat-155.html, consulté le 13/06/ 2021.

Ainsi pour Jean-François AUBERT, la Constitution française du 4 octobre 1958 serait née à partir d'une révision totale de la Constitution de 1946 (AUBERT, 2003, p. 456). De même, la Suisse a procédé à la révision totale de sa Constitution du 29 mai 1874 (BIGLER, 2013) pour donner naissance à la Constitution du 18 avril 1999. Le même procédé a été utilisé en vue de l'établissement de la Constitution burundaise de 2018 en remplacement de celle de 2005[309]. Enfin, sur le plan jurisprudentiel, en 2009, la Cour Constitutionnelle du Niger a admis la possibilité d'une *« révision intégrale »* lorsque la Constitution est devenue désuète[310].

Cependant, si la révision totale est prévue dans certaines Constitutions, notamment en Suisse et en Autriche, en Afrique le procédé n'est pas juridiquement encadré et engendre une polémique. Certains auteurs comme le professeur Mahamadou Séni OUEDRAOGO (2011, p. 125) y voient *« une fraude à la Constitution »* ou *« une trahison de la volonté du pouvoir constituant originaire »*. Sur la base de cette thèse, on se demande si le procédé choisi en Côte d'Ivoire ne cachait pas la volonté d'une « fraude » pour permettre au chef de l'Etat de « s'éterniser » au pouvoir.

En effet, c'est en se fondant sur le changement de Constitution intervenu en 2016 que le Conseil constitutionnel déclare Alassane Ouattara éligible pour un troisième mandat présidentiel. De façon plus schématique, la décision se présente comme suit : premièrement, le Conseil constitutionnel constate que la Constitution de 2016, qui symbolise la naissance d'une IIIe République, institue un poste de Vice-président, un sénat et « démantèle » la Cour suprême. La juridiction constitutionnelle interprète cela comme une volonté de rupture avec l'ordre juridique ancien pour établir « un nouveau pacte social, un nouvel ordre juridique, politique et institutionnel avec effet *erga omnes* »[311].

---

[309] Cf. Constitution du 18 mai 2018 (Burundi).

[310] Cour const., 25 mai 2009, avis n° 02/ CC (Niger), [en ligne] : http://cour-constitutionnelle-niger.org/documents/avis/2009/avis_n_002_cc_2009.pdf, (Consulté le 20/05/2023).

[311] Cons. const., 14 septembre 2020, décision n° CI-2020-EP-009/14-09/CC/SG, Publication de la liste définitive des candidats à l'élection du Président de la République du 31 octobre 2020 [en ligne] : http://www.conseil-

Deuxièmement, le Conseil constitutionnel estime que bien que la limitation à deux du nombre de mandat n'ait pas été remise en cause par la nouvelle Constitution, cette dernière n'a pas non plus, dans ses dispositions transitoires, expressément interdit la faculté pour le Président de la République de briguer un nouveau mandat présidentiel. Le Conseil constitutionnel parvient donc à la conclusion qu'Alassane Ouattara est éligible.

Cette interprétation paraît curieuse et dangereuse. D'abord, l'interprétation est curieuse, car la démarche du juge constitutionnel ivoirien semble contradictoire. Dans sa démarche, le Conseil constitutionnel relève dans la nouvelle Constitution les éléments de rupture avec l'ancienne Constitution. Or, cette rupture n'existe pas en matière de limitation du nombre de mandat. L'ancienne[312] comme la nouvelle Constitution[313], formulées de manière identique, limitent le nombre de mandat présidentiel à deux. De ce fait, la logique aurait voulu que le Conseil constitutionnel constate la continuité en ce qui concerne la limitation du nombre de mandat présidentiel. Ensuite, l'interprétation est dangereuse car elle corrobore la thèse de la « fraude » à la Constitution résultant des révisions totales de la Constitution. Par exemple, en Guinée, l'établissement de la Constitution de 2020 a été interprété de la même manière par la Cour constitutionnelle pour permettre au Président Alpha Condé de briguer un troisième mandat à la magistrature suprême[314].

De ce qui précède, bien qu'il soit difficile d'assimiler la révision totale à une fraude, on constate que ce procédé peut comporter des effets pervers pour permettre aux Présidents africains d'être rééligibles indéfiniment. Il est donc souhaitable que le phénomène soit juridiquement et strictement encadré. Par ailleurs, la procédure mise en place par Alassane Ouattara pour la rédaction de la nouvelle Constitution a fait l'objet d'une autre controverse.

---

constitutionnel.ci/archives-et-decisions/decision-ndeg-ci-2020-ep-00914-09ccsg-du-14-septembre-2020-portant-publication, (Consulté le 27/05/2023).

312 Cf. Constitution (2000), Art. 55 al. 1er.

313 Cf. Constitution (2016), Art. 35 al. 1er.

314 Cour const., 09 septembre 2020, arrêt n° AE 013, validation et publication de liste définitive des candidats à l'élection présidentielle du 18 octobre 2020 (Guinée) [en ligne] : https://guilaw.com/cour-constitutionnelle-arret-nae-013-du-09-septembre-2020/

b. Une controverse liée au choix de la procédure d'élaboration

Le processus d'élaboration de la nouvelle Constitution a connu quatre phases. Premièrement, un Comité d'Experts, présidé par le professeur Ouraga Obou et composé de juristes chevronnés, a été mis en place par le décret du 24 juin 2016[315]. Le Président Ouattara assigne au Comité d'experts la mission de rédiger un avant-projet de Constitution, à travers une démarche qu'il voudrait « consensuelle et cohérente », c'est-à-dire qui prendrait en compte les aspirations des citoyens.

Trois mois après le Comité d'Experts a remis au Président de la République l'avant-projet de Constitution[316]. Deuxièmement, tout comme les lois ordinaires, l'avant-projet de Constitution a été soumis à l'examen du Conseil des Ministres du 28 septembre 2016[317]. Troisièmement, après l'examen en Conseil des ministres, le projet de Constitution a été soumis au Parlement pour son adoption. En vue de convaincre l'Assemblée nationale, Alassane Ouattara prononce devant les parlementaires un discours qui constitue en réalité l'exposé des motifs de la Constitution[318]. Le projet de Constitution a été adopté par les députés. Quatrièmement, en vue de parfaire la procédure d'élaboration de la Constitution, le projet de Constitution a été soumis

---

315 Cf. Décret n° 2016-434 du 24 juin 2016 portant nomination des membres du Comité d'Experts pour l'élaboration de l'avant-projet de la Constitution de la IIIe République (*JORCI* n° 54 du 07 juillet 2016). Les membres du comité d'experts sont : Ouraga Obou Boniface (Président), Aka Joseph, Cissé Ibrahim Bacongo, Diomandé Aboubacar Sidiki, Kambilé Sansan, Kobo Pierre-Claver, Koffi Annick, Koné Assata épouse Silué, Mélèdje Djédjro Francisco, Tanoh Yolande.

316 Portail officiel de la Présidence de la République de Côte d'Ivoire [en ligne] : http://www.presidence.ci/le-comite-dexperts-a-remis-au-chef-de-letat-lavant-projet-de-la-nouvelle-constitution/ (Consulté le 20/05/2023).

317 Portail officiel du Gouvernement de Côte d'Ivoire [en ligne] : http://www.gouv.ci/doc/1475142847CCM%20du%2028%2009%2016-V3vf.pdf, (Consulté le 20/05/2023).

318 Ouattara (2016d), Discours, *Discours lors de la cérémonie d'ouverture de la 2ème Session ordinaire de l'Assemblée Nationale*, 05 octobre 2016, [en ligne] : https://www.presidence.ci/discours-du-president-de-la-republique-sem-alassane-ouattara-lors-de-la-ceremonie-douverture-de-la-2eme-session-ordinaire-de-lassemblee-nationale/ (Consulté le 20/05/2023).

au peuple par la voie du référendum. La Constitution est adoptée par référendum à une majorité de 93, 42 % et 42, 42 % de participation[319].

Sous prétexte que le peuple n'ait pas été associé à la rédaction de la Constitution, la procédure ci-dessus a fait l'objet d'une vive critique par les constitutionnalistes, les politologues et les hommes politiques. En effet, pour les professeurs Martin BLEOU (s.d., p. 16) et Hubert OULAYE (2019, p. 284 ss.), la procédure utilisée n'est pas démocratique, car le peuple est absent en amont du processus d'élaboration de la nouvelle Constitution. Pour eux, le Comité d'Experts ne présentait pas les caractéristiques d'une assemblée constituante. De ce fait, même si elle a été soumise à la ratification du peuple dans sa phase terminale, la Constitution souffrirait d'une absence de légitimité démocratique. Dans le même sens, mais de façon plus nuancée, le professeur Francis Wodié constate l'absence du peuple dans le processus d'élaboration de la Constitution. Or, pour lui, pour que la Constitution soit un instrument de stabilité et de renforcement de la cohésion sociale, il faut que son élaboration soit « *un cadre d'échanges et de concertation entre les grands corps [de la Nation] ivoirienne (...) afin de parvenir à un consensus...* »[320].

Enfin, trouvant la procédure d'élaboration expéditive, Ousmane Zina critique « *une stratégie d'esquive du pouvoir sur des débats de fond concernant la procédure de modification et la production du texte constitutionnel* » (ZINA, 2017, p. 32).

En marge de la doctrine, l'opposition politique *« rejette en bloc le projet de nouvelle Constitution »*[321] en stigmatisant une démarche unilatérale d'Alassane Ouattara. En effet, le président du LIDER, Mamadou Koulibaly[322] critique le fait que les partis politiques aient été

---

[319] Cons. const. 04 novembre 2016, Décision n° Ci-2016-R-173/04-11/CC/SG, Proclamation du résultat définitif du référendum du 30 octobre 2016 pour l'adoption de la Constitution de 2016, [en ligne], http://www.conseil-constitutionnel.ci/sites/default/files/14788660331.pdf, (Consulté le 20/05/2023).

[320] F. Wodié (2016).

[321] *Le Monde Afrique* (27 octobre 2016), [en ligne] : https://www.lemonde.fr /afrique/article/2016/10/27/l-opposition-ivoirienne-rejette-en-bloc-le-projet-de-nouvelle-constitution_5021398_3212.html, (Consulté le 201/05/2023).

[322] Mamadou Koulibaly est le Président du parti politique dénommé Liberté et démocratie pour la République (LIDER).

tenus à l'écart de l'élaboration du texte constitutionnel[323]. Pour Affi N'Guessan (président du FPI)[324], la question fondamentale était d'organiser le débat pour voir ce que les autres ivoiriens proposent comme enrichissement de la Constitution[325]. Plus précisément, pour lui *« la démarche du chef de l'Etat Alassane Ouattara est illégale et illégitime ; [car] il ne doit pas s'approprier ce processus et le mener à sa guise avec l'assistance d'un comité d'experts »*[326].

Ces critiques nous semblent justifiées. En effet, selon George BURDEAU (1969, p. 82), on dénombre deux procédés démocratiques d'établissement de la Constitution : le procédé de l'assemblée constituante et le procédé du plébiscite. Dans le premier cas, la Constitution est élaborée par une assemblée constituante mais ne devient juridiquement parfaite qu'après la ratification du peuple par référendum. Dans ce second cas, l'avis du peuple n'est pas demandé lors de la rédaction du texte constitutionnel. Il doit cependant, selon l'auteur, se prononcer sur le texte final qu'il a la possibilité d'accepter ou de rejeter en bloc.

A l'analyse, les critiques à l'égard de la procédure de rédaction de la Constitution sont relativement fondées. En effet, le Comité d'Experts n'était pas une Assemblée constituante. Ensuite, le délai relativement court de trois mois donné à ce Comité n'a pas permis une large consultation en vue d'enrichir le contenu de la Constitution[327] et d'établir une Constitution consensuelle. Or, *« une bonne Constitution est celle qui permet au peuple de se prendre en charge, de régler les*

[323] Le Point Afrique (18 octobre 2016), [en ligne] : http://afrique.lepoint.fr/actualites/mamadou-koulibaly-c-est-une-constitution-de-monarchie-voire-de-dictature-18-10-2016-2076853_2365.php, (Consulté le 23/03/2021.

[324] Michel Affi N'Guessan est le Président du parti politique dénommé Front Populaire Ivoirien (FPI).

[325] *Radio France Internationale*, (23 juin 2016), [en ligne] : https://www.rfi.fr/fr/emission/20160623-cote-ivoire-affi-nguessan-opposition-ouattara-gbagbo-assemblee-constitution, (Consulté le 23/03/2021).

[326] *BBC News Afrique* (01 juillet 2016), [en ligne] https://www.bbc.com/afrique/region/2016/07/160701_ciconstitution, (consulté le 23/03/2021).

[327] Le Président du Comité d'experts révèle avoir recueilli les points de vue de 40 institutions et associations de la société civile. Cf. Portail officiel de la Président de la République [en ligne] : http://www.presidence.ci/le-comite-dexperts-a-remis-au-chef-de-letat-lavant-projet-de-la-nouvelle-constitution/ (Consulté le 21/05/2023).

problèmes d'aujourd'hui mais également de demain »[328]. Cela est d'autant plus vrai que la « fabrication » de la Constitution ne devrait pas être seulement une affaire d'experts ou d'hommes politiques. Elle devrait rassembler toutes les « forces vives » de la nation comme ce fut le cas pour la rédaction de la Constitution ivoirienne de 2000, et pour les Constitutions issues du renouveau constitutionnel dans les années 90 (DOSSO, 2012, p. 68).

Toutefois, il importe de nuancer les critiques. En effet, le projet de Constitution a été adopté par le Parlement et par le peuple, selon une procédure démocratique, même s'il s'avère que le peuple a voté le texte selon la procédure du plébiscite comme il est de coutume en Afrique noire francophone où la forte personnalisation et patrimonialisation du pouvoir (FOCKSIA DOCKSOU, 2021 ; FOUCHER, 2009 ; MABILEAU, 1960) a tendance à biaiser le débat constitutionnel. De même, la campagne référendaire s'est déroulée dans une atmosphère relativement apaisée. Mais, quoiqu'il en soit, Alassane Ouattara ébauche les principes directeurs de la nouvelle Constitution.

2. L'idée ébauchée des principes directeurs de la nouvelle Constitution

Les principes directeurs de la nouvelle Constitution, qui apparaissent en filigrane dans le discours programmatique d'Alassane Ouattara, sont relatives à la fois à l'esprit et au contenu de la Constitution. On constate toutefois que les idées relatives à l'esprit de la Constitution sont variées (a). En revanche, les idées relatives au contenu de la Constitution semblent réservées (b).

a. Des idées variées sur l'esprit de la nouvelle Constitution

Dans son discours prononcé à l'occasion de la cérémonie de remise de l'avant-projet de Constitution, Alassane Ouattara détermine l'esprit de la Constitution en ces termes : *« l'objectif majeur du processus en cours est de doter notre pays d'une nouvelle Constitution, susceptible de lui garantir la paix et la stabilité »*[329].

---

[328] F. Wodié (2016), p. 4.

[329] Ouattara (2016c), Discours, Allocution lors de la Remise de l'avant-projet de Constitution, 24 septembre 2016. https://www.gouv.ci/doc/1474892834Discours%20Remise%20Avant-%20Projet%20Constitution%20%202016%20-%20Samedi%2024%20septembre%202016.pdf, (Consulté le 27/05/2023).

Dans un autre discours devant l'Assemblée Nationale le 05 octobre 2016, il dit clairement que « *l'esprit de cet avant-projet de Constitution est de renforcer la cohésion sociale, d'assurer et de garantir, à notre pays, la paix et la stabilité...* »[330] ou encore « *de pérenniser la stabilité et la paix de notre Nation* »[331].

Enfin, dans un dernier discours toujours devant le Parlement Alassane Ouattara croit fermement que : « *la Constitution de la troisième République vient renforcer la paix et la stabilité politique dans notre pays...* »[332]. Pour atteindre cet objectif, la Constitution, dans l'esprit d'Alassane Ouattara doit être inclusive et consensuel d'une part, et résister « *à l'épreuve du temps* »[333] d'autre part.

À l'analyse, la Constitution apparaît, pour Alassane Ouattara d'abord comme un instrument de paix. En tant que tel, du fait que la nation ivoirienne serait *« jeune et fragile »*[334], la Constitution devrait être un instrument permettant de procurer à l'Etat une certaine stabilité et non constituer le terreau fertile des conflits. Subséquemment, en proposant une nouvelle Constitution, Alassane Ouattara prétend contribuer à l'émergence d'une nation stable.

Ensuite, la Constitution devrait avoir un *« caractère inclusif et consensuel ».* Cette idée est évoquée par Alassane Ouattara dans ses discours des 24 septembre 2016[335] et 4 janvier 2017[336]. Le caractère

---

330 Ouattara (2016d).

331 Ibid.

332 Ouattara (2017b), Discours, *Discours à l'Assemblée Nationale*, 10 janvier 2017, [en ligne] : https://www.presidence.ci/discours-du-president-de-la-republique-sem-alassane-ouattara-a-lassemblee-nationale/, (Consulté le 27/05/2023).

333 Ouattara (2016c).

334 Ouattara (2019), *Discours devant l'Assemblée nationale du 1er Avril 2019 - Ouverture de la session parlementaire 2019,* 01 avril 2019 [en ligne] : https://www.presidence.ci/discours-du-president-de-la-republique-sem-alassane-ouattara-lors-de-la-ceremonie-douverture-de-la-2eme-session-ordinaire-de-lassemblee-nationale/ (Consulté le 27/05/2023).

335 « Notre objectif est que ce nouveau Contrat social soit le plus inclusif et le plus consensuel possible », (Ouattara, 2016a).

336 Ouattara (2017a) : « *Le référendum a permis à nos compatriotes de se prononcer sur un projet de nouvelle constitution à même de garantir la paix et la stabilité, après toutes les années difficiles que nous avons traversées. Ce nouveau contrat social, dont*

inclusif signifie, dans son entendement, que la Constitution ne devrait pas être discriminatoire et dirigée contre une catégorie d'individus. Cette idée symbolise la rupture avec la Constitution de 2000 dont l'article 35 était jugée discriminatoire par les organes internationaux de protection des droits de l'homme[337]. Quant au caractère consensuel, il postule l'idée d'une Constitution dont l'élaboration et l'adoption résultent de la prise en compte *« des préoccupations des uns et des autres »*[338], notamment de toutes les couches constituant la société.

À dire vrai, ici, on peut relever dans l'idée constitutionnelle d'Alassane Ouattara une forme de paradoxe. On l'a dit précédemment : le peuple a été exclu du processus de rédaction de la Constitution. De ce fait, comment la Constitution peut-elle être consensuelle lorsque le peuple n'a pas été associé à sa rédaction ? En réalité, la Constitution de 2016 ne semble pas une Constitution consensuelle même si, dans sa démarche, le Comité d'Experts aurait recueilli les avis d'une quarantaine d'institutions et d' associations de la société civile[339].

Enfin, la Constitution apparait de façon constante chez Alassane Ouattara comme un instrument susceptible de résister à la force corrosive du temps. Ainsi, dans son discours du 08 aout 2016, il affirme que *« la Constitution est « un contrat social pour de nombreuses générations »*[340]. La même idée avait été formulée deux mois plutôt dans son discours devant le Parlement en ces termes : « *La Constitution de la troisième République se veut être un contrat social pour l'accomplissement de ce destin, pour des générations* »[341].

La doctrine constitutionnaliste est du même avis, car la Constitution doit incarner ou symboliser l'idée de stabilité. Ainsi, selon

---

le caractère inclusif et consensuel nous réconcilie avec les idéaux et les valeurs de dialogue, d'hospitalité et de fraternité, demeure le socle de la Nation ivoirienne ».

337 Commission ADHP, *MIDH c. Côte d'Ivoire*, communication., n° 246/02 du 29 juillet 2008 [en ligne] : http://www.achpr.org/files/sessions/5th-eo/comunications/246.02/achpreo5_246_02_fra.pdf, (Consulté le 21/05/2023) ; Comité pour l'élimination de la discrimination raciale, *Conclusions finales : Côte d'Ivoire,* CEDR/C/62/CO/1, 3-21 mars 2003, § 11.

338 Ouattara (2016d).

339 Portail officiel de la Présidence de la République de Côte d'Ivoire (2016), [en ligne] : http://www.presidence.ci/le-comite-dexperts-a-remis-au-chef-de-letat-lavant-projet-de-la-nouvelle-constitution/, (Consulté le 20/05/2023).

340 Ouattara (2016e).

341 Ouattara (2016d).

certains auteurs « *l'adoption, la remise en cause, la suspension et le renouvellement des Constitution* », sont symptomatiques d'une instabilité politique[342]. Même si la stabilité constitutionnelle n'est pas synonyme d'immutabilité constitutionnelle (BEAUD, 1994, pp. 441-453), les révisions constitutionnelles intempestives pourraient conférer à un texte constitutionnel un caractère instable. C'est pourquoi, George Burdeau écrit que *« la raison d'être des constitutions rigides est de donner plus de stabilité aux règles inscrites dans la constitution... »* (1969, p. 83). Cela signifie que plus malaisées sont les révisions constitutionnelles plus stables sont les règles constitutionnelles. Or, bien qu'Alassane Ouattara milite pour une Constitution stable, la Constitution de 2016 qu'il a inspirée, est plus souple que celle 2000.

En effet, les dispositions constitutionnelles qui rendaient les révisions constitutionnelles malaisées n'ont pas été reconduites. Ainsi la Constitution de 2016 n'a pas repris la disposition consacrant le recours obligatoire à la procédure du référendum en vue de la révision des dispositions constitutionnelles *« ayant pour objet l'élection du Président de la République, l'exercice du mandat présidentiel, la vacance de la Présidence de la République et la procédure de révision de la Constitution »*[343]. En plus, la majorité requise pour l'adoption de la loi constitutionnelle n'est plus une majorité « renforcée » : alors que l'ancienne Constitution exigeait que l'adoption du projet ou de la proposition de loi portant révision de la Constitution se fasse à la majorité des 4/5 des membres du Parlement[344], la Constitution de 2016 prévoit désormais une majorité des 2/3 des parlementaires[345].

En dernière analyse, tous ces éléments auraient pu faire l'objet d'âpres discussions par le peuple lors de l'élaboration de la Constitution si les idées d'Alassane Ouattara relatives au contenu de la Constitution n'étaient pas formulées de façon réservée.

b. Des idées réservées sur le contenu de la nouvelle Constitution

Les idées d'Alassane Ouattara sur les éléments essentiels de la Constitution concernent principalement ce que la doctrine qualifie

---

[342] Gbéou-Kpayilé (2017), [en ligne] : http://afrilex.u-bordeaux.fr/wp-content/uploads/2021/03/Article_GBEOU-KPAYILE.pdf, (Consulté le 20/05/2023).
[343] Cf. Constitution (2000), Art. 126 al. 2.
[344] Cf. Constitution (2000), Art. 126 al. 3.
[345] Cf. Constitution (2016), Art. 177 al. 5.

aujourd'hui de *« nouveaux objets du droit constitutionnel »* (**ROUSSEAU, 2017 ; ROUSSILLON et al. 2005**) d'une part, et de *« nouveaux droits de l'homme »* (**PROUPAIN, 2019**) d'autre part.

Le nouvel objet du droit constitutionnel qu'Alassane Ouattara voudrait voir figurer dans la Constitution est le développement **(PETTITI, 1987, p. 649-674)[346].** Pour lui, en effet, l'idée de progrès et l'idée de Constitution sont intimement liées, car toute Constitution devrait avoir pour objet de favoriser le progrès économique et social[347]. Ainsi, dans son discours du 08 novembre 2016, il justifie l'idée d'une nouvelle Constitution en ces termes : *« avec cette nouvelle Constitution, la Côte d'Ivoire est désormais outillée pour faire face à [ses] défis, en vue d'atteindre l'émergence »*[348]. Dans un autre discours, il conçoit la Constitution comme un instrument de lutte contre la pauvreté qui permet notamment *« d'assurer un meilleur partage des fruits de la croissance [et] une amélioration continue des conditions de vie »*[349].

Cependant, l'idée de développement n'est pas envisagée seulement en termes de développement économique. Alassane Ouattara y associe le développement durable qui se présente à la fois comme un nouvel objet du droit constitutionnel et un nouveau droit de l'homme garantis par de nombreuses Constitutions[350]. En effet, Alassane Ouattara considère le *« réchauffement climatique comme une réelle préoccupation »*. C'est pourquoi, il prend solennellement l'engagement de respecter l'Accord de Paris sur le climat (COP21) et de poursuivre la transition énergétique, à travers notamment le développement d'une agriculture intelligente et la protection de l'environnement[351].

---

[346] Le développement apparaît à la fois comme un nouvel objet du droit constitutionnel et un nouveau droit de l'homme.
[347] Ouattara (2016d).
[348] Ouattara (2016e).
[349] Ouattara (2016d).
[350] Morand-Deviller (2014), [en ligne] : https://www.conseil-constitutionnel.fr/nouveaux-cahiers-du-conseil-constitutionnel/l-environnement-dans-les-constitutions-etrangeres, (Consulté le 10/03/2021).
[351] Ouattara (2017a) ; Ouattara (2017b).

C'est conformément à cette idée que la Côte d'Ivoire s'inscrit dans le *« phénomène général »*[352] de constitutionnalisation du droit à l'environnement et du développement durable. On le voit aisément à travers les articles 27 et 40 de la Constitution de 2016 qui consacrent le droit à un environnement sain[353], la protection de l'environnement[354], la protection de l'espace maritime et des cours d'eau[355], la sauvegarde de la faune et de la flore[356] et l'obligation du principe de précaution[357].

Outre le développement, la société ivoirienne pensée par Alassane Ouattara se veut une *« société respectueuse de la démocratie et des droits de l'homme, une société équitable et prospère »*[358]. Cette idée peut se comprendre dans la mesure où l'ancien Directeur général du Fonds Monétaire International est conscient du fait que les bailleurs de fonds considèrent le respect des droits de l'homme comme l'une des conditionnalités pour l'octroi de crédits budgétaires aux Etats en voie de développement[359]. Toutefois, parmi tous les droits de l'homme, Alassane Ouattara accorde une importance particulière aux droits de la femme. Sur ce point, le discours constitutionnel s'articule autour de deux axes majeurs.

Le premier axe est relatif aux droits politiques de la femme. Ici, l'objectif essentiel d'Alassane Ouattara est de *« donner la priorité aux femmes »* et de rehausser leur rôle *« dans l'équilibre de la société »*[360]. Cette préoccupation est réaffirmée dans son discours de clôture du Séminaire sur le Programme de Travail Gouvernemental du 22 février

---

352 Morand-Deviller (2014), [en ligne] : https://www.conseil-constitutionnel.fr/nouveaux-cahiers-du-conseil-constitutionnel/l-environnement-dans-les-constitutions-etrangeres, (consulté le 10/03/2021).
353 Cf. Constitution (2016), Art. 27.
354 Cf. Constitution (2016), Art. 40 al. 1er.
355 Cf. Constitution (2016), Art. 40 al. 2.
356 Cf. Constitution (2016), Art. 40 al. 3.
357 Cf. Constitution (2016), Art. 40 al. 4.
358 Ouattara (2011), Discours d'investiture, 21 mai 2011, [en ligne] : https://www.gouv.ci/doc/Discours_Investiture.pdf, (Consulté le 27/05/2023).
359 Ainsi Alassane Ouattara s'inquiétait que l'exécution du « Plan Marshall » proposé par l'Union Européenne pour l'Afrique soit subordonnée à des « conditionnalités croisées ». Ouattara (2017c), Discours, Conférence de Haut niveau du G20, 12 juin 2017, Berlin, [en ligne], https://www.presidence.ci/conference-de-haut-niveau-du-g20-allocution-du-president-alassane-ouattara/ (Consulté le 21/05/2023).
360 Ouattara (2011).

2016[361]. Pour lui, il s'agit de « promouvoir le rôle des femmes dans le développement économique de notre pays » en confiant « plus de responsabilités aux femmes ».

Dans un autre discours devant l'Assemblée Nationale[362], Alassane Ouattara se félicite de la consécration constitutionnelle de « *la promotion des droits politiques de la femme et la parité entre les hommes et les femmes »*[363]. Ce droit constitutionnel a été concrétisé par l'adoption de la loi n° 2019-870 du 14 octobre 2019 qui « favorise » la représentation de la femme dans les assemblées élues. En particulier, cette loi oblige toute liste de candidature à consacrer au moins 30% à l'un ou l'autre sexe selon la formule suivante : *« si deux candidatures du même sexe sont inscrites, la troisième [doit être] de l'autre sexe »*[364].

Le second axe du discours constitutionnel d'Alassane Ouattara sur les femmes est relatif à la lutte contre les violences liées au sexe. Ainsi, en 2018, invité à présider la cérémonie de lancement de la campagne pour l'égalité des sexes dénommée *He for She*, Alassane Ouattara réitère solennellement son engagement d'éliminer les violences basées sur le genre, les mariages précoces et les mutilations génitales féminines[365]. Bien avant ce discours, le gouvernement avait déjà mis en place une Stratégie nationale de lutte contre les violences basées sur le genre[366]. De même, le Rapport périodique de la Côte d'Ivoire devant la Commission africaine des droits de l'homme et des peuples dresse le

---

[361] Ouattara (2016b), *Discours de clôture du Séminaire sur le programme de travail gouvernemental,* 22 février 2016 [en ligne] : https://www.gouv.ci/doc/1470736257PR_Message%20a%20la%20Nation%20-%207%20aout%202016.pdf, (consulté le 27/05/2023).

[362] Ouattara (2016d).

[363] La Constitution de 2016 comporte trois dispositions importantes sur les femmes : l'article 35 de la Constitution pose le principe de la promotion et de la protection de la femme. L'article 36 oblige l'Etat à promouvoir les droits politiques des femmes « en augmentant leur femme d'accès aux assemblées élues ». Enfin l'article 37 fixe le principe de la parité entre les hommes et les femmes sur le marché de l'emploi.

[364] Cf. Loi n° 2019-870 du 14 octobre 2019 favorisant la représentation de la femme dans les assemblées élues, art. 3 al. 2.

[365] Portail officiel du Gouvernement ivoirien [en ligne] : http://www.gouv.ci / actualite-article.php?recordID=8335, (Consulté le 18/06/2021).

[366] Document de stratégie nationale de lutte contre les violences basées sur le genre (2019), [en ligne] : http://stoprapenow.org/uploads/docs/CDI-Exec_Summary_French.pdf, (consulté le 03/07/2020).

bilan reluisant des poursuites engagées contre les auteurs de mutilations génitales et de violences contre les femmes[367].

Pour récapituler, on remarque clairement qu'Alassane Ouattara exprime sa volonté de rupture avec l'ordre constitutionnel ancien à travers l'établissement d'une nouvelle Constitution dont il fixe la procédure d'établissement ainsi que les principes directeurs. Telle se présente la première subdivision de l'idée constitutionnelle d'Alassane Ouattara. Cependant, en poussant l'analyse plus loin, on entrevoit une autre déclinaison, certes subsidiaire, axée sur le renouveau institutionnel.

II. Une idée constitutionnelle axée subsidiairement sur le renouveau institutionnel

En tant qu'objet central du droit constitutionnel classique (**L. FAVOREU et *al.*, 2019, p. 659)**, l'organisation institutionnelle revêt chez Alassane Ouattara une importance capitale. Jugeant les institutions inefficaces pour *« pérenniser l'action gouvernementale à long terme »*, il veut rompre avec les pratiques précédentes. Cette idée de rupture se décline en deux catégories : L'une, originale, a consisté à concevoir une nouvelle doctrine institutionnelle (1). L'autre idée a abouti à la mise en place d'un cadre institutionnel rénové (2).

1. L'idée originale d'une nouvelle doctrine institutionnelle

La doctrine institutionnelle d'Alassane Ouattara est fondée sur deux idées majeures : d'une part l'idée de « l'ivoirien nouveau » (a) et d'autre part l'idée d'institutions fortes (b).

a. Une doctrine fondée sur l'idée d'Ivoirien nouveau

Alassane Ouattara évoque l'idée de l'*Ivoirien nouveau* pour la première fois dans son discours d'investiture du 21 mai 2011[368] en ces termes : «*…De cette catharsis nationale doit émerger un ivoirien nouveau, résolument engagé à servir la Côte d'Ivoire avec amour et désintéressement* ».

À l'analyse, le concept d'Ivoirien nouveau se rapproche du concept de « patriotisme constitutionnel » dans le sens que lui donne le

[367] Commission africaine des droits de l'homme et des peuples (2016), Rapport périodique de la Côte d'Ivoire, Recommandation XII, XIII et XIV.
[368] Ouattara (2011).

philosophe Jürgen Habermas : *« un sentiment d'appartenance fondé non plus sur l'identité culturelle mais sur les principes constitutionnels à caractère universel »*[369]. Appliqué à la Côte d'Ivoire, le patriotisme constitutionnel consiste à réunir l'ensemble des Ivoiriens autour de certaines valeurs nécessaires à la construction d'une nation stable.

La première valeur que devrait cultiver *l'Ivoirien nouveau* selon Alassane Ouattara, est de servir son pays *« avec amour et désintéressement »*[370]. De cette valeur découle d'autres valeurs comme le fait d'avoir un *« sens élevé de l'intérêt général »*[371], le fait de faire preuve de discipline et d'exemplarité[372]. Au-delà des valeurs qui rattachent le concept à la bonne gouvernance et à l'amour de la patrie, l'Ivoirien nouveau est également celui qui cultive l'excellence, la solidarité, le civisme, la tolérance.

Le concept de l'*Ivoirien nouveau* se présente comme l'antithèse du concept controversé de l'*ivoirité.* À tort ou à raison, ce dernier est considéré comme un concept ethnocentrique et discriminatoire ayant pour but de systématiser des mécanismes de catégorisation et d'exclusion de certains ivoiriens[373]. De ce fait, l'idée de l'ivoirité a été perçue comme la *« recette de guerre civile »*[374]. À l'inverse, le concept de l'*ivoirien nouveau* vise l'intégration de tous les nationaux autour de certaines valeurs. Cette idée d'intégration apparaît dans l'un des discours d'Alassane Ouattara prononcé en 2019, en ces termes :

> « *Nous devons éviter la tentation du rejet de l'autre, du régionalisme, du tribalisme et de l'ethnocentrisme dans le débat politique. Notre histoire récente est hélas un témoignage douloureux des conséquences de ces travers que j'ai toujours dénoncés. Notre pays est riche de sa diversité. Notre jeunesse a besoin d'être rassurée que les errements du passé sont*

---

[369] Heine (2011), [en ligne] : https://www.revuepolitique.be/jurgen-habermas-et-le-patriotisme-constitutionnel/ (Consulté le 22/05/2023).
[370] Ouattara (2011).
[371] Ibid.
[372] Ibid.
[373] Sandler (2005), p. 230, [en ligne] : https://www.cairn.info/revue-outre-terre1-2005-2-page-229.htm, (consulté le 20/03/2021).
[374] Gaulme (2011), [en ligne] : https://www.cairn.info/revue-etudes-2001-3-page-292.htm (Consulté le 13/06/2021).

définitivement derrière nous. La Côte d'Ivoire est forte lorsque tous ses enfants vivent dans l'union et la discipline »[375].

À la lecture, Alassane Ouattara considère le régionalisme, le tribalisme et l'ethnocentrique, comme des *« errements du passé ».* Le nouveau concept de *l'ivoirien nouveau* vise la diversité culturelle en vue de la construction d'une Nation forte et solide. Ce concept se veut donc le creuset de l'unité nationale car il intègre tous ceux qui servent le pays avec *« amour et désintéressement »*, sans considération de leur origine.

La rupture avec le concept de d'ivoirité se concrétise par l'assouplissement des conditions d'éligibilité à l'élection présidentielle. En effet, sous l'empire de l'ancienne Constitution de 2000, pour être éligible, le candidat à l'élection présidentielle devait être né de deux parents ivoiriens d'origine (article 35)[376]. Cette formulation, jugée discriminatoire et exclusionniste[377], avait été identifiée par les Accords de Linas-Marcoussis[378] comme la cause majeure de la crise ivoirienne. Désormais, avec la Constitution de 2016, le candidat *« doit être exclusivement de nationalité ivoirienne né de père ou de mère ivoirien d'origine »*[379]. En assouplissant les conditions d'éligibilité, la Constitution de 2016 est considérée comme *« inclusive et consensuel »*[380] par Alassane Ouattara, car elle *« s'adresse à tous les Ivoiriens quels que soient leurs origines, leurs rangs ou leurs croyances »*[381].

Cependant, le concept de *l'ivoirien nouveau*, dans tous ses éléments contraste, avec l'idée et la pratique du *« rattrapage ethnique ».* En effet, quelques mois après sa prestation de serment, Alassane Ouattara a entrepris une politique dite de *« rattrapage »* consistant à nommer systématiquement les Ivoiriens du Nord à certains postes de direction. Dans un entretien télévisé, il justifie cette politique en ces termes : *« il s'agit d'un simple rattrapage. Sous Gbagbo, les*

---

[375] Ouattara (2019).
[376] Constitution de 2000, Art. 35.
[377] Bléou (s.d), *Cours de Droit constitutionnel ivoirien,* inédit.
[378] Du Bois De Gaudusson (2003), [en ligne] : https://www.cairn.info/revue-afrique-contemporaine-2003-2-page-41.htm, (Consulté le 24/03/2021).
[379] Constitution (2016), Art. 55.
[380] Ouattara (2016c) ; Ouattara (2017a).
[381] Ouattara (2016e).

communautés du Nord, soit 40% de la population, étaient exclues des postes de responsabilité »[382].

L'idée de « rattrapage », qui venait de naître, est interprétée diversement[383]. Pour les uns, le rattrapage est *« l'ivoirité dans sa version technocratique »*[384]. Mieux, ce serait *« une forme d'ostracisme envers des groupes sociaux »*, une politique visant à privilégier une frange de la population et mettant à l'écart les autres citoyens. De ce fait, le rattrapage serait symptomatique de la mauvaise gouvernance du régime au pouvoir[385]. Pour les autres, les critiques envers l'idée de rattrapage sont exagérées[386]. Pour eux, cette politique viserait surtout à corriger les inégalités et discriminations subies par les populations du Nord sous le « régime » précédent[387].

À dire vrai, on pourraient analyser le concept de *« rattrapage ethnique »* sous l'angle des *« mesures positives »* (AUER et al., 2013, p. 516), plus connues sous l'expression *« discrimination positive »* (CHEVALLIER, 2004, pp. 415-428)[388]. Cet oxymore est défini comme « *une différenciation juridique de traitement [visant à] favoriser une catégorie déterminée de personnes physiques ou morales au détriment d'une autre afin de compenser une inégalité de fait préexistante »* (FAVOREU et al. 2005, § 431). En clair, la discrimination positive consiste à « *instituer des inégalités pour promouvoir l'égalité* »[389] dans le but de « *faire coïncider l'égalité théorique c'est-à-dire l'égalité en*

[382] *L'Express,* (25 janvier 2012), [en ligne] : https://www.lexpress.fr/monde/afrique/cote-d-ivoire-ouattara-veut-proteger-les-minorites_1075076.html, (consulté le 13/06/2021).
[383] Niava et N'Drin (2017), [en ligne] : https://doi.org/10.19044/esj.2017.v13n20p264, (Consulté le 7 mai 2021).
[384] Mamadou Koulibaly [@M_Koulibaly], Twitter, 21 mai 2019, [en ligne] : https://twitter.com/m_koulibaly/status/1130710594296983552?lang=fr, (consulté le 18/06/2021).
[385] Niava et N'Drin (2017), p. 272.
[386] Ibid., p. 178.
[387] Ibid., p. 279 ss.
[388] Fatin-Rouge Stéfanini (2008), [en ligne] : https://www.conseil-constitutionnel.fr/nouveaux-cahiers-du-conseil-constitutionnel/les-discriminations-positives-en-matiere-electorale-aux-etats-unis-et-en-france, (Consulté le 02/01/2021).
[389] Levade (2004), [en ligne] : https://www.cairn.info/revue-pouvoirs-2004-4-page-55.htm, (Consulté le 18/06/2021).

droit et l'égalité réel c'est-à-dire l'égalité en fait » (AUER, et al. 2013, p. 517).

En Côte d'Ivoire, l'idée de *« rattrapage ethnique »* a émergé entre 2012 et 2015, sous l'empire de la Constitution de 2000, qui consacrait l'égalité devant la loi[390], et n'admettait subséquemment aucune discrimination positive. Dans le même sens, la Constitution de 2016 précise que *« nul ne peut être privilégié ou discriminé en raison de son ethnie, de son clan, de sa tribu, de sa région, de son origine sociale, de sa religion ou croyance, de son opinion, de sa fortune, de sa différence de culture ou de langue, de sa situation sociale ou de son état physique ou mental »*. Toutefois, comme en France[391], la Constitution semble admettre en filigrane l'idée de discrimination positive en faveur des femmes, en matière électorale,[392] et des personnes handicapées, en matière d'emploi[393]. De ce fait, si la nomination des hauts fonctionnaires relève du pouvoir discrétionnaire du chef de l'Etat, l'idée de « rattrapage » systématique général sous prétexte de corriger des inégalités, s'apparente à une discrimination illégitime, interdite par la Constitution. En tout état de cause, l'idée de *« rattrapage ethnique »* a fait l'objet de critiques incisives, obligeant Alassane Ouattara à y renoncer après quelques années de mise en œuvre. Parallèlement, il développe une nouvelle doctrine institutionnelle fondée cette fois-ci sur l'idée d'institutions fortes.

b. Une doctrine fondée sur l'idée d'institutions fortes

Dans son discours prononcé le 11 juillet 2009 au Ghana, le Président américain Barack Obama déclare que *« l'Afrique n'a pas besoin d'hommes forts, mais d'institutions fortes »*[394]. Conscient du fait que l'existence d'institutions fortes est la clé de l'émergence

---

[390] Constitution (2000), Art. 2 al. 2.

[391] Cons. const, 30 mai 2000, Décision n° 2000-429 DC, Loi tendant à favoriser l'égal accès des felles et des hommes aux mandats électoraux (France).

[392] Constitution (2016), art. 36.

[393] Constitution (2016), art. 32 al. 2 et 33 al. 1er : *« L'Etat et les collectivités publiques protègent les personnes en situation de handicap contre toute forme de discrimination. Ils promeuvent leur intégration par la facilitation de leur accès à tous les services publics et privés »*.

[394] Le Monde (13 juillet 2009), [en ligne] : https://www.lemonde.fr/afrique/article/2009/07/13/l-afrique-n-a-pas-besoin-d-hommes-forts-mais-de-fortes-institutions_1218281_3212.html, (Consulté le 26/03/2021).

économique de l'Afrique[395], pour Alassane Ouattara, les institutions républicaines ne sont fonctionnelles que si elles sont *« fortes », « indépendantes », « démocratiques » et « crédibles ».* Ainsi, dans son discours d'investiture de 2011, tantôt il évoque l'idée d'*« institutions fortes et indépendantes »*[396], tantôt l'idée d'*« institutions fortes et démocratiques ».* Dans sa déclaration du 26 septembre 2014 devant l'Assemble Générale des Nations Unies, il fait référence à la *« solidité des institutions »*[397]. Dans son discours lors de célébration de la Fête Nationale en 2016, il parle encore une fois d'*« institutions cohérentes, fortes, respectueuses de la diversité et protectrices des libertés »*[398]. La même année, deux autres discours font référence à l'idée de renforcer[399] ou de *« normaliser »* les institutions étatiques *« pour doter le pays d'institutions fortes et crédibles »*[400]. Enfin, en 2019 dans un discours devant l'Assemblée Nationale, apparait l'idée d'institutions *« crédibles »*[401].

Que recouvre donc la notion d'institution ? La notion d'institution est polysémique, fuyante, flexible, impossible à *« tirer à l'équerre et au compas »* (RENARD, 1930, p. 5). Dans une approche large, les institutions s'appréhendent comme des *« systèmes de règles sociales établies et répandues qui structurent les interactions sociales »* (HODGSON, 2006, p. 22). Dans une approche juridique et sociologique, l'institution est envisagée comme « *une forme sociale établie fonctionnant de façon régulière et dont on présume qu'elle répond à une demande collective* » (TOURNAY, 2006, p. 3). L'institution est de ce fait *« un ensemble de structures politiques et*

---

395 Aubee (2021), [en ligne]: https://trendsresearch.org/insight/strong-and-effective-institutions-as-the-key-to-emerging-economies-the-case-of-sub-saharan-africa/, (Consulté le 22/06/2022).

396 Ouattara (2011).

397 Ouattara (2014), *Déclaration devant l'Assemblée Générale de l'ONU*, 79e session de l'Assemblée Générale, New York, 26 septembre 2014, A/69/PV.12, pp. 11-13, [en ligne] https://documents-dds-ny.un.org/doc/UNDOC/GEN/N14/549/36/PDF/N1454936.pdf?OpenElement, (Consulté le 21/03/2021).

398 Ouattara (2016b).

399 Ouattara (2016b) : *« Notre objectif est de permettre à notre pays de renforcer, dans la paix, le rôle de ses Institutions ainsi que d'approfondir la démocratie et l'Etat de droit ».*

400 Ouattara (2016d).

401 Ouattara (2019).

sociales »[402] ayant pour but de *« guider l'interaction sociale, économique et politique »*[403]. De ce point de vue, Maurice HAURIOU considère l'Etat comme *« l'institution des institutions »,* au sein de laquelle on distingue les *« institutions-choses »* des *« institutions personnifiées »*. Dans le cadre de cette étude, le mot institution désigne l'ensemble des organes et des structures de l'Etat ayant un caractère politique, économique ou social. Cela étant précisé, que revêt la notion d'institutions fortes ?

Cette notion ne semble pas avoir été définie par les constitutionnalistes francophones. On tentera donc de la définir à partir de certains critères. D'abord, la force d'une institution peut être évaluée par rapport à son caractère démocratique. De ce fait, pour être forte, l'institution doit être désignée selon des procédés démocratiques. Ainsi, dans son discours d'investiture de 2011, Alassane Ouattara déclare : *« pour concrétiser notre volonté de doter notre pays d'institutions fortes et démocratiques, nous organiserons, avant la fin de cette année, des élections législatives »*[404]. En Côte d'Ivoire, les institutions qui doivent bénéficier de la légitimité démocratique sont le Président de la République, le Parlement (Assemblée Nationale et du Sénat), les conseils régionaux et les conseils municipaux.

Ensuite, la force d'une institution peut être évaluée par rapport à son indépendance. Deux catégories d'institutions sont visées ici en filigrane. D'une part, il s'agit de la Justice. Définie comme la « *chose au monde la moins contestée »* dans son principe (O. AFONSO, 2015, p. 26), l'indépendance du juge se présente comme *« une des bases essentielles de l'Etat de droit »* (THERON, 1976, p. 649). D'autre part, il s'agit des autorités administratives indépendantes[405] qui sont définies comme :

[402] Millard (1995), p. 385, [en ligne] : https://doi.org/10.3406/dreso.1995.1343 (Consulté le 22/05/2023).
[403] North (1991), p. 97, [en ligne]: http://links.jstor.org/sici?sici=0895-3309%28199124%295%3A1%3C97%3AI%3E2.0.CO%3B2-W, (Consulté le 22/05/2023)
[404] Ouattara (2011).
[405] Entre 2011 et 2020, de nombreuses autorités administratives indépendantes ont été créées ou réformées, parmi lesquelles on peut citer, à titre illustratif, l'Autorité de Régulation des télécommunications en Côte d'Ivoire, la Haute Autorité de la

« des organismes non juridictionnels et dépourvus de la personnalité morale qui ont reçu de la loi (ou de la Constitution) la mission d'assurer la régulation de secteurs sensibles, de veiller au respect de certains droits des administrés et sont dotés de garanties statutaires et pouvoirs leur permettant d'exercer leurs fonctions sans être soumis à l'emprise du gouvernement » (GENTOT, 1991, p. 17).

Enfin, la force d'une institution peut s'évaluer à l'aune de son caractère inclusif. Cette troisième caractéristique englobe en réalité les deux premières. En effet, dans leur ouvrage collectif, l'économiste américano-turc Daron Acemoglù et le politologue américain James A. Robinson font une taxonomie des institutions à travers une distinction tranchée entre *« les institutions inclusives »* et *« les institutions extractives »* (ACEMOGLU & ROBINSON, 2012, p. 160). Selon les auteurs, les institutions économiques et politiques inclusives profitent au plus grand nombre de personnes. Ces institutions permettent de canaliser l'énergie, les talents et les ambitions des acteurs. De ce fait, les institutions inclusives sont avant tout des institutions résilientes c'est-à-dire des institutions capables de se développer, de *« continuer à se projeter dans l'avenir en présence d'événements déstabilisants, de traumatismes parfois sévères »*[406]. La résilience institutionnelle découle de l'efficacité et de la crédibilité d'une institution[407].

En revanche, les institutions dites « extractives » ne profitent qu'à quelques individus. Elles ont pour dénominateur commun la corruption. Sur la base de cette définition, il apparaît que le niveau général de corruption en Côte d'Ivoire est révélateur d'une faiblesse institutionnelle chronique. Ainsi, l'Indice de Perception de la Corruption (IPC) 2020 de *Transparency International* classe la Côte d'Ivoire au 104e rang sur 180 pays pour un score de 36/100. On en déduit que l'avènement de l'Ivoirien nouveau et l'existence

---

Bonne gouvernance, la Haute Autorité de la Communication Audiovisuelle, l'Autorité Nationale de la Presse et le Conseil National des Droits de l'homme.

[406] Adger N. W. (2006), [en ligne] : https://www.sciencedirect.com/science/article/pii/S0959378006000422 consulté le 18 juin 2021.

[407] Drago Aligicia & Tarko (2014), [en ligne]:https://www.researchgate.net/publication/263326790_Institutional_Resilience_and_Economic_Systems_Lessons_from_Elinor_Ostrom's_Work, (consulté le 18/06/2021).

d'institutions fortes sont ensemble une quête permanente qui a abouti à la mise en place d'un cadre institutionnel rénové.

2. L'idée aboutie d'un cadre institutionnel rénové

La mise en place d'un cadre institutionnel rénové a consisté d'une part, à réformer les institutions politiques, et d'autre part, à créer de nouvelles institutions sociales. La réforme des institutions politiques est discutée (a) tandis que la création des institutions sociales semble acceptée (b).

a. Une réforme discutée des institutions politiques

La réforme institutionnelle a concerné les trois pouvoirs : le pouvoir exécutif, le pouvoir législatif et le pouvoir judiciaire.

D'abord, en ce qui concerne le pouvoir exécutif, la réforme principale a consisté à mettre en place un exécutif « tricéphale » (AUTEUR, 2020, pp. 108-131). En effet, sous l'empire des Constitutions de 1960 et de 2000, le pouvoir exécutif était composé du Président de la République et du Premier Ministre, chef du gouvernement. Cependant, s'inspirant du système en vigueur aux Etats-Unis d'Amérique et dans les Etats anglophones d'Afrique (Nigéria, Kenya, Ghana, Libéria), Alassane Ouattara suscite l'institution d'un poste de Vice-Président de la République.

Ce système comporte une double originalité par rapport à celui en vigueur aux Etats-Unis et dans les Etats anglophones. Premièrement, le poste de Premier Ministre n'existe pas dans ces pays. En Côte d'Ivoire, non seulement le poste de Premier Ministre n'a pas été supprimé, mais il a été créé un poste de Vice-Président. Deuxièmement, aux Etats-Unis, le Vice-Président est élu sur le même « ticket » que le Président. En Côte d'Ivoire, jusqu'à une période récente, le Vice-Président bénéficiait d'une légitimité démocratique plus accrue du fait de son élection au suffrage universel direct. Mais, depuis la révision constitutionnelle du 19 mars 2020, le Vice-Président est désormais nommé par le Président de la République *« en accord avec le Parlement »*[408]. Par conséquent, le Vice-Président ne représente plus *« le choix du peuple »*[409].

Par ailleurs, qu'est-ce qui explique ce changement statutaire du Vice-Président ? À titre de précision préliminaire, l'établissement de la Constitution de 2016, qui institue le poste de Vice-Président, est intervenu après l'élection du Président de la République en octobre 2015. En pratique, le Vice-Président ne pouvait plus être élu sur le même « ticket » que le Président de la République. Donc à titre de mesure transitoire, la Constitution a prévu que le Vice-Président soit nommé par le Président de la République en exercice[410]. C'est conformément à cette disposition que Daniel Kablan Duncan a été nommé le 10 janvier 2017 en qualité de Vice-Président de la République[411]. Trois années après, Alassane Ouattara constate que cette nomination du Vice-Président de la République par le Président de la République est *« un modèle de fonctionnement de l'Exécutif qui a démontré son succès et son efficacité »* à travers *« une collaboration étroite et efficace au sommet de l'Exécutif »*[412]. De ce fait, il ne trouve plus nécessaire le recours à l'élection comme mode de désignation du Vice-Président de la République. Il opte alors pour la nomination. C'est ce modèle qui sera consacré par la révision constitutionnelle du 19 mars 2020.

Cependant, le 19 avril 2022, le mode par lequel le Parlement, réuni en Congrès, a exprimé son « accord » sur le choix du Vice-Président est critiquable. En effet, le Parlement s'est contenté d'acclamer, sans débat, le choix porté par le Président de la République sur l'ancien Gouverneur de la BCEAO, Koné Tiémoko Meylet. Le Parlement aurait pu entériner

---

[408] Cf. Loi constitutionnelle n° 2020- 348 du 19 mars 2020 portant modification de la Constitution du 08 novembre 2016.

[409] Ouattara (2016b), à l'occasion de son discours du 7 août 2016, affirmait : « Tout comme le Président de la République, le Vice-Président représentera le choix du peuple ».

[410] Constitution (2016), art. 179.

[411] Cf. Décret n° 2017-11 du 10 janvier 2017 portant nomination de Monsieur Daniel Kablan Duncan en qualité de Vice-Président de la République.

[412] Ouattara (2020a), *Adresse du Président de la République sur l'Etat de la Nation, 05 mars 2020,* [en ligne] : https://www.presidence.ci/reunion-du-parlement-en-congres-adresse-du-president-de-la-republique-sur-letat-de-la-nation/, (Consulté le 22/01/2021).

le choix fait par Président de la République à travers l'adoption d'une résolution[413].

Au regard de ce qui précède, quel est l'intérêt d'un poste de Vice-Président ? Selon Alassane Ouattara, l'institution d'un poste de Vice-Président se justifie par la volonté d'assurer *« la continuité de l'Etat », « le respect du calendrier électoral », « la paix et la stabilité »*[414]. En réalité, cet attachement à l'idéal de stabilité et de continuité de l'Etat tire son fondement du passé politique de Ouattara. En effet, en 1993, suite au décès du Président Houphouët-Boigny, la succession politique est controversée et âprement disputée. Le successeur constitutionnel, Henri Konan Bédié, ne bénéficiait pas de la légitimité populaire en raison de son élection au suffrage universel indirect[415]. De ce fait, son pouvoir a été en proie à une crise de légitimité (OURAGA OBOU, 2007, p. 122). Cela constitua l'une des causes du coup d'Etat militaire de décembre 1999 (OURAGA OBOU, 2007, p. 123).

Ensuite, concernant le pouvoir législatif, la réforme majeure a consisté à mettre en place un parlement bicaméral. Le bicaméralisme signifie l'existence de deux chambres au Parlement : une chambre basse (l'Assemblée nationale) et une chambre haute (le Sénat). Toutefois, la Constitution garantit *« la primauté de l'Assemblée Nationale »*[416]. La création d'un Sénat, selon Alassane Ouattara, permet un meilleur équilibre législatif à travers une représentation plus forte de la diversité ivoirienne, des régions, des collectivités locales. Cependant, si le bicaméralisme demeure consubstantiel aux Etat fédéraux, son existence dans les Etats unitaires, même décentralisés, soulève une éternelle controverse. Pour certains auteurs comme Georges Burdeau, *« le bicamérisme donne une expression plus exacte de l'opinion du pays [et] amortit les effets de l'instabilité de la volonté populaire »* (1987, p. 656). Dans le même sens, certains auteurs estiment que la

---

[413] Ouédraogo (2022), [en ligne] : http://afrilex.u-bordeaux.fr/wp-content/uploads/2022/05/Djibrihina_OUEDRAOGO_Acclamons-le-president-de-la-Republique.pdf, consulté le 06 novembre 2022.

[414] Ouattara (2017a).

[415] Selon le système en vigueur en 1993, sous l'empire de la Constitution de 1960, en cas de vacance de la présidence de la République, le Président de l'Assemblée national avait le droit d'assurer l'intérim. C'est en raison de cette disposition que Henri Konan Bédié succéda au Président Houphouët-Boigny.

[416] Ouattara (2016b).

décentralisation est la raison d'être du bicaméralisme (DELCAMP 1999, p. 493). En revanche, pour Pierre PACTET (2002, 122), *« les Etats unitaires peuvent se passer du bicamérisme qui, s'il est utile, ne serait jamais indispensable (...), le Sénat constituerait un obstacle au progrès »*. De façon tranchée, Jean Gicquel estime que le bicaméralisme est inutile en Afrique (GICQUEL, 2006, p. 254).

En Côte d'Ivoire, au-delà de la controverse doctrinale, deux reproches sont faits au Sénat. Certains trouvent sa création inopportune parce que « budgétivore »[417]. D'autres critiquent plutôt le mode de désignation d'une partie de ses membres. Selon la Constitution les deux tiers des membres sont élus au suffrage universel indirect et un tiers 1/3 des membres sont désignés par le Président de la République[418]. Ce modèle de désignation permettrait, selon Alassane Ouattara, à des anciens notables ou serviteurs de l'Etat, ou amis politiques de l'Etat d'intégrer le Sénat, afin d'apporter leurs riches expériences à la construction d'un Etat moderne[419].

Enfin, en ce qui concerne le pouvoir judiciaire, la réforme structurelle comporte trois axes majeurs. Premièrement, le Conseil Supérieur de la Magistrature n'est plus présidé par le Président de la République[420]. Deuxièmement, la Cour suprême a été éclatée pour donner naissance à trois nouvelles juridictions suprêmes autonomes : le Conseil d'Etat[421], la Cour de Cassation[422] et de la Cour des Comptes[423]. Ces différentes réformes de la justice concrétisent l'idée d'Alassane Ouattara de se considérer comme *« le protecteur des plus faibles et le*

---

[417] La dotation budgétaire allouée au Sénat en 2021 est d'un peu plus de 10 milliards de francs CFA. Cf. Budget 2021, Récapitulatif des dotations des institutions [en ligne] : http://budget.gouv.ci/budget-publications.html consulté le 18/06/2021.
[418] Cf. Constitution (2016), Art. 87 al. 2.
[419] Ouattara (2016b).
[420] Cf. Constitution (2016), Art. 145.
[421] Cf. Constitution (2016), Art. 147 et 149 nouveau ; Loi organique n° *2020*-968 du 17 décembre *2020* déterminant les attributions, la composition, l'organisation et le fonctionnement du Conseil d'Etat.
[422] Cf. Constitution (2016), Art. 148 nouveau ; *Loi* organique n° *2020*-967 du 17 décembre *2020* déterminant les attributions, la composition, l'organisation et le fonctionnement de la Cour de cassation.
[423] Cf. Constitution (2016), Art. 152 ; *Loi* organique n° 2018-979 du 27 décembre 2018 déterminant les attributions, la composition, l'organisation et le fonctionnement de la *Cour des Comptes*.

défenseur des droits de tous [ses] concitoyens, sans exclusive »[424]. Cependant, d'autres idées semblent contradictoires. En effet, au nom de la cohésion sociale, la réconciliation nationale, la stabilité de la justice, les mesures de clémence prisent par Alassane Ouattara semblent mettre à mal la concrétisation l'idée de justice. Ainsi, dans son Message à la Nation à l'occasion du Nouvel An 2019, Alassane Ouattara affirme : « *Dans notre quête de stabilité et de cohésion, notre Nation a besoin de toutes ses filles et de tous ses fils. C'est pourquoi, j'ai signé une ordonnance portant amnistie, pour 800 de nos compatriotes, à l'occasion de la célébration de l'indépendance de notre pays, en août 2018 ...*»[425]. À l'examen, c'est certainement cette quête de cohésion et de réconciliation qui motive la création d'institutions sociales en vue de satisfaire au besoin de rénovation institutionnelle.

b. Une création acceptée d'institutions sociales

Les nouvelles institutions sociales créées ont en commun d'être des institutions de « bonne gouvernance » conçue dans son sens large. En effet, la définition de la bonne gouvernance est polymorphe et change d'une institution à une autre et d'un ordre juridique à un autre (COMMISSION POUR LA DEMOCRATIE PAR LE DROIT, 2011, p. 17). Toutefois, la notion englobe plusieurs critères dont la responsabilité, la transparence, la capacité à répondre aux besoins des citoyens, l'efficience, l'effectivité, l'ouverture, la participation, la prévisibilité, l'Etat de droit, la cohérence, l'équité, le comportement éthique, la lutte contre la corruption, la conclusion des procédures dans des délais raisonnables, la protection des droits de l'homme, la simplification des procédures (COMMISSION POUR LA DEMOCRATIE PAR LE DROIT, 2011, p. 18).

Ainsi définie, pour la Banque Africaine de Développement « *la bonne gouvernance est une condition nécessaire au succès de ses principales d'interventions pour promouvoir le développement économique et social dans ses pays membres régionaux* »[426]. On

[424] Ouattara (2011).
[425] Ouattara (2019).
[426] Banque africaine de développement (1999), [en ligne] : https://www.afdb.org/fr/documents/document/bank-group-policy-on-good-governance-27134, (Consulté le 28/03/2021).

comprend donc pourquoi la notion a fait l'objet d'une constitutionnalisation accrue ces dernières années[427].

Les institutions de bonne gouvernance créées en Côte d'Ivoire sont de trois types, à savoir : les institutions relatives à la justice transitionnelle, la Chambre des Rois et des Chefs traditionnelles et les institutions chargées de la bonne gouvernance proprement dite.

Premièrement, les institutions relatives à la justice transitionnelle sont au nombre de deux : la Commission Dialogue, Vérité et Réconciliation (CDVR) et la Commission Nationale de Réconciliation et d'Indemnisation des Victimes (CONARIV). Le concept de justice transitionnelle désigne *« l'éventail complet de divers processus et mécanismes mis en œuvre par une société pour tenter de faire face à des exactions massives commises dans le passé, en vue d'établir les responsabilités, de rendre la justice et de permettre la réconciliation »*[428] et de parvenir à l'établissement de l'Etat de droit et de la démocratie[429]. De fait, au sortir de la crise postélectorale de 2010-2011, Alassane Ouattara lance l'idée d'une CDVR[430] calquée sur le modèle sud-africain de justice transitionnelle en vue *« de consolider les piliers »* de la République, de *« renouer avec les valeurs profondes de la Côte d'Ivoire et de rassembler les ivoiriens »*[431]. Concrètement, la CDVR a eu pour mission principale de situer les responsabilités dans la crise ivoirienne et de formuler des recommandations. Cette Commission qui voit le jour en présence des *Elders* Kofi Anann, Mary Robinson et Desmond Tutu, remet son rapport définitif en octobre 2014[432]. À la suite de la CDVR est créée la CONARIV[433]. Cette

---

[427] Mockle (2010), [en ligne] : https://www.erudit.org/fr/revues/cd1/2010-v51-n2-cd4001/045633ar.pdf, (Consulté le 3/03/2021).

[428] ONU (2004), Rétablissement de l'État de droit et administration de la justice pendant la période de transition dans les sociétés en proie à un conflit ou sortant d'un conflit, Doc. S/2004/616, 23 août 2004, § 8.

[429] Targls (2015), [en ligne] : https://www.cairn.info/revue-les-cahiers-de-la-justice-2015-3-page-333.htm, (Consulté le 3/03/201).

[430] La Commission Dialogue, Vérité et Réconciliation (CDVR) a été créée par l'ordonnance n° 2011-85 du 13 mai 2011. Cette ordonnance a été remplacée par l'ordonnance n° 2011-167 du 13 juillet 2011.

[431] Ouattara (2011).

[432] Commission Dialogue, Vérité et Réconciliation (2014), *Rapport final*, Décembre 2014, http://www.gouv.ci/doc/presse/1477497207RAPPORT%20FINAL_CDVR.pdf (Consulté le 3/03/2021).

[433] Cf. Ordonnance n° 2015-174 du 24 mars 2015.

dernière, qui a pour mission de proposer une liste de victimes ainsi que des mesures de réparation, a remis son rapport définitif le 19 avril 2016.

À l'examen, contrairement à certains Etats[434], en Côte d'Ivoire, les institutions de justice transitionnelle ne sont pas des organes constitutionnels. Sans nul doute parce que ces institutions ont pour vocation d'être éphémères et de disparaitre une fois leur mission accomplie. Toutefois, on peut dans une certaine mesure affirmer que la justice transitionnelle a fait l'objet d'une constitutionnalisation matérielle. En effet, pour Xavier PHILIPPE **(2005, p. 191)** « *les États en situation de sortie de crise font systématiquement appel au droit constitutionnel ou à des règles constitutionnelles pour régler leurs différends et rebâtir les structures de l'État* ». Cela se traduit le plus souvent par la consécration dans les Constitutions issus des contextes de transition de catalogues généraux de droits de fondamentaux. Ainsi, la Constitution ivoirienne de 2016 comporte un important catalogue des droits fondamentaux.

Deuxièmement, la Chambre des Rois et des Chefs traditionnelles est chargée d'assurer la cohésion sociale. L'importance du rôle que pourrait jouer la chefferie traditionnelle au sein de la société apparaît dans le discours d'Alassane Ouattara. Ainsi, dans son discours sur l'état de la Nation du 5 mars 2020, il présente l'importance de la création d'une Chambre des Rois et chefs traditionnels en ces mots :

> « *Pour la stabilité de la Côte d'Ivoire, nous avons doté notre pays de nouvelles institutions telles que la Chambre Nationale des Rois et Chefs Traditionnels pour la valorisation de nos us et coutumes, la promotion de la cohésion sociale et le règlement non juridictionnel des conflits dans les villages et entre les communautés* »[435].

Autrement dit, Alassane Ouattara conçoit la chefferie traditionnelle comme une institution qui pourrait *« contribuer à la paix et à la cohésion et apporter la sagesse et la richesse de nos cultures dans la gestion des conflits sociaux »*[436]. La chefferie traditionnelle

---

[434] Gutierrez Ramirez (2015) [en ligne] : http://www.scielo.org.co/pdf/rdes/n34/n34a06.pdf, (Consulté le 28/05/2023).
[435] Ouattara (2020a).
[436] Ouattara (2016b).

pourrait également « renforcer la cohésion sociale et les institutions » du pays[437].

Le statut de la Chambre des Rois et Chefs traditionnels a évolué en deux temps. Dans sa première phase, la loi n° 2014-428 du 14 juillet 2014 accorde, pour la première fois, un statut juridique particulier aux rois et chefs traditionnels. Sont considérés comme des Rois et chefs traditionnels, les rois, chefs de provinces, chefs de canton, chefs de tribu, chefs de village[438]. En même temps qu'elle accorde des privilèges particuliers aux Rois et chefs traditionnels, la loi crée une chambre Nationale des Rois et Chefs traditionnelles[439]. Dans sa seconde phase, la Chambre des Rois et Chefs traditionnels est érigée au rang des institutions constitutionnelles par la Constitution de 2016[440]. La Constitution lui assigne la mission de promouvoir les idéaux de paix et de cohésion sociale, ainsi que de régler les conflits intercommunautaires dans les villages.

Troisièmement, la création d'institutions relatives à la bonne gouvernance proprement dite a pour objectif, selon Alassane Ouattara, d'inscrire la rigueur et la bonne gouvernance au cœur de la pratique administrative, et de permettre à la Côte d'Ivoire de *« continuer sur sa trajectoire de croissance et de prospérité partagée »*[441]. Dans cette optique de transparence dans la gestion des affaires publiques et lutte contre la corruption, un Plan National de Bonne Gouvernance et de lutte contre la corruption a été adopté par le gouvernement[442]. Dans la même veine, une Haute Autorité pour la Bonne Gouvernance a été créée en 2013[443]. En 2017, l'Observatoire des Services Publics (OSEP) a été mis en place[444]. Cet organe est chargé d'enregistrer les plaintes, les dénonciations et suggestions des usagers des services publics. En

---

[437] Ouattara (2016c).

[438] Cf. Loi n° 2014-428 du 14 juillet 2014 portant statut des Rois et Chefs traditionnels, Art. 2.

[439] Cf. Loi n° 2014-428 du 14 juillet 2014, Art. 8.

[440] Cf. Constitution de 2016, Art. 175.

[441] Ouattara (2016a).

[442] *Emergence économique* (2018), Côte d'Ivoire an 58 : Aux portes de l'émergence, Hors-série Juillet-août 2018, p. 30.

[443] Cf. Ordonnance n° 2013-661 du 20 septembre 2013 fixant les attributions, la composition, l'organisation et le fonctionnement de la Haute Autorité pour la Bonne Gouvernance, *JORCI* du 25 septembre 2013, p. 254 ss.

[444] Cf. Décret n° 2017-83 du 8 février 2017 portant création, attributions, organisation et fonctionnement de l'Observatoire des Services Publics dénommé OSEP.

matière de gestion des finances publiques, le rôle joué par la Cour des Comptes a été renforcé, à travers sa mission de certification des comptes[445].

Conclusion

En définitive, on a pu constater que les idées-forces qui reviennent fréquemment dans le discours constitutionnel de Ouattara sont axées sur l'idée de rupture avec l'ordre constitutionnel ancien.

D'abord, l'idée constitutionnel d'Alassane Ouattara provoque un bouleversement certain dans le constitutionnalisme en Côte d'Ivoire. Le procédé d'élaboration de la nouvelle Constitution, symbole de la rupture, est inédit au point de susciter de nombreuses controverses, critiques et interrogations doctrinales. En pratique, ce procédé de révision totale que certains auteurs qualifient de fraude à la Constitution a permis à Alassane Ouattara de briguer un troisième mandat présidentiel.

Ensuite, on constate que l'idée constitutionnelle d'Alassane Ouattara entretient un rapport très étroit avec l'idée de développement économique de l'Etat. Cela n'a rien d'étonnant eu égard à la formation et à sa carrière d'économiste. En effet, lorsque le technocrate-économiste et le politique se conjuguent au sommet de l'Etat, l'idée constitutionnelle est marquée par l'idée de développement. On pourrait même dire que chez Alassane Ouattara le discours constitutionnel vise la transformation de l'Etat en vue de son développement. De même, on constate une forte corrélation entre les idées constitutionnelles d'Alassane Ouattara et les idées de continuité de la Nation, de stabilité et cohésion sociale et de paix.

Mais, l'idée constitutionnelle d'Alassane Ouattara est souvent paradoxale ! D'une part, Alassane Ouattara défend et promeut simultanément deux doctrines contradictoires : la doctrine de l'Ivoirien nouveau et celle de *« rattrapage ethnique »,* concept discriminatoire contraire à la Constitution. D'autre part, l'idée d'Alassane Ouattara de briguer un troisième mandat nous semble contraire à l'idée

---

[445] Cf. Constitution de 2016, Art.152 ; loi organique n° 2014-336 du 5 juin 2014 relative aux lois de finances., Art. 84.

d'institutions fortes, ces dernières étant définies comme des institutions indépendantes, démocratiques et inclusives.

BIBLIOGRAPHIE

1. Ouvrages – Thèses- Dictionnaires

Acemoglu D. & Robinson J. A., (2012), Why Nations Fail: The Origins of Power, Prosperity, and Poverty. New York, Crown Business, 544 p.

Auer A., al. (2013), Droit constitutionnel suisse, vol. II, Berne, Stämpfli Editions, 2013, 734 p.

Beaud O (1994)., La puissance de l'Etat, Paris, PUF, 1994, 512 p.

Bigler O. (2013), La révision totale de la Constitution fédérale du 29 mai 1974 : entre droit, politique et histoire, les enjeux de l'écriture constitutionnelle, Thèse de doctorat, Université de Neuchâtel, 25 juin 2013.

Bléou M. (s.d)., Cours de Droit constitutionnel ivoirien, inédit.

Brandt M., al. (2015), Le processus constitutionnel : élaboration et réforme - Quelles options ? Interpeace, 406 p, [en ligne]: file:///C:/Users/HP/Downloads/2015_02_Constitution-Making_Handbook_French.pdf, (Consulté le 17/02/2021).

Bouterfas A (2010)., Les idées et la pratique constitutionnelle de Hassan II, thèse de doctorat de droit public, Université de Paris V, 2010.

Burdeau G. (1987), Traité des Sciences politiques, vol. 6, Paris, LGDJ, 809 p.

Burdeau G. (1969), Droit constitutionnel et institutions politiques, Paris, LGDJ, 14e éd., 624 p.

Chantebout B. (2014), Droit constitutionnel, Paris, Sirey/Dalloz, 31e éd., 642 p.

Cissé B. I. (2007), Alassane Dramane Ouattara : histoire d'une vie singulière – Légende et épopée, Abidjan, NEI/CEDA, 427 p.

Cluzel J (1998)., L'indispensable sénat, Economica, Paris, 1998, 310 p.

Débré J.-L. (2015), Les idées constitutionnelles du général de Gaulle, Paris, LGDJ, 2015, 496 p.

Déburny J. C. (2016), Alassane Ouattara, Président et pourtant…Vers l'édification de l'ivoirien nouveau, Paris, Edilivre, 2016, 84 p.

Delcamp A. (1999), Le sénat et la décentralisation économique, Economica, Paris, 1999, 791p.

Elkaim F. (2001), Les idées constitutionnelles de François Mitterrand, Thèse de doctorat, Université de Toulouse 1, 1191 p.

Eseng'Ekeli J. D (2013)., Droit constitutionnel – l'expérience congolaise (RDC), Paris, Harmattan, 258 p.

Favoreu L., al. (2019), Droit constitutionnel, Paris, 21e éd., Dalloz, 1132p.

Favoreu L., al (2005), Droit des libertés fondamentales, Paris, Précis Dalloz, 3e éd, 576p.

Fofana L. (2009), Côte d'Ivoire - La longue marche du RDR (Rassemblement des Républicains), Saint-Maur-des Fossés, SEPIA, 2009, 208p.

Gentot M (1991)., Les autorités administratives indépendantes, Paris, Montchrestien, 160 p.

Hauriou M. (1929), Précis de droit constitutionnel, Paris, Recueil Sirey, 790 p.

Kelsen H., Théorie pure du droit, trad. par Charles Eisenmann, Paris, Dalloz, 1977, 367 p.

Le Divellec A. & De villiers M., (2022), Dictionnaire du droit constitutionnel, Paris, 13e éd., Sirey, 424 p.

Mélèdje Djédjro F., (2017), Droit constitutionnel, t. 1, Abidjan, Editions ABC, 229 p.

Money E. Z. (2015), Par la force Alassane Ouattara président de la Côte d'Ivoire. La démocratie à l'épreuve, Paris, L'Harmattan, 288 p.

Ouédraogo S. M. (2011), La lutte contre la fraude à la Constitution en Afrique noire francophone, thèse de doctorat, soutenue le 16 mai 2011, Université Montesquieu – Bordeaux IV, 449 p.

Ouattara B. et Ben Ismaïla Diaby M. (2012), Alassane Ouattara : vingt ans de combat, Paris, L'Harmattan, 2012, 186 p.

Oulaye H., (2019)., Droit constitutionnel, t. 2, Abidjan, Editions ABC, 577 p.

Pactet P. (2002), Institutions Politiques et Droit Constitutionnel, 21e éd., Paris, Armand Colin, 643 p.

Proupain N. (2019), Les nouveaux droits de l'homme : mettre au monde une civilisation d'étoiles, The Inner State.

Renard G., La théorie de l'institution – Essai d'ontologie juridique, Paris, Librairie du Recueil Sirey, vol. I, 1930, 639 p.

Roussillon, al (2005), Les nouveaux objets du droit constitutionnel, Toulouse, Presse de l'Université des sciences sociales/Presses de l'Université de Toulouse 1 Capitole, 409 p.

Schmitt C., (1993), Théorie de la Constitution, Paris, PUF, 576 p.

Touré A. (2008), Alassane Ouattara, destin et liberté, Saint-Maur-des Fossés, SEPIA, 2008, 128 p.

Troper M., Pour une théorie juridique de l'Etat, Paris, PUF, 1992, 358 p.

Zoller E., (1999), Droit constitutionnel, 2e éd., Paris, PUF, 640 p.

2. Articles

Adger W. N. (2006), Vulnerability, *Global Environmental Change*, vol. 16, n° 3, pp. 268-281, [en ligne] : https://www.sciencedirect.com/science/article/pii/S0959378006000422, (Consulté le 18/06/2021).

Afonso O. (1995), Le Conseil supérieur de la magistrature comme garant institutionnel de l'impartialité des juges et de l'indépendance de la justice (Rapport du Portugal), in Conseil de l'Europe, *Le rôle du conseil supérieur de la magistrature*, Actes de la Réunion multilatérale, Madrid (Espagne), 9-11 novembre 1993, Strasbourg, Editions du Conseil de l'Europe, pp. 25-35.

Alibert-Fabre (1990), La pensée constitutionnelle du Général de Gaulle à l'épreuve des circonstances, *Revue Française de Science Politique* n° 5, pp. 699-713.

Aubee F. (2021), Strong and effectives institutions as the key to emerging economies: the case of Subsaharan Africa [en ligne]: https://trendsresearch.org/insight/strong-and-effective-institutions-as-the-key-to-emerging-economies-the-case-of-sub-saharan-africa/ (consulté le 16/06/2021).

Aubert J.-F. (2003), La révision totale de la Constitution : une invention française, des applications suisses, in *Mélanges en l'honneur de Pierre Pactet*, Paris, Dalloz, 2003, pp. 455-472.

Baumert R., (2018), En relisant Pierre Avril, Penser le droit politique, *Jus Politicum* [en ligne] : http://www.juspoliticum.com/article/En-relisant-Pierre-Avril-Penser-le-droit-politique-2018-1329.html (Consulté le 12/12/2022).

Beaud, O. (2003), Constitution et droit constitutionnel, in D. Alland et S. Rials (dir.), *Dictionnaire de la culture juridique*, Paris, Lamy-PUF, 1696 p.

Boismenu G. (1989), La pensée constitutionnelle de Jean Lesage, In R. Comeau (dir), *Jean Lesage et l'éveil d'une nation*, Québec, Presses Universitaires du Québec, 1989, pp. 76-107.

Chérif A (2020)., Les pouvoirs du Vice-Président de la République dans le cadre du tricéphalisme de l'Exécutif en Côte d'Ivoire, *Revue Ivoirienne de Sciences Juridiques et Politiques* n° 9, pp. 108-131.

Chevallier J. (2004), Réflexion sur la notion de discrimination positive, in *Libertés, justice, tolérance*, Mélanges en hommage au Doyen Gérard Cohen-Jonathan, Bruylant, Bruxelles, pp. 415-428, 2004 [en ligne] : https://hal.archives-ouvertes.fr/hal-01759959/document, (Consulté le 05/07/2021)

Delpéré F (1992)., Ce que je crois ou le constitutionnalisme, in *Présence du droit et des droits de l'homme*, Mélanges offerts à Jacques Velu, Bruxelles, Bruylant, 1992, pp. 211-221.

Gbéou-Kpayile N. G (2017)., L'idée de Constitution en Afrique noire francophone, *Revue Afrilex* [en ligne] : http://afrilex.u-bordeaux.fr/wp-content/uploads/2021/03/Article_GBEOU-KPAYILE.pdf (consulté le 4/07/2021).

Dosso K. (2012), Les pratiques constitutionnelles dans les pays d'Afrique noire francophone : cohérences et incohérences, *Revue française de droit constitutionnel*, vol. 2, n° 90, [en ligne] : https://www.cairn.info/revue-francaise-de-droit-constitutionnel-2012-2-page-57.htm, (Consulté le 10/06/2021).

Drago Aligicia P. & Tarko V (2014). Institutional Resilience and Economic System: Lessons from Elinor Ostrom's work, *Comparative Economic Studies,* vol. 56, pp. 52-76 [en ligne]: https://www.researchgate.net/publication/263326790_Institutional_Resilience_and_Economic_Systems_Lessons_from_Elinor_Ostrom's_Work, (consulté le 18/06/2021).

Du Bois De Gaudusson J. (2003), L'accord de Linas-Marcoussis, entre droit et politique, *Revue Afrique Contemporaine*, vol. 2, n° 206, pp. 41-55 [en ligne] : https://www.cairn.info/revue-afrique-contemporaine-2003-2-page-41.htm, (Consulté le 24 mars 2021).

Fatin-Rouge Stefanini M. (2008), Les discriminations positives en matière électorale aux États-Unis et en France, *Cahiers du Conseil Constitutionnel*, n° 23, [en ligne] : https://www.conseil-constitutionnel.fr/nouveaux-cahiers-du-conseil-constitutionnel/les-discriminations-positives-en-matiere-electorale-aux-etats-unis-et-en-france, (Consulté le 02/01/2021).

Foucher V. (2009), Difficiles successions en Afrique subsaharienne : persistance et reconstruction du pouvoir personnel, *Pouvoirs*, vol. 2, n° 129, pp. 127 à 137 [en ligne] : https://www.cairn.info/revue-pouvoirs-2009-2-page-127.htm (Consulté le 28/05/2023)

Gadji A. (2016), L'économie dans les nouvelles Constitutions des Etats d'Afrique francophone subsaharienne », *Revue Béninoise des Sciences juridiques et administratives* n° 37, pp. 47-88.

Gadji, A. (2011), L'ONU et la crise ivoirienne, *Revue Ivoirienne de Droit*, n° 44, 2011, pp. 1-32

Gaulme F. (2011), L'ivoirité, recette de guerre civile, *Revue Étude* 2, n° 3, pp. 292-304, [en ligne] : https://www.cairn.info/revue-etudes-2001-3-page-292.htm consulté le 13 juin 2021.

Gutierrez Ramirez L. M. (2015) « La Constitutionnalisation de la justice constitutionnelle », *Revista Derecho del Estado* n° 34, pp. 103-125 [en ligne] : http://www.scielo.org.co/pdf/rdes/n34/n34a06.pdf, (consulté le 28/05/2023).

Gicquel J. (2006), La mise en place du Conseil Constitutionnel camerounais, in F. Priet, *Mélanges en l'honneur de Henri Jacquot*, Orléans, Presse universitaire d'Orléans, 2006.

Heine S. (2011), Jûrgens habermas et le patriotisme constitutionnel, *Revue Belge d'Analyses et de Débat*, [en ligne], https://www.revuepolitique.be/jurgen-habermas-et-le-patriotisme-constitutionnel/ (Consulté le 22/05/2023).

Hodgson G. M., What Are Institutions? *Journal of Economic Issues*, vol. XL, n° 1, 2006, pp. 1-25.

Konaté Y. (2003), Le destin d'Alassane Ouattara, in M. Lepape et C. Vidal (dir.), *Côte d'Ivoire l'année terrible : 1999-2000*, Paris, Karthala, pp. 253-309 ;

Le Pillouer A. (2009), De la Révision à l'abrogation de la Constitution : termes du débat, *Jus Politicum*, n° 3, [en ligne] : http://juspoliticum.com/article/De-la-revision-a-l-abrogation-de-la-constitution-les-termes-du-debat-155.html, consulté le 13/06/ 2021.

Levade A. (2004)., Discrimination positive et principe d'égalité en droit français », *Pouvoirs* vol. 4, n° 111, [en ligne] : https://www.cairn.info/revue-pouvoirs-2004-4-page-55.htm, (Consulté le 18/06/2021).

North D (1991)., Institution, *The journal of Economic Perspectives*, vol 5, n° 1, 1991, pp. 97-112.

Millard E. (1995), Hauriou et la théorie de l'institution , *Droit et société* n° 30-31, pp. 381-412, [en ligne] https://doi.org/10.3406/dreso.1995.1343, (consulté le 22/05/2023)

Mabileau A. (1960), La personnalisation du Pouvoir dans les gouvernements démocratiques. *Revue française de science politique*, n°1, pp. 39-65, [en ligne] : https://doi.org/10.3406/rfsp.1960.392560 https://www.persee.fr/doc/rfsp_0035-2950_1960_num_10_1_392560, (Consulté le 28/05/2023).

Maus D. (2016), De Gaulle et l'écriture de la Constitution, in I. Chave et N. Even (dir.), *Charles De Gaulle : archives et histoire*, Peyrefitte-sur-seine, Publication des archives nationales, pp. 16-28 [en ligne] : https://books.openedition.org/pan/312, (consulté le 21/05/2021)

Mockle D., La constitutionnalisation des mécanismes et des principes de bon gouvernement en perspective comparé, *Les Cahiers du droit*, vol. 51, n° 2, pp. 245-252, [en ligne] : https://www.erudit.org/fr/revues/cd1/2010-v51-n2-cd4001/045633ar.pdf, (Consulté le 3/03/2021).

Morand-Deviller J. (2014), L'environnement dans les Constitutions étrangères, *Nouveaux cahiers du Conseil constitutionnel,* n° 43, [en ligne] : https://www.conseil-constitutionnel.fr/nouveaux-cahiers-du-conseil-constitutionnel/l-environnement-dans-les-constitutions-etrangeres (Consulté le 10/03/2021).

Niava L. F. B. et N'Drin R. Dhaibout (2017), L'interprétation idéologique du concept de rattrapage ethnique dans la presse écrite des partis politiques en Côte d'Ivoire (2011-2015), *European Scientific Journal,* vol. 13, n° 20, pp. 264-285 [en ligne] : https://doi.org/10.19044/esj.2017.v13n20p264, consulté le 7 mai 2021.

Ouédraogo D (2022), Fidèles parlementaires ! Acclamons le Président de la République ! Nous approuvons le Vice-Président choisi !, *Afrilex* [en ligne] : http://afrilex.u-bordeaux.fr/wp-content/uploads/2022/05/Djibrihina_OUEDRAOGO_Acclamons-le-president-de-la-Republique.pdf, (consulté le 06/11/2022).

Pettiti E. (1987), Paix, développement et droits de l'homme, *Les Cahiers du droit,* vol. 28, n° 3, pp. 649-674, [en ligne] : https://id.erudit.org/iderudit/042835ar, (consulté le 21/06/2021).

Philippe X (2005)., Le rôle du constitutionnalisme dans la construction des nouveaux États de droit, in *Constitutions et finances publiques*, Études en l'honneur de Loïc Philip, Paris, Economica.

Rousseau D., Le numérique, nouvel objet du droit constitutionnel, *Nouveaux cahiers du Conseil constitutionnel* n° 57, 2017 [https://www.cairn.info/revue-les-nouveaux-cahiers-du-conseil-constitutionnel-2017-4-page-9.htm] consulté le 05 juillet 2021 ; H.

Sandler C. (2005), Les titrologues de l'ivoirité, *Revue Outre-mer* n° 11, vol. 2, pp. 229-240, [en ligne] https://www.cairn.info/revue-outre-terre1-2005-2-page-229.htm , consulté le 20 mars 2021.

Suanzes-Carpegna J. V. (2006), L'histoire constitutionnelle : quelques réflexions de méthode, *Revue Française du Droit constitutionnel*, vol. 4, n° 68, pp. 675-689, [en ligne : DOI10.3917/rfdc.068.0675 (Consulté le 21/05/2023)

Targls N. (2015), La justice transitionnelle, un concept discuté », *Les Cahiers de la Justice*, vol. 3, n° 3, PP ; 333-342, [en ligne] : https://www.cairn.info/revue-les-cahiers-de-la-justice-2015-3-page-333.htm, (Consulté le 3/03/201)

Théron J-P. (1976), De l'indépendance du juge judiciaire dans la doctrine française, *Gazette des Palais,* 1976, doctrine, II, pp. 647-652.

Waline M. (1995), Quelques réflexions sur la notion de constitution en droit positif français », in *Archives de philosophie du droit et de sociologie juridique*, p. 152.

Zina O., « Le caillou a-t-il été retiré du soulier de la République ? Réconciliation nationale et réforme constitutionnelle en Côte d'Ivoire », *Afrique Contemporaine,* n° 263-264, 2017/3, pp. 25-39, [en ligne] : [https://www.cairn.info/revue-afrique-contemporaine-2017-3-page-25.htm] consulté le 24 mars 2021.

3. Discours

Ouattara A. (2011), Discours d'investiture, 21 mai 2011 [en ligne] : https://www.gouv.ci/doc/Discours_Investiture.pdf, (Consulté le 27/05/2023*).*

Ouattara A. (2014), *Déclaration devant l'Assemblée Générale de l'ONU*, 79e session de l'Assemblée Générale, New York, 26 septembre 2014, A/69/PV.12, pp. 11-13, [en ligne] https://documents-dds-ny.un.org/doc/UNDOC/GEN/N14/549/36/PDF/N1454936.pdf?OpenElement, (Consulté le 21/03/2021).

Ouattara A. (2016a), *Discours de clôture du Séminaire sur le programme de travail gouvernemental,* 22 février 2016, [en ligne] : https://www.presidence.ci/seminaire-sur-le-programme-de-travailgouvernemental-ptg-discours-de-cloture-de-s-e-m-alassane-ouattara-president-de-la-republique/, (Consulté le 27/05/2023).

Ouattara A. (2016b), Discours lors de Célébration de la Fête Nationale du 7 août 2016 [en ligne] : https://www.gouv.ci/doc/1470736257PR_Message%20a%20la%20Nation%20-%207%20aout%202016.pdf, consulté le 27/05/2023).

Ouattara A. (2016c), *Allocution lors de la Remise de l'avant-projet de Constitution,* 24 septembre 2016, [en ligne] : https://www.gouv.ci/doc/1474892834Discours%20Remise%20Avant-%20Projet%20Constitution%20%202016%20-%20Samedi%2024%20septembre%202016.pdf, (Consulté le 27/05/2023).

Ouattara (2016d), *Discours lors de la cérémonie d'ouverture de la 2ème Session ordinaire de l'Assemblée Nationale*, 05 octobre 2016, [en ligne] : https://www.presidence.ci/discours-du-president-de-la-republique-sem-alassane-ouattara-lors-de-la-ceremonie-douverture-de-la-2eme-session-ordinaire-de-lassemblee-nationale/ (Consulté le 20/05/2023).

Ouattara (2016e), *Discours à l'occasion de la cérémonie de promulgation de la Constitution de la troisième République*, 08 novembre 2016 [en ligne] : https://www.gouv.ci/_discours-detail.php?recordID=423, (Consulté le 27/05/2023).

Ouattara (2017a), *Discours lors de la Cérémonie de présentation des vœux de nouvel an des Corps constitués*, 04 janvier 2017 [en ligne] : https://www.presidence.ci/ceremonie-de-presentation-des-voeux-de-nouvel-an-des-corps-constitues-discours-du-president-alassane-ouattara/, (Consulté le 27/05/2023).

Ouattara (2017b), *Discours à l'Assemblée Nationale*, 10 janvier 2017, [en ligne] : https://www.presidence.ci/discours-du-president-de-la-republique-sem-alassane-ouattara-a-lassemblee-nationale/, (Consulté le 27/05/2023).

Ouattara (2017c), Discours, *Conférence de haut niveau du G20,* 12 juin 2017, [en ligne], 12 juin 2017, https://www.presidence.ci/conference-de-haut-niveau-du-g20-allocution-du-president-alassane-ouattara/, Consulté le 07/05/2023).

Ouattara (2017d), Allocution à la Cérémonie d'ouverture du SARA 2017, 17 novembre 2017, [en ligne] : https://www.presidence.ci/allocution-de-s-e-m-alassane-ouattara-a-la-ceremonie-douverture-du-sara-2017/, Consulté le 27/05/2023.

Ouattara A. (2019), Discours, Discours devant l'Assemblée nationale du 1er Avril 2019 - Ouverture de la session parlementaire 2019, 01 avril 2019 [en ligne] : https://www.presidence.ci/discours-du-president-de-la-republique-sem-alassane-ouattara-lors-de-la-ceremonie-douverture-de-la-2eme-session-ordinaire-de-lassemblee-nationale/ (Consulté le 27/05/2023).

Ouattara A., (2020a), Discours, *Adresse du Président de la République sur l'Etat de la Nation*, Yamoussoukro, 05 mars 2020, [en ligne] : https://www.presidence.ci/reunion-du-parlement-en-congres-adresse-du-president-de-la-republique-sur-letat-de-la-nation/, consulté le 22/01/2021.

Ouattara A., (2020b), Discours, *Message à la Nation à l'occasion de la commémoration du 60e anniversaire de l'indépendance de la Côte d'Ivoire,* 6 août 2020, [en ligne] : https://www.yeclo.com/discours-a-la-nation-alassane-ouattara-officiellement-candidat-a-la-presidentielle-doctobre-2020/, (consulté le 25 janvier 2020).

4. Articles de presse

Afrique Magazine (octobre 2016), Côte d'Ivoire : pour une nouvelle République, Hors-Série, p. 24.

BBC News Afrique (01 juillet 2016), CI : Incertitudes sur la nouvelle Constitution, [en ligne] https://www.bbc.com/afrique/region/2016/07/160701_ciconstitution, (consulté le 23/03/2021).

Emergence économique (2018), Côte d'Ivoire an 58 : Aux portes de l'émergence, Hors-série Juillet – août 2018.

Fratmat.info (s.d.), RDR : retour en force d'Alassane Ouattara à la tête du part, [en ligne] : https://www.fratmat.info/article/77828/60/rdr-retour-en-force-d-alassane-ouattara-a-la-tete-du-parti-voir-histoire-du-rdr, (Consulté le 08/06/2021).

Le Monde Afrique (27 octobre 2016), L'opposition politique rejette en bloc le projet de nouvelle Constitution, [en ligne] : https://www.lemonde.fr/afrique/article/2016/10/27/l-opposition-ivoirienne-rejette-en-bloc-le-projet-de-nouvelle-constitution_5021398_3212.html, (Consulté le 201/05/2023).

Le Point Afrique (18 octobre 2016), Mamadou Koulibaly : c'est une Constitution de monarchie, voire de dictature, [en ligne] : http://afrique.lepoint.fr/actualites/mamadou-koulibaly-c-est-une-constitution-de-monarchie-voire-de-dictature-18-10-2016-2076853_2365.php, (Consulté le 23/03/2021.

Le Point International (2010), Alassane Ouattara, visage de la crise identitaire en Côte d'Ivoire, [en ligne] : https://www.lepoint.fr/monde/alassane-ouattara-visage-de-la-crise-identitaire-en-cote-d-ivoire-28-11-2010-1267847_24.php, (Consulté le 10/06/2021).

Radio France Internationale, (23 juin 2016), M. Affi N'Guessan : l'enjeu de la nouvelle constitution : la réconciliation nationale, [en ligne] : https://www.rfi.fr/fr/emission/20160623-cote-ivoire-affi-nguessan-opposition-ouattara-gbagbo-assemblee-constitution, (Consulté le 23/03/2021).

RFI (2010), *Côte d'Ivoire/présidentielle : portrait d'Alassane Ouattara,* [en ligne] : https://www.rfi.fr/fr/afrique/20101126-portrait-alassane-ouattara, (Consulté le 06/06/ 2021).

L'Express (25 janvier 2012), Côte d'Ivoire: Ouattara veut "protéger les minorités, [en ligne] : https://www.lexpress.fr/monde/afrique/cote-d-ivoire-ouattara-veut-proteger-les-minorites_1075076.html, (consulté le 13/06/2021).

5. Rapports

Banque africaine de développement (1999), Politique du Groupe de la Banque en matière de bonne gouvernance, p. 2, II., 2.1, novembre 1999, [en ligne] : https://www.afdb.org/fr/documents/document/bank-group-policy-on-good-governance-27134, (Consulté le 28/03/2021).

FIDH (2000), Rapport : Enquête sur le charnier de Yopougon du 26 octobre 2000 [en ligne] : https://www.fidh.org/fr/regions/afrique/cote-d-ivoire/Rapport-Enquete-sur-le-charnier-de, (Consulté le 10/06/2021)

Human Rights Watch (2001), Le nouveau racisme : la manipulation politique de l'ethnicité en Côte d'Ivoire, Human Rights Watch Report, août 2001, vol. 13, No. 6(A) [en ligne] : https://www.hrw.org/fr/report/2001/08/28/le-nouveau-racisme/la-manipulation-politique-de-lethnicite-en-cote-divoire, (Consulté le 10/06/2021).

Conseil des droits de l'homme (2011), Rapport de la Commission d'enquête internationale indépendante sur la Côte d'Ivoire, 1 juillet 2011, A/HRC/17/48, [en ligne] : https://www2.ohchr.org/english/bodies/hrcouncil/docs/17session/A.HRC.17.48_Extract_fr.pdf, (Consulté le 27/05/2023).

6. Jurisprudence

Conseil constitutionnel, 4 mai 2011, décision n° CI-2011 EC 036, Proclamation de Monsieur Alassane Ouattara en qualité de Président de la République de Côte d'Ivoire (Côte d'Ivoire), [en ligne] : http://www.conseil-constitutionnel.ci/sites/default/files/13630019321.pdf, (Consulté le 20/05/2023).

Conseil constitutionnel, 3 décembre 2010, décision n° CI-2010-EP-34/03-12/CC/SG, Proclamation des résultats définitifs de l'élection présidentielle du 28 novembre 2010, [en ligne] : http://www.conseil-constitutionnel.ci/sites/default/files/13626547851.pdf, (Consulté le 20/05/2023).

Conseil constitutionnel, 05 mai 2005, n° 2005-01/PR, Désignation à titre exceptionnel des candidats à l'élection présidentielle d'octobre 2005, [en ligne] : http://www.conseil-constitutionnel.ci/sites/default/files/13626545071.pdf, consulté le 10/06/2021.

Conseil constitutionnel, 17 décembre 2003, n° 003/CC/SG, Avis demandé par le Président de la République, [en ligne] : http://www.conseil-constitutionnel.ci/sites/default/files/13618978361.pdf (Consulté le 10/06/2021).

Cour suprême – chambre constitutionnelle, 6 octobre 2000, arrêt n° E 001/2000, Recevabilité des candidatures à l'élection du président de la République, [en ligne] : https://umeci.org.ci/wp-content/uploads/2020/04/Arr%C3%AAt-001-2000-du-6-octobre-2000.pdf, (Consulté le 20/05/2023)

LA DOCTRINE DE L'UNION AFRICAINE (UA) ET LA RECONSTRUCTION POSTCONFLIT DE LA GOUVERNANCE LOCALE AU MALI ET EN CENTRAFRIQUE[446]

Nze Bekale Ladislas
Commission de l'Union africaine
nzebekale@yahoo.fr

Résumé
L'Union Africaine est engagée dans la consolidation de la paix au Mali et en Centrafrique, notamment la reconstruction post conflit de l'Etat et des institutions. En s'interrogeant sur l'influence de l'organisation, cette contribution démontre l'appropriation nationale de la refondation post crise de la gouvernance locale à partir des instruments et de la vision de l'UA. En conséquence, deux itinéraires apparaissent entre une effectivité de la refonte de la gouvernance locale post conflit comme vecteur de la consolidation de la paix au Mali. Et un début de considération de la gouvernance locale comme une contributrice à la reconstruction post conflit de l'Etat en Centrafrique. Cet Etat devrait accélérer du processus de refondation de la gouvernance locale alors que le Mali doit consolider les acquis de la gouvernance locale post conflit.

Mots clés : Union Africaine, Reconstruction, post conflit, Gouvernance locale, Mali, Centrafrique.

Abstract
The African Union is committed to the consolidation of peace in Mali and the Central African Republic, in particular the post-conflict reconstruction of the State and institutions. By questioning the influence of the organization, this contribution demonstrates the national appropriation of the post-crisis overhaul of local governance based on the instruments and vision of the AU. Consequently, two routes appear between an effectiveness of the overhaul of post-conflict

446 Cet article a fait l'objet d'une communication lors du *1er congrès africain Territoire et gouvernance territoriale dans les pays africains,* Dakhla du 27 au 28 mai 2022.

local governance as a vector for the consolidation of peace in Mali. And a beginning of consideration of local governance as a contributor to the post-conflict reconstruction of the State in the Central African Republic. This State should speed up the process of rebuilding local governance, while Mali must consolidate the achievements of post-conflict local governance.

Keywords: African Union, Reconstruction, post-conflict, local governance, Mali, Central African Republic.

INTRODUCTION

En période de reconstruction post conflit la gouvernance et ses mécanismes ont des fonctions et des objectifs particuliers. Pour ce faire, elle est sollicitée et mobilisée comme facteur de consolidation de la paix et des institutions dans leurs diverses fonctions. Dans ces conditions « la gouvernance en matière administrative et économique [vise à] : offrir une prestation de service efficace et efficiente. Le résultat final souhaité de la gouvernance administrative et économique est que l'État produise et offre les types de services aux niveaux de qualité et de quantité généralement considérés par une majorité au moins de citoyens comme relevant de la responsabilité de l'État » (Brinkerhoff et Johnson, 2009, 647). Dans ces circonstances, il est compréhensible que ces demandes soient encore plus importantes et complexes, car les situations post conflits sont encore plus nécessiteuses de la gouvernance bonne, comme aiguilleur de la reconstruction sociétale, politique et institutionnelle. Par conséquent, il s'agit de « générer et maintenir la légitimité par la séparation des pouvoirs, un État réactif et responsable, la représentation et l'inclusivité et la protection des droits fondamentaux de tous les citoyens » (*Idem*). Autrement dit, la gouvernance constitue un vecteur de démocratisation de la reconstruction post conflit, car favorable à l''avènement des institutions ouvertes et inclusives. Autant qu'elle facilite une participation de la société civile et des populations à la refondation de la société, particulièrement la jeunesse, les femmes, les autorités traditionnelles et religieuses. La considération de la gouvernance y compris post conflit signifie pour l'Union Africaine « promouvoir les principes et les institutions démocratiques, la participation populaire et la bonne gouvernance »[447] et « d'instaurer, renforcer, et consolider la bonne

[447] Article 3-g Acte constitutif de l'Union Africaine, Lomé 11 juillet 2000.

gouvernance par la promotion de la pratique et de la culture démocratiques, l'édification et le renforcement des institutions de gouvernance et l'inculcation du pluralisme et de la tolérance politiques »[448]. De ce fait, les Institutions à tous les niveaux de gouvernement [même en contexte post conflit] auront la capacité d'établir des priorités, de concevoir, d'assurer la misc cn œuvre et le suivi des activités de développement, de manière responsable, avec la pleine participation de la population. Somme toute, le continent sera caractérisé par des États et des institutions solides, démocratiques (Union Africaine, 2015, 41). La gouvernance telle que définie par l'UA n'est guère exclusive, au contraire elle offre des espaces de collaboration entre les populations et les institutions par exemple à travers les pouvoirs locaux.

La culture de la bonne gouvernance annonce implicitement de « promouvoir la création des conditions nécessaires pour faciliter la participation des citoyens, la transparence, l'accès à l'information, la liberté de presse et l'obligation de rendre compte de la gestion des affaires publiques »[449]. Par conséquent de « promouvoir l'équilibre entre hommes et femmes ainsi que l'égalité dans les processus de gouvernance et de développement »[450]. Il est donc compréhensible que les instruments de l'UA et la situation post conflit offrent une opportunité pour instituer et institutionnaliser la participation populaire aux mécanismes et processus politiques, économiques et sociaux. La participation populaire, au prisme de multiples aspects, figure au nombre des recommandations faites aux pays sortant de conflit pour l'élargissement du débat et de la décision politique. « Les Etats parties considèrent la participation populaire par le biais du suffrage universel comme un droit inaliénable des peuples »[451]. Mais cette contribution ne se limite pas exclusivement aux élections, parce qu'elle a vocation à établir le rôle des pouvoirs locaux, des populations et de la société civile dans la reconstruction post conflit. Le Conseil de Paix et Sécurité de

[448] Article 2-6 Charte Africaine de la Démocratie et de la Gouvernance, Addis Abeba 30 janvier 2007.
[449] Article 2-10 Charte Africaine de la Démocratie et de la Gouvernance, Addis Abeba 30 janvier 2007.
[450] Article 2-11 Charte Africaine de la Démocratie et de la Gouvernance, Addis Abeba 30 janvier 2007.
[451] Article 4-2 Charte Africaine de la Démocratie et de la Gouvernance, Addis Abeba 30 janvier 2007.

l'UA a récemment souligné « l'impératif pour les États membres de redoubler d'efforts pour promouvoir le Mécanisme africain d'évaluation par les pairs (MAEP) dans le but de renforcer la bonne gouvernance et le développement inclusif et durable, comme un outil efficace pour promouvoir la prévention des conflits, qui contribue à trouver des solutions à certaines causes structurelles des conflits sur le continent, en particulier celles relatives à la gouvernance » (Union Africaine, 2019, 3). La promotion du MAEP, par les Etats membres de l'UA, est un gage de de renforcement de la bonne gouvernance et d'une gouvernance participative. Ceci en soulignant « la nécessité pour les États membres d'harmoniser les politiques nationales et régionales en matière de reconstruction et de développement post conflit (RDPC) pour orienter la mise en œuvre des programmes régionaux, transfrontaliers et transnationaux relatifs aux zones en situation post conflit » (*Idem*). Recommandation est donc explicitement faite aux Etats post conflit d'élaborer et de mettre en œuvre les politiques de reconstruction et de développement post conflit fortement inspirée par les idéaux de l'organisation, particulièrement les principes de bonne gouvernance. On comprend aisément qu'une fois les balises politiques et institutionnelles, de la gouvernance, établies l'on peut projeter la décentralisation de la bonne gouvernance comme indiquée par les instruments de l'UA.

La reconstruction post conflit a la particularité de combiner les stratégies de développement, de résolution des conflits et de démocratisation, c'est-à-dire d'associer étroitement le traitement politique et le traitement économique du problème. La reconstruction post-conflit, prétend réconcilier les agendas du développement et de la sécurité internationale, comme l'illustrent l'ambition croissante des interventions des Nations unies et la création de la Commission de la consolidation de la paix (Vircoulon, 2008, pp17-18). Pour Darbon (2015) l'Etat fragile n'est pas propices à la production de politiques publiques authentiques, soit que les capacités fassent défaut, soit que l'institutionnalisation de l'État et de la société apparaissent trop limitée pour assurer des convergences cognitives des enjeux et des mobilisations et alliances structurantes. A contrario, l'Union africaine dans sa politique de Reconstruction et du développement post-conflit (RDPC) précise que le principe « d'appropriation nationale et locale est essentiel pour s'assurer que les activités de la RDPC correspondent aux besoins et aspirations locales ». Les exigences liées à la souveraineté sont donc présentes dans l'action de reconstruction de l'Etat, du Mali [et de la Centrafrique] en l'occurrence, ont un rôle majeur à jouer dans les orientations à prendre pour leur relèvement. Cette présence de l'Etat souverain favorise le respect du principe dit de l'appropriation nationale (Amvame, 2013, 220). Malgré le contexte de fragilité de ces pays, comment envisager une reconstruction post conflit sans les institutions nationales autrement dit sans l'Etat ?

L'analyse des politiques publiques souligne plutôt la banalité de l'État, puisqu'elle confirme que des prescriptions et modèles internationaux s'ajustent et se déclinent aux situations nationales et que des acteurs non étatiques participent au processus et à la négociation de l'action publique et du changement. Nous réaffirmons ainsi la place des [politiques publiques en période post conflit] tout en contribuant à dé-spécifier le regard porté sur les États aux Sud en leur appliquant des grilles de lecture développées par la sociologie de l'action publique (Provini, 2017, p106), particulièrement dans la reconstruction post conflit. L'appropriation nationale au Mali [et en Centrafrique] se manifeste d'abord par le fait que ce sont les autorités maliennes [et Centrafricaines] elles-mêmes qui ont élaboré [assisté par les acteurs internationaux] la Feuille de route de Transition. La reconstruction de l'Etat malien se fait donc sur cette base (Amvane, *Op. Cit.,* 222). En inscrivant cette contribution dans le champ des relations et des politiques publiques internationales, son cadre théorique est le constructivisme. *« Les constructivistes insistent sur l'importance des institutions internationales, des structures sociales mondiales, comme composantes du système international »* (Klotz, Lynch, 1999, 56). Les mécanismes par lesquels les normes internationales se diffusent vers le bas, vers les États et les niveaux infra-étatiques. Il est clair que les études en termes de système, qui cherchent à expliquer la socialisation et la diffusion des normes, prennent sérieusement en considération la politique intérieure (Idem, 57). En conséquence, la reconstruction post conflit exige l'implication de l'Etat malgré sa faiblesse dans ce contexte.

L'objectif de cette contribution est d'établir une pertinence entre la politique de l'UA et, la reconstruction post conflit de la gouvernance locale au Mali et en Centrafrique. En outre, le caractère interdisciplinaire, des relations internationales et des politiques publiques internationales, incitent à la mobilisation des méthodes du droit international et la sociologie des relations internationales. *« Le droit international étudie des normes en termes d'obligation et de sanction, ou en termes d'effectivité (qui permet de distinguer le caractère déclaratoire ou contraignant d'une norme) »*[452]. L'appropriation d'objets de recherche « des » relations internationales par les sociologues de l'action publique est devenue plus fréquente et l'intérêt des internationalistes pour les concepts et méthodes de l'analyse des politiques publiques s'est affirmé dans un certain nombre de travaux (Petiteville, Smith, 2006, 357). Dans cette perspective, des sociologues et analystes de politiques publiques de plus en plus nombreux s'intéressent aujourd'hui aux organisations internationales et au rôle qu'elles jouent dans la trans nationalisation de l'action publique (Idem). En sus la méthode comparée permettra de mettre en évidence les particularités du Mali et de la Centrafrique, en s'interrogeant sur la question de savoir comment ces pays s'approprient la vision de l'UA pour la reconstruction post conflit de la gouvernance locale ? Pour répondre à cette problématique, notre argumentaire porte sur deux idées principales, l'influence des idéaux et les instruments de l'UA dans la reconstruction de la décentralisation territoriale (1) et des légitimités locales (2).

1. Les préceptes de l'Union Africaine et la reconstruction des pouvoirs locaux

La consolidation de la paix s'érige grâce aux individus, aux groupes, aux attitudes, ainsi qu'aux processus présents au sein d'une société. Ainsi, les acteurs locaux ont pour objectifs la promotion de l'ordre et de l'économie légitime. La paix se construit donc en appuyant ces éléments présents au sein de la société civile d'un État/communauté[453]. L'importance étant de construire des institutions et des processus qui favorisent la bonne gouvernance (Hilde, 2004, 12), à travers sa conceptualisation en contexte post conflit. Ainsi, les perspectives d'une décentralisation de la bonne gouvernance (1) et de l'Etat de droit (2) sont des dimensions de la reconstruction des pouvoirs locaux, il s'agit d'une transformation historique complexe de renouvellement politique

452 Cabanis André, Crouzatier Jean Marie, Ruxandra Ivan, Soppelza Jean, Méthodologie de la recherche en relations internationales, Napoca, Idea Design et Print Editura Cluj, 2010, p43.

453 Jonathon GOODHAND et David HUME, « From Wars to Complex Political Emergencies; Understanding Conflict and Peace-Building in the New World Disorder », Third World Quarterly, vol. 20, no 1, 1999, pp. 15-16. Cité par (Garon, 2005, 232).

et socioéconomique impliquant des dynamiques locales de coercition et de consensus globaux (Garon, 2005, 233).

1.1 Le corpus théorique de la décentralisation post conflit de la bonne gouvernance

Les procédés et techniques de la gouvernance sont « diffusées, à tous les niveaux de l'édifice social (international, régional, national, local) et dans les organisations de toute nature (État, partis politiques, entreprises) ; le discours de la gouvernance se situe ainsi sur deux registres, l'un normatif et prescriptif, l'autre descriptif et analytique, entre lesquels les glissements sont constants » (Moreau Desfarges, 2003, 165). De cette omniprésence, la gouvernance s'invite à la reconstruction post conflit, l'ambition de cette dernière étant de refonder des institutions fonctionnant sur ses principes de la gouvernance notamment de la décentralisation territoriale et la participation populaire, comme moyen de démocratisation de l'espace sociopolitique, afin d'éviter aux Etats une rechute. « Le programme de bonne gouvernance se fonde sur une forme de relations entre l'État et la société fondée sur une alliance entre les citoyens et leur administration » (Brinkerhoff et Johnson, *Op. Cit.,* 648). Pour l'UA, la gouvernance post conflit nécessite « un renforcement des capacités et des institutions, tant à moyen qu'à long terme, [elle] est une composante essentielle des activités [de refondation] en Afrique et contribue positivement à l'instauration d'un climat de confiance entre les différentes parties prenantes, notamment en renforçant la capacité des institutions publiques à fournir des services publics de base et à s'attaquer aux causes profondes des conflits » (Union Africaine, 2020, 2). A cet égard, il importe de veiller à ce que toutes les parties prenantes soient intégrées à la RDPC, comme les femmes et des jeunes dans la prévention des conflits et les efforts de relèvement post-conflit, dans le but de parvenir à une paix durable (*Idem*). La gouvernance locale œuvre à la construction d'un environnement politique et institutionnel favorable à une décentralisation territoriale ainsi qu'à l'existence des moyens participatifs inclusifs offrant aux femmes, jeunes et groupes marginalisés les possibilités d'exercer leurs devoirs citoyens et de contribuer à la gestion des affaires locales.

L'Agenda 2063 interpelle particulièrement les Etats membres de l'UA à « promouvoir des politiques pour la participation des parties prenantes dans la gouvernance locale [en l'institutionnalisant] pour assurer la pleine décentralisation » (Union Africaine, 2015, 200) des politiques en élaborant et en mettant « en œuvre des politiques de décentralisation et de renforcement des autorités locales » (*Idem*), ces exigences de l'UA sont d'ailleurs plus recommandables aux situations de sortie de conflit. C'est pourquoi l'organisation rappelle « la responsabilité première des États membres dans les transitions politiques et les situations post-conflit à assurer le succès des processus de transition et de stabilisation ainsi que de consolidation de la paix, et, dans ce contexte à prévenir la rechute dans le conflit et souligne l'importance de processus inclusifs, un ensemble de principes à réaliser au prisme de la décentralisation de l'état de droit et la bonne gouvernance » (Union Africaine, 2021, 4). Dans une société, le système de gouvernance remplit une série de fonctions fondamentales : assurer la sécurité, offrir des services publics de base efficacement et de façon efficiente et assurer la participation politique et l'imputabilité du secteur public (Brinkerhoff et Johnson, *Op. Cit.*). L'UA confirme ainsi sa détermination à travers le préambule de la Charte africaine des principes et valeurs de la décentralisation, la gouvernance et le développement local, notamment dans la reconstruction post conflit, « à promouvoir les valeurs et les principes de la décentralisation, de la gouvernance locale et du développement local en Afrique comme préalable à l'amélioration des conditions de vie de l'ensemble des peuples du continent ». Elle reste « convaincue que les gouvernements locaux ou les autorités locales sont les piliers de tout système de gouvernance démocratique », pour ces raisons l'organisation a adopté la Charte de la décentralisation et créé le Haut Conseil des Collectivités Territoriales (HCCT). Il faut donc se rassurer d'une évolution vers l'effectivité de l'autonomie locale en proposant « l'élaboration, la mise en œuvre, le suivi et l'évaluation des politiques de décentralisation, de gouvernance locale et de développement local aux niveaux continental, régional, national et sous-national »[454]. La gouvernance locale [doit être ancrée] dans les processus et institutions de gouvernance au niveau sous-national, y compris la gouvernance par et avec les gouvernements locaux ou les autorités locales, la société civile et les autres acteurs concernés au niveau local[455]. Subséquemment l'UA reconnait que « la contribution des organisations régionales, des États membres, des associations des autorités locales,

[454] Article 8-3 Charte africaine des principes et valeurs de la décentralisation, la gouvernance et le développement local, Malabo 27 juin 2014.

[455] Article 1er Charte africaine des principes et valeurs de la décentralisation, la gouvernance et le développement local, Malabo 27 juin 2014.

des organisations de la société civile et des chefs traditionnels à la promotion, à la protection, au renforcement et à la consolidation de la décentralisation, de la gouvernance locale et du développement local ». Permettant de comprendre que la gouvernance locale constitue une dimension fondamentale de sa conception de la bonne gouvernance et de la démocratie notamment lorsqu'il s'agit de la reconstruction post conflit de l'Etat et des institutions.

1.2. Les fondamentaux d'une décentralisation de l'Etat de droit

Dans l'Etat de droit, l'ensemble des institutions politiques, administratives et judiciaires doivent se conformer aux règles prescrites par la constitution, les traités internationaux, les lois et les règlements, ainsi que la jurisprudence et la coutume juridique (Nay, 2008, 187). La décentralisation de l'Etat de droit dans ce contexte signifierait l'observation et l'application des principes fondamentaux de l'autonomie locale, par les autorités, les lois et règlements de l'Etat. De ce fait « l'Union africaine fonctionne conformément aux principes et au respect des principes démocratiques, des droits de l'homme, de l'état de droit et de la bonne gouvernance »[456]. Autrement dit dans des circonstances qualifiées de normales ou exceptionnelles, dans ses activités et ses prises de positions, l'UA agit selon ces fondamentaux. Parmi la pluralité de définitions, « l'Etat de droit suppose que soit garantie l'égalité de toutes les personnes (physiques et morales) face au droit. Chaque individu, groupe ou institutions doit pouvoir être en mesure de contester les décisions devant une juridiction » (*Idem*). Le système de l'Etat de droit sous-entend, le respect et la soumission aux lois de tous les acteurs. La complexité situationnelle, des pays sortant de conflit, enjoins l'UA à requérir des Etats membres, par l'entremise de l'application de ses instruments juridiques, qu'ils « prennent l'engagement de promouvoir la démocratie, le principe de l'Etat de droit et les droits de l'homme »[457]. Le respect de l'état de droit, des droits fondamentaux de l'homme et des libertés, le respect du caractère sacré de la vie humaine, ainsi que du droit international humanitaire[458]. Il ne s'agit, en principe, pas de s'en tenir aux énonciations des textes de l'organisation mais plutôt d'agir en les appliquant pour une

---

[456] Article 4-m Acte constitutif de l'Union Africaine, Lomé 11 juillet 2000.

[457] Article 4-1 Protocole relatif à la création du Conseil de paix et sécurité de l'Union Africaine, Durban 9 juillet 2002.

[458] Article 4-1 Protocole relatif à la création du Conseil de paix et sécurité de l'Union Africaine, Durban 9 juillet 2002.

reconstruction post conflit reposant sur l'Etat de droit et sa décentralisation.

C'est fort de cet argumentaire l'UA précise que « le développement d'institutions et d'une culture démocratiques fortes, le respect des droits de l'homme et de l'Etat de droit, ainsi que la mise en œuvre de programmes de redressement post-confits et de politiques de développement durable sont essentielles à la promotion de la sécurité collective, d'une paix et d'une stabilité durables et à la prévention de conflits »[459]. Le système de l'Etat de droit se base sur l'idée d'instaurer une répartition des pouvoirs dans la société afin de garantir la mise en place de lois équitables, impartialement appliquées et interprétées permettant de la sorte aux citoyens de s'y fier (GFA, 2014, 2). Ainsi pour le succès de la reconstruction, la décentralisation territoriale, dans un environnement de respect de l'Etat de droit, constitue un préalable. En revanche, l'effectivité de la décentralisation de l'Etat de droit demeure un défi pour plusieurs pays africains, par conséquent cette dévolution du droit et des institutions locales sont davantage complexifiées dans des contextes de reconstruction post conflit. Cependant, la difficulté ne doit aucunement faire obstacle aux actions qui permettraient d'établir ou non les conditions de décentralisation de l'Etat de droit post conflit. Il « fournit un système fondé sur des règles dans lequel le gouvernement et ses agents, aussi bien que les particuliers et les entités privées, sont responsables devant la loi tant que celles-ci sont claires, rendues publiques, justes, stables et qu'elles protègent les droits fondamentaux. Les principes démocratiques tels que l'accessibilité à la justice et l'efficience déterminent les processus par lesquels les lois sont promulguées, administrées et mises en œuvre » (GFA, *Op. Cit.*). Tandis que la décentralisation se fait qualifier par certains de « réforme nécessaire pour assurer la fourniture de services publics correspondant aux besoins des citoyens locaux et pour renforcer la participation aux processus politiques de niveau local. Avec les réformes démocratiques mises en œuvre dans les pays en développement depuis le début des années 1990, [particulièrement dans les pays d'Afrique francophone] les politiques de décentralisation sont devenues non seulement la pierre angulaire des réformes politiques et administratives » (GFA, *Op. Cit.*). Mais aussi des systèmes

---

[459] Article 3f1 Protocole relatif à la création du Conseil de paix et sécurité de l'Union Africaine, Durban 9 juillet 2002.

reconstruction et de développement post conflit de l'Etat, car la gouvernance locale et la décentralisation territoriale en sont devenues des composantes consubstantielles. Corrélativement à l'Etat de droit, surgit le questionnement de la décentralisation de son synonyme à savoir l'effectivité des lois et des institutions au niveau local.

La décentralisation territoriale [de l'Etat de droit] en Afrique devrait être gouvernée par des principes énoncés par la Charte africaine des valeurs de la décentralisation et de la gouvernance locale, notamment celui de subsidiarité mais aussi la démocratie locale et participative. Ces règles expliquent les conditions d'organisation et de déploiement de l'autonomie locale. Elles sont aussi relatives aux ressources, les collectivités territoriales pour être autonomes doivent disposer de ressources suffisantes (Nze Bekale, 2016, 7). Une indépendance administrative et financière des pouvoirs locaux incompressible, en contexte de reconstruction post conflit. Pour l'UA elle est guidée par « la dimension de la transition politique, de la gouvernance et de la participation implique la mise en place d'institutions politiques et administratives légitimes et efficaces, qui garantissent des processus participatifs et soutiennent la transition politique. Hormis la facilitation des élections, les programmes comprennent la consolidation de la gestion de l'administration au niveau du secteur public, le rétablissement de la gouvernance locale » (Union Africaine, 2005, 11). Ainsi, la gouvernance politique implique la répartition de l'exercice du pouvoir du niveau national aux niveaux locaux » (Union Africaine, 2006, 14). La reconstruction de l'Etat doit donc se faire au niveau local, à travers des institutions décentralisées. En termes de décentralisation et de gouvernance, la reconstruction de l'Etat au niveau local doit (Nze Bekale, 2017, 7), faciliter la création de mécanismes décentralisant le pouvoir, la prise de décision et la gestion des ressources à tous les niveaux de la gouvernance, en partant du niveau national au niveau communautaire (Union Africaine, *Op. Cit.,* 16). La reconstruction post conflit doit d'abord être clairement définie comme transitoire et globale pour laisser ensuite place à un développement durable (Wiltzer, 2004, 31) et, la décentralisation de l'Etat de droit est représentative des fondamentaux de la dimension de la gouvernance politique, au sens de l'organisation panafricaine.

2. La pensée de l'Union Africaine et la reconstruction post conflit des légitimités locales : Deux trajectoires au Mali et en Centrafrique

Les processus de décentralisation en Afrique, nés à la faveur de l'ouverture politique des années 1990, lorsqu'ils sont efficacement mis en œuvre, présentent des avantages potentiels en matière d'inclusion politique, d'offre de services publics et de légitimation de l'action publique. En clair, « la décentralisation et le développement local peuvent améliorer la gouvernance, aider à construire et accroitre les capacités institutionnelles, augmenter l'offre d'infrastructures et l'efficacité des prestations de services durables à même de consolider la paix et la cohésion dans le cadre de l'unité nationale » (Union Africaine, 2018, 4). L'Union Africaine accompagnant la reconstruction post conflit demande aux Etats membres d'adopter une gouvernance locale post conflit (1) guidée par sa vision, tout comme les politiques de décentralisation (2) et la refondation des légitimités locales (3).

2.1. La vision de la gouvernance locale post conflit de l'Union Africaine et des accords de paix

D'une manière plus large, la consolidation de la paix implique deux dimensions du problème, soit les éléments structuraux et sociaux de l'établissement de la paix (Garon, *Op. Cit.*, 235). La consolidation de la paix peut aider à la reconstruction des sociétés après les conflits (Hilde, *Op. Cit.*, 9). Elle demande une réponse multidimensionnelle cohérente et coordonnée de la part d'un large éventail d'acteurs intérieurs et extérieurs, y compris le gouvernement, la société civile, le secteur privé et des organismes internationaux (Union Africaine, *Op. Cit.*, 6). Pour l'UA, elle est orientée par la sécurité humaine[460] avec comme but de « préserver la sécurité des individus, des familles et des communautés ainsi que la vie de l'état national dans sa portée économique, politique et sociale » (Union Africaine, *Op. Cit.*, 4). Subséquemment, l'institution panafricaine insiste donc sur l'appropriation nationale et

[460] Cette notion, nouvelle et multidimensionnelle, couvre des questions telles que les droits de l'homme, le droit de participer pleinement aux processus d'administration des pays, le droit à développement et le droit d'avoir accès aux ressources et de satisfaire ses besoins fondamentaux ; le droit à la protection contre la pauvreté, le droit à une éducation et aux conditions sanitaires adéquates, le droit à la protection contre la marginalisation basée sur l'appartenance sexuelle ; la protection contre les catastrophes naturelles, la dégradation écologique et la dégradation de l'environnement (Déclaration sur la défense et la sécurité de l'UA, p6).

locale « pour s'assurer que les activités de la [reconstruction] correspondent aux besoins et aspirations locales, [tout en encourageant] une compréhension commune d'une vision partagée » (Union Africaine, *Op. Cit.,* 5). Pour l'UA il faut « Pour promouvoir les organisations locales de la société civile dans les processus de gouvernance démocratique à tous les niveaux; Intégrer les cadres continental et régional de gouvernance dans les stratégies de la RDPC » (*Idem,* 15). Ainsi que de soutenir le passage d'une situation de conflit à une absence de conflit et de favoriser la transition d'une gouvernance illégitime à une gouvernance (plus) légitime (Foster, 2019, 10) sont adjuvants au changement post conflit gouverné par la vision de l'UA. Cette dernière incite donc les pays en reconstruction post conflit à « déterminer les structures de gouvernance, les bases de la participation et les processus de transition politiques » (Union Africaine, *Op. Cit.,* 8) et promouvoir les institutions politiques légitimes et participatifs (*Idem*) en incluant l'institution ou la ré-institution de la gouvernance locale.

Par conséquent, « la garantie de la participation des groupes de femmes, des organisations de la société civile et autres représentants des catégories concernés par les processus de reconstruction, y compris les processus de paix » (Union Africaine, *Op. Cit.,* p11). En tant que pouvoirs de proximité et de gestion des subtilités territoriales et sociétales, ces institutions ne peuvent être tenues en marge des aspirations de construction d'une société pacifique en Afrique et dans le monde (Nze Bekale, 2021, 12). Les gouvernements locaux et régionaux ont la responsabilité d'agir en tant que promoteurs et facilitateurs de la paix et, ce faisant, de contribuer au développement et à la consolidation à l'agenda international de la paix (CGLU, 2016, 9). Si la pensée de l'organisation panafricaine a été abondamment développée, on peut tout de même se demander comment elle s'articule avec l'action des Etats en pratique.

Au Mali apparait comme faisant du processus de décentralisation de la gestion publique, une stratégie de réponse à la crise institutionnelle et sécuritaire, à travers des stratégies opérationnelles (Nze Bekale, Op. Cit., 10) comme « le renforcement de la démocratie, de la bonne gouvernance, de la prévention et de la gestion des conflits; l'amélioration des services de bases aux populations et la promotion du développement économique » (Crisis group, 2021, 21), le renforcement de la position des collectivités territoriales comme des acteurs majeurs pour la sortie de crise et la consolidation de la paix ; le renforcement de la décentralisation et des collectivités territoriales à la sortie la consolidation de la paix (Idem). Il y a un consensus sur la nécessité de, renforcer la capacité des gouvernements à fournir des services de base aux citoyens, privilégier l'apaisement des tensions par le dialogue avec et entre les communautés et inciter à la réforme de la gouvernance, notamment par un meilleur contrôle des finances publiques (Idem). C'est ainsi que l'accord d'Alger dans son article 5 dispose : « le règlement définitif du conflit nécessite une gouvernance qui tienne compte des spécificités locales et qui s'articule autour de la mise en place d'une architecture institutionnelle fondée sur des Collectivités territoriales dotées d'organes élus au suffrage universel et de pouvoirs étendus ; la gestion par les populations des régions concernées de leurs propres affaires sur la base du principe de la libre administration. Les Parties conviennent de mettre en place une architecture institutionnelle permettant aux populations du Nord, dans un esprit de pleine citoyenneté participative, de gérer leurs propres affaires, sur la base du principe de libre administration et assurant une plus grande représentation de ces populations au sein des institutions nationales ». Aussi cette politique de décentralisation moyen d'enracinement de la paix au niveau des communautés, gagnerait, à mettre en œuvre d'autres initiatives qui pourraient s'avérer plus efficaces pour apaiser les litiges locaux et convaincre les populations rurales de la bonne volonté de l'Etat central. Les projets de développement censés avoir un « impact rapide » sont généralement inefficaces dans les zones où règne l'insécurité et où les citoyens ne font pas confiance aux autorités (Idem, ii). Ce pays s'inscrit apparemment dans un processus de décentralisation en phase avec la doctrine de l'UA, notamment par le vœu d'instituer des collectivités territoriales élues pour former une légitimité portée par les populations locales porteuses de l'inclusion tant réclamé par l'organisation panafricaine.

En Centrafrique la différence avec le Mali surgit immédiatement, ce dernier a continuellement retenue la décentralisation comme pouvant contribuer à la longue crise que traverse le pays au moins depuis les années 90. Tandis qu'en Centrafrique l'idée d'une décentralisation comme contribution à la résolution de la crise, apparait avec l'accord de paix de 2019 dit de Khartoum signé sous l'égide de l'UA. De ce fait, après de nombreuses rencontres tant nationales qu'internationales à l'effet de trouver des réponses durables à la crise centrafricaine, l'une des solutions retenues « a été de relancer la décentralisation et le développement local, qui seraient des facteurs contributeurs à la paix, la cohésion sociale et le développement durable. Cette option trouve son fondement sur le fait que lorsque les populations locales ont à prendre en charge leur destin au niveau local par leur participation à la gestion de la chose publique » (PNUD, 2020, 2). L'accord vise la mise en place de structures déconcentrées et décentralisées impliquant des élections locales, élément central des accords de Khartoum (accord de paix signé le 6 février 2019 entre le gouvernement centrafricain du président Faustin-Archange TOUADERA et quatorze groupes armés centrafricains) (AMCA, 2020, 4). Le Gouvernement devra mettre l'accent sur l'application de l'accord politique pour la paix et la réconciliation, l'adoption et l'opérationnalisation de la loi sur les collectivités territoriales. Faire de la réduction du déséquilibre régional, de l'opérationnalisation de la décentralisation (AMCA, Op. Cit., 12). Face à l'impérieuse nécessité de promouvoir l'inclusivité dans les politiques publiques et dans les programmes nationaux afin de prévenir ou de combattre la marginalisation et œuvrer à l'édification d'une société plus juste comme fondement du nouveau contrat social centrafricain (ONU, 2019, 4), les acteurs politiques prennent le pari de faire de la décentralisation territoriale une politique dynamisant la « prise en charge par les populations de la gestion effective de leurs propres affaires, à travers un système de gouvernance inclusif prenant en compte leurs aspirations et leurs besoins spécifiques et la promotion d'un développement équilibré et équitable de l'ensemble des régions de la République centrafricaine tenant compte de leurs potentialités respectives » (ONU, Op. Cit., 6). La comparaison avec l'accord malien démontre une meilleure élaboration de l'idée d'une décentralisation porteuse d'une réconciliation à partir des terroirs et des populations.

2.2. L'appropriation de la théorie de la gouvernance locale post conflit de l'Union Africaine : Entre effectivité au Mali et politique en devenir en Centrafrique

Il est nécessaire de créer des mécanismes de coordination entre le niveau national et les niveaux infranationaux, quel que soit le niveau auquel se trouve le gouvernement de transition (national ou infranational). Pour qu'un système de gouvernement provisoire infranational contribue aux efforts de consolidation de la paix, outre la gestion de la violence dans les conflits locaux, il est nécessaire d'articuler ses efforts avec ceux qui sont faits au niveau national (Wise,

Forster et Bell 2019)[461]. Pour l'UA, les éléments centraux de la bonne gouvernance politique comprennent, entre autres, la participation politique (Union Africaine, Op. Cit., 14). C'est pour ces raisons que l'Union Africaine s'est dotée d'une Charte africaine des principes et valeurs de la décentralisation afin que cet instrument juridique puisse orienter les Etats membres de l'organisation continentale dans les conditions d'autonomisation et de fonctionnement des collectivités territoriales, pour que ces institutions soient plus efficaces, proches des populations et un moyen de construction et de consolidation de la paix en Afrique (Nze Bekale, Op. Cit., 11). Pour ces raisons, l'UA demande d'établir un cadre de gouvernance démocratique garantissant la contestation périodique pour la fonction politique, sur la base de l'état de droit (Union Africaine, Op. Cit., 15). Afin d'entamer un processus juste et inclusif aux niveaux national, provincial et communautaire pour tous les secteurs de la société, pour déterminer la vision nationale, l'identité nationale et établir et renforcer un état légitime (Idem). Et la « décentralisation du pouvoir, de l'autorité et des ressources » constitue un important repère dans le cadre de la reconstruction post conflit notamment celle des légitimités locales. La Charte africaine de la décentralisation souligne à cet effet l'importance de « promouvoir les valeurs et les principes fondamentaux de la décentralisation, de la gouvernance locale et du développement local » (art.2-e) et que« les gouvernements locaux ou les autorités locales ont, conformément à la législation nationale, le pouvoir de gérer, de manière responsable et transparente, leur administration et leurs finances à travers des assemblées délibératives et des organes exécutifs démocratiquement élus » (art.5-2), particulièrement pour la reconstruction post conflit des pouvoirs locaux.

Pour le Mali l'accord de paix d'Alger « se fixe comme principal objectif de créer les conditions d'une paix juste et durable au Mali. A cet effet, il a prévu la prise en charge par les populations de la gestion effective de leurs propres affaires, à travers un système de gouvernance qui prend en compte leurs aspirations et leurs besoins spécifiques ; la promotion d'un développement équilibré de l'ensemble des régions du Mali en tenant compte de leur potentialités respectives ; la mise en place d'une

---

[461] Cité par Robert Foster, « Les systèmes de gouvernance provisoire dans les situations fragiles et post conflit », 6ème dialogue d'Edimbourg sur l'élaboration de constitutions post conflit, Stockholm, IDEA, 2019, p19.

architecture institutionnelle fondée sur les collectivités territoriales dotées d'organes élus au suffrage universel et de pouvoirs étendus » (Union Africaine, Op. Cit.). La prise en compte des spécificités régionales dans la conception et la mise en œuvre des politiques publiques et le développement des infrastructures, notamment le désenclavement et l'exploitation des ressources naturelles (Nze Bekale, Op. Cit.). Ainsi, MISAHEL[462] en tant que dispositif de l'Union Africaine chargé de promouvoir les valeurs de la charte a entrepris d'ouvrir l'expérience malienne de la décentralisation et de régionalisation à la mutualisation des expériences avec d'autres pays africains qui ont adopté la décentralisation comme politique refondatrice de la gestion des affaires locales et du développement territorial inclusif ; en particulier dans un contexte de sortie de crise (Union Africaine, Op. Cit., 5).

Par conséquent la reconstruction post conflit des légitimités locales doivent se consacrer à reconstruire « une politique de décentralisation inclusive, consensuelle, capable de porter des objectifs de changement notamment par la levée des résistances et malentendus autour la décentralisation (fonder une vision politique collective et une compréhension partagée et la décentralisation). Approfondir la démocratie participative dans les territoires locaux (espaces et mécanismes) institués d'échanges entre les collectivités locales et les différentes catégories d'acteurs; et des modes de régulation et de gestion qui créent la confiance entre tous les acteurs » (JAGA, 2012, 3)[463]. Pour que cette décentralisation puisse jouer un rôle de régulation de tension, les populations des régions en crise doivent impérativement participer à la gestion de leurs localités afin qu'elles décident elles-mêmes des choix socio politiques et économiques de leurs localités. L'accord a prévu la création de la région comme collectivité territoriale dotée d'une assemblée régionale élue au suffrage universel direct (Nze Bekale, Op. Cit., 9). La vision malienne d'une refondation des pouvoirs locaux comme catalyseurs d'une consolidation de la paix ancrée dans les territoires émerge de la lecture et de l'analyse des instruments et des positions relatives à l'accord de paix d'Alger.

---

[462] Mission de l'Union Africaine pour le Sahel.

[463] Cité par (Nze Bekale, 2017, 7).

Alors que pour la Centrafrique, à défaut d'élection, depuis 1993, toutes les communes sont dirigées par des délégations spéciales nommées par le pouvoir central. Ces délégations font office d'organe délibérant avec un président qui assure les fonctions de Maire. Les services déconcentrés de l'Etat, au niveau préfectoral et communal, assistent les collectivités locales dans l'exercice de leurs compétences et responsabilités (AMCA, Op. Cit., 6). Se posent ainsi les problèmes de la légitimité populaire et politique non seulement des autorités locales mais aussi des collectivités territoriales, ceux-ci ne sont pas sans conséquence sur la situation sécuritaire du pays. Comme conséquences, « la crise militaro-politique déclenchée dans le pays en 2012 a eu des effets pervers sans précédent sur les plans administratif, socioéconomique et humanitaire. Au niveau des communes, l'ampleur des dégâts a été énorme tant pour leurs biens que pour le fonctionnement de leurs administrations. Ces dégâts sont venus rendre plus préoccupants les problèmes antérieurs qui gangrénaient le fonctionnement de ces collectivités territoriales, dont l'absence de solution a débouché sur une crise sociale généralisée marquée par une crise de l'autorité, une rupture de contrat social entre l'Etat et les populations, d'une part, et entre les gouvernements locaux et les gouvernés que sont les populations locales, d'autre part » (PNUD, Op. Cit., 1). L'une des causes du conflit en République centrafricaine tient à la place des minorités, de leur protection ainsi qu'à la laïcité de l'État. En résumé c'est une crise de citoyenneté et il serait important de lancer un travail qui revisite ces points et met en exergue les actions à mettre en œuvre pour améliorer le cadre légal et réglementaire en s'assurant que les lois régissant le fonctionnement des institutions en République centrafricaine sont expurgées de toute disposition pouvant sembler consacrer une quelconque pratique discriminatoire (ONU, Op. Cit.). Le Chef de l'Etat a donc fait de la décentralisation une politique essentielle de la reconstruction et du développement post conflit, en rappelant que « la décentralisation demeure une réforme majeure qu'il faut engager. Je veillerai à l'aboutissement des textes en matière de décentralisation pour permettre la mise en œuvre effective de cette politique afin qu'elle soit une réponse aux sollicitations de certains de nos compatriotes qui pensent certaines parties du territoire national sont laissées à l'abandon »[464]. Cette préoccupation a été inscrite dans le premier

[464] Extrait du discours d'investiture de son excellence Professeur Faustin Archange Touadéra, Président de la République Centrafricaine, Chef de l'Etat du 30 mars 2016.

objectif stratégique du pilier 2 du plan national de redressement et de la consolidation de la paix (RCPCA) sur le contrat social entre l'Etat et les populations. Ce dernier vise la mise en place de structures déconcentrées et décentralisées impliquant des élections locales, élément central des accords de Khartoum, signé le 6 février 2019 entre le gouvernement centrafricain du président Faustin-Archange TOUADERA et quatorze groupes armés centrafricains (AMCA, Op. Cit.).

Deux niveaux de collectivités territoriales sont reconnus en République centrafricaine : la région et la commune. Cependant les régions ne sont pas encore opérationnelles. Les communes sont des collectivités territoriales administrées par des maires, assistés des conseils municipaux élus dans les conditions prévues par la Loi n° 61/233 instituant un code électoral en Centrafrique, et tous les textes subséquents (AMCA, Op. Cit.). S'inscrivent dans le même cadre l'adoption par l'Assemblée nationale et la promulgation par le Président de la République, Chef de l'Etat, de la loi n° 20.008 du 7 avril 2020, portant organisation et fonctionnement des collectivités territoriales, qui ouvre une ère nouvelle avec les préoccupations relatives à la mise en œuvre des politiques de décentralisation et du développement local. Dans la même dynamique, le Gouvernement décide d'entreprendre l'élaboration d'une politique nationale de décentralisation et de développement local en vue d'encadrer toutes les interventions et promouvoir par conséquent un développement harmonieux de la République Centrafricaine (PNUD, Op. Cit., 2). Cette loi est un plus dans le cadre de la mise en œuvre des actions de développement des régions. Elle aidera aussi à asseoir les premières actions concrètes de correction des disparités. Le Gouvernement doit néanmoins être vigilant sur le système de péréquation financière dans le cadre de la solidarité entre les collectivités. En outre, compte tenu de la profondeur des défis, il peut même être analysé une solution médiane de décentralisation progressive en commençant par les grandes localités (ONU, Op. Cit., 19). Une politique de décentralisation sera mise en œuvre, y compris des élections locales pour la mise en place des autorités locales, ainsi qu'une politique locale de réconciliation et de cohésion sociale. Ceci comprendra la mise en œuvre de plans locaux de relèvement et de consolidation de la paix, et des mesures de renforcement de capacités centrées sur les communautés locales (Banque mondiale, 2017, 32). La reconstruction post conflit des pouvoirs locaux se conjugue au futur en Centrafrique, les avancées sont timides, en dehors de la nouvelle loi sur la décentralisation la suite du processus est toujours attendue. Il n'est peut-être pas surprenant d'observer des tentatives de reprises des armes par certains acteurs isolés et bénéficiaires de la rente politique à décentraliser dans la mise en œuvre de l'autonomie des pouvoirs locaux.

2.3. L'accommodation de l'approche de légitimation post conflit des collectivités territoriales

La légitimation peut se former à partir de l'expression la volonté populaire à travers le suffrage universel, réduisant substantiellement les tensions politiques qui peuvent déboucher sur des crises voir des conflits. Cette légitimation lorsqu'elle est reconnue aux citoyens et acceptée par tous, représente un moyen de réduction des tensions. La formation des collectivités territoriales à travers des élections transparentes et légitimement reconnues et acceptées par les populations sont des vecteurs de pacification des sociétés, faisant ainsi de la légitimé politique un facteur de paix et de stabilité (Nze Bekale, Op. Cit., 13). L'élection, des collectivités territoriales au suffrage universel direct, est régulatrice des tensions politiques, dans un système politique démocratique, compétitif et ouvert. De ce fait, les populations s'identifient aux élus locaux détenteurs d'un mandat qu'ils ont reçu de ces populations. La décentralisation peut donc offrir des possibilités d'implication des populations en participant aux élections locales, et à la refondation des légitimités politiques au niveau local dans des situations post conflits (Nze Bekale, 2018, 4). Les gouvernements locaux créent de multiples arènes de contestation du pouvoir. Les groupes qui ont peu de chances de l'emporter dans les instances nationales peuvent remporter des victoires locales, et même si ce processus débouche sur une capture des élites, cela peut suffire pour jeter les bases d'un nouveau pacte social. Plutôt qu'un simple « jeu » au centre, la gouvernance décentralisée crée de multiples « jeux » politiques. La décentralisation permet aux leaders de l'opposition de rester au gouvernement au niveau local et elle peut aussi permettre de garder un œil sur la domination centralisée à parti unique (et éventuellement sur un renforcement de l'autoritarisme) lorsque les leaders de l'opposition parviennent à maintenir l'influence nécessaire pour contester le gouvernement central Brinkerhoff et Johnson, Op. Cit., 652). La reconstruction post conflit des légitimités locales propose une décentralisation territoriale multifonctionnelle en contexte de de refondation post crise des institutions. « La construction des institutions légitimes constitue un moyen de réduction des violences politiques consécutives aux élections et conflits politiques et, par ricochet de réduction des décès liés aux violences y relatives. Les instruments juridiques communautaires africains contribuent à ces aspirations » (Nze Bekale, Op. Cit.).

Ainsi l'UA appelle les Etats membres à « intensifier les efforts visant à renforcer le processus de démocratisation en Afrique. A cet égard, le renforcement des institutions appelées à soutenir la démocratie sur le continent, y compris la tenue d'élections libres et justes, doit être encouragé » (Union Africaine, 2000, 11) y compris pour la désignation des organes exécutifs et délibérants des collectivités territoriales. « La formation des collectivités territoriales à la suite d'élection au suffrage universel représente un facteur de construction et de consolidation de la légitimité des pouvoirs locaux. La légitimité des institutions peut être interprétée comme l'expression de la volonté populaire, des valeurs et principes fondamentaux d'une société. Si la légitimité repose essentiellement sur la volonté, les principes et valeurs de la société dans sa majorité, notamment lorsqu'elle est exprimée par des élections, cette légitimité est de ce fait un moyen de pacification de la société » (Nze Bekale, Op. Cit.). Il faut donc impérativement « faciliter l'établissement et/ou la restauration des institutions publiques démocratiques inclusives et des autorités civiles, ainsi que la capacité de contrôle législatif (Union Africaine, Op. Cit.). A cet effet, la Charte africaine de la décentralisation insiste également sur la nécessité que « les gouvernements centraux adoptent des lois électorales qui encouragent des élections régulières, démocratiques, libres, justes et transparentes au niveau des gouvernements locaux » (art. 13-2). Parce que, l'élection des responsables publics locaux est inscrite dans le cadre juridique des États Parties, avec une définition claire des modalités et de la périodicité de ladite élection (art. 13-1). Le protocole à la Charte africaine des droits de l'homme invite « les États entreprennent des actions positives spécifiques pour promouvoir la gouvernance participative et la participation paritaire des femmes dans la vie politique de leurs pays, à travers une action affirmative et une législation nationale et d'autres mesures de nature à garantir » (art. 9-1) l'inclusivité et la pleine implication des femmes.

L'accord d'Alger sur le processus de paix malien se veut pédagogique lorsqu'il précise : « le règlement définitif du conflit nécessite une gouvernance qui tienne compte des spécificités locales et qui s'articule autour des éléments suivants : la mise en place d'une architecture institutionnelle fondée sur des Collectivités territoriales dotées d'organes élus au suffrage universel et de pouvoirs étendus ; la gestion par les populations des régions concernées de leurs propres affaires sur la base du principe de la libre administration » (art. 5). La reconstruction post conflit des légitimités locales aspire à permettre, « aux populations du Nord, dans un esprit de pleine citoyenneté participative, de gérer leurs propres affaires, sur la base du principe de libre administration. A cet effet, il est prévu les dispositions ci-après : la région est dotée d'une assemblée régionale élue au suffrage universel direct. Le Président de l'assemblée est élu au suffrage universel direct. Il est également le chef de l'Exécutif et de l'Administration de la région ; les cercles et les communes sont dotés d'organes délibérants (Conseil de cercle et Conseil communal) élus au suffrage universel direct et dirigés par des bureaux ayant une fonction exécutive avec à leur tête un Président du Conseil de cercle et un Maire élus » (art. 6). La reconstruction des légitimités locales au Mali apparait pour tous les niveaux de décentralisation et elle exige un caractère inclusif et participatif pour la mise en œuvre des politiques locales. En Centrafrique « le processus de décentralisation, bien que fréquemment à l'ordre du jour, notamment lors du forum de Bangui pour la réconciliation, n'est pas encore initié. Cependant, selon le Code des élections adopté en mai 2019, des élections municipales sont envisagées pour 2020 et des élections régionales trois ans après » (AMCA, Op. Cit., 4). Dans le titre IX de la Constitution de la Centrafrique, l'article129 fixe deux types de collectivités territoriales : les régions et les communes, qui s'administrent librement par des organes élus. Les fondements d'une reconstruction post conflit des légitimités locales sont posés par la loi fondamentale, cependant « la Centrafrique ne dispose pas de législation spécifique sur la participation des populations à la gestion locale. Il est difficile de mettre en place des instruments et des mécanismes permettant de susciter la participation des populations » (CGLUA, 2018, 94).

En outre, il est évident que « la Centrafrique n'a pas organisé d'élections locales depuis une trentaine d'années » (Idem), ceci n'est pas sans risque sur la reconstruction de l'Etat et la consolidation de la paix. L'accord de paix précise d'ailleurs que « les Parties conviennent également que l'organisation d'élections libres, justes, inclusives, transparentes et crédibles est la seule voie consacrée pour assurer l'alternance politique et à contribuer à la consolidation de la démocratie en République centrafricaine. Elles s'engagent en conséquence à soutenir l'organisation d'échéances électorales au niveau présidentiel, législatif, régional et municipal dans un climat apaisé » (art. 20). Ces instruments favoriseront la « prise en charge par les populations de la gestion effective de leurs propres affaires, à travers un système de gouvernance inclusif prenant en compte leurs aspirations et leurs besoins spécifiques ainsi que la promotion d'un développement équilibré et équitable de l'ensemble des régions de la République centrafricaine tenant compte de leurs potentialités respectives » (art. 1). Le cadre juridique à mettre en place nécessite de garantir « la démocratie locale par la participation et la prise de décision par les populations ou leurs représentants ». Le code électoral vient donc raffermir les bases de la démocratie locale en devenir, en ce sens que « les membres des assemblées régionales sont élu(e)s pour un mandat de sept ans renouvelables au suffrage universel direct dans le ressort de la région » (art. 168). L'élection a lieu dans chaque circonscription électorale au scrutin uninominal majoritaire à deux tours (art. 169). Dans le même ordre d'idée, les conseillers municipaux sont élus(e)s au suffrage universel direct sur des listes complètes, pour un mandat de sept ans renouvelables. Leur nombre par commune ou par arrondissement est fixé par la loi organique relative aux collectivités territoriales et aux circonscriptions administratives (art. 191). Les autorités centrafricains sont interpellées « et toutes les parties prenantes nationales à préparer les élections présidentielle, législatives et locales de 2020 et 2021 en veillant à ce qu'elles soient inclusives, libres, régulières, transparentes, crédibles et pacifiques et se tiennent dans les délais fixés, dans le respect de la Constitution de la République centrafricaine, et à ce que la participation pleine, effective et véritable des femmes soit assurée, encourage la participation des jeunes » (ONU, Op. Cit., 14). A la différence du Mali qui a engagé son processus de reconstruction des pouvoirs locaux, la Centrafrique est à la quête de l'organisation de ses premières élections locales depuis plus de trente ans, un système nécessitant de facto l'adoption d'une série de loi.

Conclusion

Les instruments juridiques et les idées de l'Union Africaine, relatifs à la reconstruction post conflit de la gouvernance locale, sont effectivement adoptés au Mali et en Centrafrique, les deux pays ayant ratifié plusieurs textes clés de l'organisation panafricaine. Notamment la Charte africaine de la démocratie, le Protocole sur le CPS ou encore la Charte africaine de la décentralisation. En outre, ils sont pleinement impliqués dans la mise en œuvre de l'Agenda 2063 comme politique de développement de l'UA. Face la situation post conflit du Mali et de la Centrafrique, l'UA en tant que garant de la sécurité en Afrique est naturellement impliquée dans le processus de reconstruction des institutions dans ces pays à travers ses bureaux pour appuyer la consolidation de la paix. De ce fait, ceux-ci ont la responsabilité d'observer et de mettre en œuvre les instruments de l'UA dans ce processus. Il apparait que le Mali et la Centrafrique sont effectivement inspirés par la vision et les textes de l'UA, mais sur le plan opérationnel on note deux trajectoires. Le Mali fait effectivement de la gouvernance locale une politique de consolidation de la paix en s'engageant dans la voie du renforcement de l'autonomisation administrative et financière des collectivités territoriales, en dotant celles du Nord d'un statut particulier permettant à ces entités de prendre en charge les préoccupations de cette région. La particularité de la gouvernance locale post conflit au Mali s'entend de l'élection au suffrage universel direct des exécutifs (Président du conseil). A contrario en Centrafrique, ce n'est qu'en 2019, avec l'accord de Khartoum dont l'UA est le garant, que le pays a choisi de faire de la gouvernance locale une politique de consolidation de la paix mais les progrès sont extrêmement lents dans ce domaine. Ceci pourrait expliquer la persistance de la crise et de l'insécurité dans ce pays du fait d'un processus de paix non inclusive et de l'absence d'une gouvernance locale non inclusive.

Bibliographie

Accord pour la paix et la réconciliation au Mali issu du processus d'Alger 1er mars 2015.

Acte constitutif de l'Union Africaine, Lomé 11 juillet 2000.

AIMF. (2012). *Guide en gestion communale.* UE-AIMF : Bangui.

AMCA. (2020). *Feuille de route pour l'intégration des collectivités territoriales dans le processus de programmation de la coopération de*

l'Union européenne en République centrafricaine. CGLUA-UA : Bangui.
Amvane G. (2013). Enjeux et perspectives de la reconstruction de l'Etat malien, *Revue Civitas Europa,* vol.2, n°31, 219-231.
Banque mondiale. (2016). *Plan National de Relèvement et de Consolidation de la Paix (RCPCA) 2017-2021.* Bangui : Groupe de la Banque mondiale.
Brinkerhoff D. W., Johnson R. W. (2009). La décentralisation de la gouvernance locale dans les États fragiles : Les enseignements tirés du cas irakien. *Revue Internationale des Sciences Administratives, 4 (75),* 643-668.
Cabanis A., Crouzatier J-M., Ruxandra I., Soppelza J. (2010). *Méthodologie de la recherche en relations internationales,* Napoca, Idea Design et Print Editura Cluj.
CGLUA. (2018). *Évaluer l'environnement institutionnel des collectivités locales en Afrique*, 3ème éd. Alliances des villes : Rabat.
Charte africaine des principes et valeurs de la décentralisation, de la gouvernance et du développement local 27 juin 2014.
Charte africaine de la démocratie, des élections et de la gouvernance, Addis Abeba 30 janvier 2007.
Constitution de la République de Centrafrique 15 décembre 2013.
Crisis group. (2021). *Réordonner les stratégies de stabilisation du Sahel.* Rapport Afrique 299. ICG : Bruxelles.
De Carvalho G., Lucey A. (2016). Consolidation de la paix fracturée en République centrafricaine : Leçons pour l'engagement de l'Union Africaine. *Institut d'Etudes de Sécurité, Note d'Analyse 87,* 1-12.
Foster R., (2019), Les systèmes de gouvernance provisoire dans les situations fragiles et post-conflit, Sixième Dialogue d'Edimbourg sur l'élaboration de constitutions post- conflit, IDEA, Stockholm.

Garon, R. (2005). La consolidation de la paix : lorsque la théorie rattrape les pratiques ambitieuses. Études internationales, 36(2).

GFA. (2016). Les affaires de gouvernance, projets, Berlin.
Hilde J. (2004). Les cadres stratégiques pour la consolidation de la paix. Afrique contemporaine 1 (209), 7-21.
Klotz A., Lynch C. (1999). Le constructivisme dans la théorie des relations internationales, *Critique internationale,* vol.2, n°2, 1999, 51-62.

Mestre Ch. (2018). Des pratiques inspirantes de collectivités territoriales d'Afrique de l'Ouest face aux défis de la décentralisation, Bamako, CIEDEL.
Moreau Desfarges Ph. (2015), *La Gouvernance*, *Que sais-je ?* Paris, PUF, 2003.
Nay O. (2008), *Lexique de science politique,* Dalloz, Paris.
Nze Bekale L. (2021). La localisation de la paix, la justice et des institutions efficaces : Quelle contribution de la Charte africaine des valeurs et principes de la décentralisation de l'Union Africaine ? *26ème congrès de l'AISP sur le néonationalisme à l'heure de la mondialisation,* Lisbonne 10-14 juillet 2021.
Nze Bekale L. (2018). La démocratie participative en Afrique francophone : organisation et instruments de communication citoyenne (Bénin, Burkina Faso, Mali), *Revue GRADIS 3*, Université de Saint Louis, 2018, p25-66.
Nze Bekale L. (2017). Crise de l'Etat et conflit identitaire : contribution de la décentralisation à la reconstruction post conflit de l'Etat après le coup d'Etat de 2012 au Mali, *Institut de Recherches et d'Etudes sur la Paix, Note de recherche 26, 1*-15.
Nze Bekale L. (2016). La contribution de l'Union Africaine à l'autonomisation des Gouvernements locaux et autorités locales en Afrique francophone au prisme de la Charte africaine des valeurs de la décentralisation, *Institut de Recherches et d'Etudes sur la Paix, Note de recherche 57,* 1-12.
ONU. Lettre datée du 14 février 2019, adressée au Président du Conseil de sécurité par le Secrétaire général.
Petiteville F., Smith A. (2006). Analyser les politiques publiques internationales. *Revue française de science politique*, 56 (3), 357-366.
PNUD. (2020). Notice de sélection pour le Recrutement de Consultant Individuel en matière de décentralisation et l'autre en matière du développement local pour l'élaboration de la politique nationale de la décentralisation et du développement local. PNUD, Bangui, 5 octobre.
PNUD. (2017). *Plan Cadre des Nations Unies pour l'Assistance au Développement 2018-2021.* PNUD : Bangui.
Protocole relatif à la création du Conseil de paix et de sécurité de l'Union Africaine 9 juillet 2002
Provini O. (2017). Discuter la catégorie d'État « fragile » par l'analyse des politiques publiques : le cas des réformes de l'enseignement supérieur au Burundi. *Critique Internationale,* (77), 103-120.

Résolution 2499 adoptée par le Conseil de sécurité des Nations unies à sa 8666e séance, le 15

Taiclet B., Berbach M.L., Sow M. (2015). *Mali. Réussir la décentralisation financière*. FMI : Washington.

Union Africaine. (2021). Communiqué du Conseil de paix et sécurité, 1047ème réunion, Addis Abéba, 12 novembre.

Union Africaine. (2020). Communiqué du Conseil de paix et sécurité, 946ème réunion, Addis Abéba, 17 septembre 2020.

Union Africaine. (2019). Communiqué du Conseil de paix et sécurité, 889ème réunion, Addis Abéba, 5 décembre.

Union Africaine. (2018). Rapport d'échange d'expériences décentralisation en Afrique : Mise en œuvre de l'accord de paix pour la réconciliation au Mali, MISAHEL, Bamako.

Union Africaine. (2017). Troisième rapport intermédiaire du Président de la Commission sur les efforts déployés par l'Union Africaine dans la reconstruction et le développement post conflit. Addis Abeba, Commission de l'UA.

Union Africaine. (2014). Stratégie de l'Union Africaine pour la région du Sahel. Addis Abeba, Commission de l'UA.

Union Africaine. (2013). *Agenda 2063. Le plan décennal de mise en œuvre 2013-2023 : Un cadre stratégique commun pour une croissance inclusive et un développement durable.* Addis Abeba : Commission de l'UA.

Union Africaine. (2006). *Cadre de Reconstruction et de Développement Post Conflit.* Johannesburg NEPAD.

Union Africaine. (2000). Déclaration solennelle de la Conférence sur la sécurité, la stabilité, le développement et la coopération en Afrique. Lomé.

Vircoulon T. (2008). La République démocratique du Congo : questions autour de la reconstruction post-conflit, Revue Afrique contemporaine 2008/3 n° 227, pp 17- 22.

Wiltzer P.A. (2004). « Vers une paix et un développement durable en Afrique », *Revue Afrique contemporaine,* vol.1, n°209, 2004, 23-37.

LA TRAJECTOIRE DE L'EX-PARTI UNIQUE/DOMINANT DANS LA DÉMOCRATISATION EN AFRIQUE

Serge Paulin AKONO EVANG
Université d'Ebolowa
Faculté des Sciences Juridiques et Politiques
Département de science politique
akono_paulin@yahoo.fr

Résumé :

Le présent article qui s'intéresse à la vie de l'ex-parti unique/dominant dans la démocratisation en Afrique, met en relief ses fortunes diverses. C'est ce qui ressort de la diversité de ses trajectoires à travers une analyse néo-institutionnaliste, combinant les perspectives universalisante et relativisante de l'analyse comparée : d'une part, la trajectoire du parti unique/dominant, du pouvoir au pouvoir ; et, d'autre part, la trajectoire du parti unique/dominant, de l'opposition à la disparition.

Mots-clés : Ex-parti unique/dominant, trajectoire, démocratisation, Afrique.

THE TRAJECTORY THE FORMER SINGLE/DOMINANT PARTY IN DEMOCRATIZATION IN AFRICA

Abstract:

This article which focuses on the life of the former single/dominant party in democratization in Africa, highlights its various fortunes. This is what emerges from the diversity of its trajectories through a neo-institutionalist analysis, combining universalizing and relativizing perspectives: in one way, the trajectory to power to power of the former single/dominant party; in the other way, the trajectory to opposition to the disappear of the former single/dominant party.

Keywords: Former single/dominant party, Trajectories, Democratization, Africa.

INTRODUCTION

L'option pour l'expression « l'ex-parti unique/dominant » vise à résoudre la difficulté ou la complexité à ne retenir que l'une des expressions dans les analyses, même si le « parti dominant » (REUTER, 2017) ; SAMUELS et ZUCCO, 2015 ; LAVROFF, 1974, p. 9 ; CHARLOT, 1971) semble plus globalisant, en intégrant l' « ex-parti unique » (REUTER, 2015 ; CARBONNE, 2006, pp. 18-37 ; SYLLA, 1977 ; RAMBOURG, 1968, pp. 137-146 ; DEBBASCH, 1966, pp. 51-94 ; KEITA, 1960, pp. 3-24). La *« trajectoire historique »* (MOORE, 1973) du système partisan en Afrique ne consacre pas exclusivement la période du parti unique dès les indépendances (GIOVANNI, 2006, pp. 18-37). Il y a les anciens Etats à parti unique et les Etats qui ne le sont pas[465]. La seconde catégorie concerne les Etats ayant évolué dans le multipartisme, avec un parti dominant la vie politique jusqu'au vent du retour à la démocratie des années 1990. Le Sénégal, à titre d'exemple, après une brève période de parti unique, est entré dans la mouvance démocratique avec le multipartisme limité avant 1990 (DIENG, 2012, pp. 195-207). Donc, il est aussi important de s'intéresser à la trajectoire du parti, alors dominant, dans un contexte de généralisation et d'imposition, violemment symbolique et stratégique, de la nouvelle pratique démocratique en Afrique. On comprend bien que l'option exclusive pour l'ex-parti unique soit réductionniste, d'autant plus que celui-ci apparaisse, en même temps, comme un parti dominant. Par ailleurs, le système de parti unique a largement fait sens dans de nombreux Etats d'Afrique francophone, comparativement aux autres Etats[466].

Le parti unique est né, soit de l'unification des partis politiques existants, soit d'une imposition de jure ou de facto par l'ordre dirigeant (DEBBASCH, 1966, pp. 51-94). Il est un parti dominant parce qu'il monopolise, contrôle la vie politique, devenant parfois supérieur à l'Etat. En effet, avec sa position avant-gardiste, il fut l'organisateur de tout le processus politico-étatique. Il existe une autre situation de parti dominant, dans un contexte du pluralisme politique et social, dans lequel un parti politique donné apparait ou est consacré comme l'acteur

---

[465] Consulter, https://www.maxicours.com/se/cours/des-etats-a-parti-unique/; également, https://www.universalis.fr/encyclopedie/parti-unique/, consulter le 10/01/202

[466] Il s'agit notamment des Etats anglophones, arabophones, lusophones, etc.

principal et hégémonique de la vie politique. En dépit de cette différenciation, et de manière convergente, la réalité est celle de la confiscation ou de l'exercice de la réalité du pouvoir par un parti politique, unique et/ou dominant.

Dès son avènement, aux lendemains des indépendances dans la plupart des Etats africains, le parti unique/dominant a fait l'objet de nombreuses études (GIOVANNI, 2006, pp. 18-37), encore qu'il fût consacré, en dépit des critiques (SYLLA, 1977), comme instrument de construction de l'Etat-nation (COLEMAN et ROSBERG, 1964), un parti avant-gardiste (KEITA, 1960, pp. 3-24 ; DIENG, 2012, pp. 195-207 ; RAMBOURG, 1968, pp. 37-146). Il s'est agi du parti-Etat, justifiant une corrélation des études développementalistes sur l'Etat et le parti, négligeant les approches du politique par le bas[467] (BAYART, 1989, pp. 53-82 ; BAYART et al., 1992). Ce fut la période de l'âge d'or du parti unique/dominant en Afrique, avant le retour au multipartisme, quoique pris en charge par certaines Constitutions[468].

Aujourd'hui, il faut reconnaitre que l'ancien parti unique/dominant en Afrique est devenu un objet marginal de réflexion en science politique (GAZIBO, 2006, pp. 5-17). Le pluralisme politique et social du retour de/à la pratique démocratique, a consacré de nombreux acteurs sociopolitiques qui sont devenus des objets scientifiques plus mobilisants et dignes d'intérêt. Ainsi, les travaux sont de plus en plus centrés sur l'opposition, les organisations de la société civile, les élections, les conflits politiques ou la violence ou la démocratisation prise globalement.

Mais, cette constatation ne saurait entrainer un ''effet de feuillage'' de quelques travaux importants en la matière. Les différentes problématiques sur l'ex-parti unique ou le parti dominant portent, entre autres, sur son fonctionnement intérieur, ses ressorts et son interaction avec l'environnement. Ora J. REUTER met en exergue la pérennité

---

[467] À propos du Politique par le bas, lire, entre autres : Jean-François BAYART, « Le politique par le bas en Afrique. Question de méthode », *Politique africaine,* n°1, Mars, 1989, pp. 53-82 ; Jean-François BAYART, Achille MBEMBE et Comi TOULABOR, *Le politique par le bas en Afrique noire : contribution à une problématique de la démocratie,* Paris, Karthala, 1992, 228 p.

[468] Par exemple, les constitutions camerounaises du contexte du parti unique, ont toujours ainsi consacré le multipartisme : « Les partis et formations politiques concourent à l'expression du suffrage ».

(REUTER, 2017 ; 2022, pp. 1014-1034, aussi bien que les clivages élitaires (REUTER, 2019) dans les ex-partis uniques et dominants. Sont aussi analysées, la base sociale de ces partis politiques, notamment leur structuration populaire (SAMUELS et ZUCCO, 2015), leur rapport à l'ethnie (AVDEYEVA, 2023 ; BASEDAN ET STROH, 2021, pp. 5-24 ; DOWD et DRIESSEN, 2008), et la capacité disciplinaire exercée sur les élites afin de prévenir les schismes (GEDDES, WRIGHT et FRANZ, 2018, pp. 212-225 ; TRIESMAN et GURIEV, 2020). Olga AVDEYEVA revisite les origines autoritaires des partis dominants dans les démocraties en s'appuyant sur l'expérience de l'Inde (2021), qui contribuent à saisir, dans une certaine mesure, la violence politique partisane (AHERE, 2018).

En capitalisant ces contributions, certes pertinentes, mais tributaires de leurs contextes, le présent article s'intéresse à la vie de l'ancien parti unique/dominant en Afrique. Qu'on s'en réjouisse ou qu'on le déplore, il est un « *concept directeur* » (KOSELLECK, 1997), c'est-à-dire, que l'ancien parti unique/dominant fait, et fait partie intégrante, de l'histoire et du devenir des politiques africaines (AKONO EVANG, 2004, pp. 131-160). En effet, non seulement la construction de l'Etat-nation en Afrique, toute proportion gardée, est l'œuvre du parti unique/dominant, mais aussi, la majeure partie des élites politiques africaines d'aujourd'hui en sont le produit. Ceci veut dire que l'ex-parti unique/dominant a fortement formaté les mentalités, l'esprit politique, et partant les attitudes et comportement politiques en Afrique. Par ailleurs, on pourrait même se demander si la démocratie, qui n'est pas l'unique système de gouvernement pour l'épanouissement et le développement des sociétés politiques, n'a pas plus d'effets dévastateurs que les autoritarismes imputés au parti unique/dominant en Afrique[469]. De ce fait, on ne saurait l'évacuer, outre mesure, aussi banalement et facilement, des objets d'analyses africanistes[470] . Le

[469] Depuis 1990, même s'il existe de nombreux facteurs explicatifs de la situation critique de l'Afrique, il y a lieu de souligner l'énorme coût financier de l'organisation des élections, les nombreuses pertes en vies humaines et d'importants dégâts matériels liés à la violence électorale, la privatisation de la violence en contexte de pluralisme politique, donc, les instabilités et la pauvreté, etc.

[470] En ce sens, *Politique africaine* dans son N°104 a consacré un titre évocateur « Partis politiques d'Afrique. Retour sur un objet délaissé » sur l'étude des partis en

faisant, se serait sous-estimer les effets de la socialisation politique à la culture du parti unique/dominant dans la démocratisation, en tant que *« processus d'extension des droits de participation politique et des droits de compétition pour les positions de pouvoir aux individus et aux groupes qui en étaient privés »* (PRZEWORSKI, 1991, pp. 66-88).

La période de la transition démocratique, et même politique, donne à voir la réalité de l'ex-parti unique/dominant comme un parti politique secoué et démonopolisé. Secoué du fait de l'éveil, du réveil et de l'intransigeance d'un mouvement social inscrit dans la dynamique de revendication démocratique alors nourrie des vents d'est, d'ouest et du sud (BANOCK, 1992 ; AKONO EVANG, 2006), et entrainant des tendances et *« di-sociations »* internes (OFFERLE, 1987, pp. 117-123). Démonopolisé, parce que l'ex-parti unique/dominant a, ou aurait perdu, contre vents et marrées, le monopole de la vie politique, étant de plus en plus concurrencé, rivalisé, et parfois battu par les partis politiques d'opposition au regard de la compétition électorale de la démocratisation (KAPTCHOUANG TCHEJIP, 2004 ; AKONO EVANG, 2006).

Dès lors, quelle est (ou quelle a été) la trajectoire, en termes d'adaptations de l'ex-parti unique/dominant l'ex-parti unique/dominant dans le contexte de démocratisation caractérisé par la concurrence politique et électorale ? Si ce questionnement apparait explicite, il en va autrement de la réponse ou des réponses. En effet, s'il faut admettre une posture universalisante lorsqu'on se penche sur le parti unique/dominant, notamment son contexte de création et son modus operandi, il reste que la réalité soit largement tributaire de *« l'historicité »* (BALANDIER, 1986 ; BAYART, 1996) et des *« structures d'opportunités culturelles »* (KINGDON, 1984) de chaque société politique. Qui plus est, l'Afrique, en dépit de son unité en tant que continent, se caractérise par sa diversité politique, socioculturelle, historique et économique, etc. Par ailleurs, l'administration de la démocratie (occidentale) en Afrique, aussi bien qu'ailleurs, consacre l'hypothèse des *« démocraties »* (MENY et SUREL : 2004 ; JAFFRELOT, 2000 ; HUNTINGTON, 1996) au regard des

---

Afrique, voir, Mamoudou GAZIBO, « Pour une réhabilitation de l'analyse des partis en Afrique », Op. Cit.

réappropriations, des bricolages et réinventions dont la démocratie fait l'objet à l'épreuve des cultures nationales. Il s'agit d'une trajectoire de l'ex-parti unique pensée entre universalisme et relativisme (BADIE et HERMET, 2001 ; NJEMBISSI KOM, 2008 : pp. 1-17).

Il y a donc lieu d'analyser la trajectoire ou les trajectoires de l'ex-parti unique/dominant à partir d'une posture relativisante, au regard des données collectées. En effet, en dépit de la convergence des enjeux, à savoir ''exister et résister'' politiquement en exerçant le pouvoir, il reste que les ressources, les règles, la personnalité des acteurs, les contraintes liées aux dynamiques internes et externes, et les structures d'opportunités culturelles de la compétition politique et électorale, varient d'une société politique à une autre. À cela s'ajoute l'importance et la séminalité de l'analyse néo-institutionnaliste du fait de ses variantes historique, du choix rationnel et de la rationalité limitée (LECOURS, 2002, pp. 3-19 ; KATO, 1996, pp. 553-582 ; STONE, 1992, pp. 156-168) qui aident à penser le parti unique/dominant comme une institution. Si la variante historique rend compte des continuités et discontinuités de la trajectoire de l'ex-part-unique/dominant, l'institutionnalisme du choix rationnel met en exergue les rationalités et stratégies des acteurs dans un pragmatisme de situation, lequel est limité par les contraintes, les situations et effets imprévus (rationalité limitée).

À partir de ces observations, l'ex-parti unique/dominant dans la démocratisation en Afrique, connaît des fortunes diverses. La démonstration se fera, ici et là, en fonction de quelques sociétés politiques qui s'imposent, au regard de l'étroitesse de la réflexion. Conséquemment, et même si d'aucuns pourraient le déplorer, les analyses convoquent certains pays africains au détriment d'autres. Plusieurs hypothèses en sont déduites, révélatrices de la diversité des trajectoires de l'ex-parti unique/dominant en contexte de démocratisation caractérisé par la concurrence politique et électorale : d'une part, la trajectoire de l'ex-parti unique/dominant du pouvoir au pouvoir (I) ; et, d'autre part, sa trajectoire de l'opposition à la disparition (II).

I. L'EX-PARTI UNIQUE/DOMINANT : DU POUVOIR AU POUVOIR

Ici, l'observation est que le parti unique/dominant semble s'éterniser au pouvoir (I. 1), il est devenu un parti d'opposition et est revenu au pouvoir (I. 2).

I. 1- L'EX-PARTI UNIQUE/DOMINANT : ÉTERNEL PARTI AU POUVOIR ?

Parler de parti au pouvoir n'est pas aisé, si l'on prend en compte la diversité des situations de gestion du pouvoir nourries par l'historicité des sociétés politiques. Cette recherche, saisit le parti au pouvoir comme le parti présidentiel ou le parti majoritaire au Parlement qui, seul ou avec un ou plus partis politiques, bénéficie et jouit du privilège de la distribution des positions de pouvoir ou de l'allocation autoritaire des choses de valeur dans la perspective de David EASTON (1953). Il en est ainsi du fait de la réalité des régimes politiques selon la science du droit constitutionnel des régimes politiques distinguant globalement les régimes présidentiel et parlementaire avec leurs déformations (AKONO EVANG, 2009, pp. 81-98). Ce qui diffère de la science politique des régimes politiques qui consacre les régimes démocratique, autoritaire et totalitaire, en fonction du degré de participation des citoyens à la vie politique[471].

La démonstration ici est simple. Dans certains pays africains de la démocratisation, l'ex-parti unique/dominant, quels que soient la configuration, le contexte, les jeux et les enjeux, est toujours et encore au pouvoir, malgré la présence d'une opposition parfois forte, parfois molle, lorsqu'on pense ses performances électorales et politiques (SINDJOUN, 2004). L'opposition existe bel et bien, mais le poids, le contrôle et la domination de l'ex-parti unique/dominant demeurent toujours pertinents, au point où certains évoquent l'hypothèse du retour au régime du parti unique[472].

---

[471] Idem.

[472] Comme à l'ère du parti unique, l'ex-parti unique dans la démocratisation procède à un travail de totalisation de la société politique. En fonction des rapports de force et de la prise en compte de l'armée en politique, une telle hypothèse est à la fois pertinente et discutable.

L'ex-parti unique/dominant est un parti stratège. Il contrôle stratégiquement et énergiquement les dynamiques centrifuges dans le champ politique privé partisan, c'est-à-dire dans son fonctionnement intérieur (GAXIE, 1977, pp. 12-154) à travers la discipline et les sanctions du fait du développement des tendances et des risques de *« di-sociations »*. À travers cette discipline le parti prévient les schismes ((GEDDES, WRIGHT et FRANZ, 2018, pp. 212-225 ; TRIESMAN et GURIEV, 2020). L'ex-parti unique/dominant en tant que parti stratège développe également des stratégies de résilience dans le champ politique public/central, au niveau de l'État, par la canalisation bureaucratique, stratégique et bénéfique de la compétition électorale à son avantage, par la construction et la déconstruction des alliances et coalitions politiques, et l'instrumentalisation opportune de l'ethnicité ((AVDEYEVA, 2023 ; BASEDAN ET STROH, 2021, pp. 5-24 ; DOWD et DRIESSEN, 2008 ; AKONO EVANG, 2014, pp. 157-174) et de la violence (AHERE, 2018, 5-24).

Le Cameroun, en ce sens, en offre une belle illustration. Le Rassemblement Démocratique du Peuple Camerounais (RDPC) fondé par le Président Paul BIYA le 23 mars 1987 à Bamenda, a succédé à l'Union Nationale Camerounaise (UNC) du Président Ahmadou AHIDJO comme parti unique. Le RDPC demeure le parti présidentiel, le parti majoritaire au Parlement et dans les conseils municipaux, en dépit des soubresauts liés à la transition démocratique ayant entraîné la montée en puissance, l'âge d'or, de l'opposition.

Deux années, 1992 et 1996, marquent le faux pas politique et électoral de ce parti politique au cours de la transition démocratique. En effet, le RDPC n'était plus en haut, il était en bas : une majorité relative au Parlement (88 députés sur 180) lors des élections législatives de 1992[473], une majorité relative de son Président candidat lors de l'élection présidentielle d'octobre 1992 (M. Paul BIYA 39% contre M. Ni John FRU NDI, 36%), la majorité des mairies urbaines contrôlées par l'opposition à l'issue des élections municipales du 21 janvier 1996[474].

473 Les coalitions RDPC et MDR (6 députés) et RDPC et UPC (18 députés) ; d'où une majorité parlementaire

474 D'où la distinction ''parti rural'' (RDPC) et ''partis urbains'' (SDF, UNDP).

En dehors de ces éléments de relativisation, l'ex parti unique, le RDPC, a remporté les autres compétitions électorales et politiques à la majorité absolue en dépit des contestations de l'opposition, à tort ou à raison[475]. Son Président, M. Paul BIYA est toujours le Président de la République contrôlant le Parlement et le Gouvernement. Ceci lui permet de conserver et d'exercer le privilège de nomination présidentiel ou le privilège de distribuer, de redistribuer les positions et postes de pouvoir au sein du RDPC et dans l'appareil politique, administratif et gouvernemental de l'Etat. Son intelligence diplomatique ajoute pour mieux résister aux manipulations impérialistes et conserver son pouvoir.

Au Cameroun en conséquence, l'ex-parti unique, en tant que parti présidentiel, parti majoritaire et dominant, exerce la réalité du pouvoir depuis 1987 à travers son Président, M. Paul BIYA. Et s'il faut remonter à l'instauration du parti unique, c'est depuis 1962 avec M. Ahmadou AHIDJO de 1962 à 1982, et M. Paul BIYA de 1982 à nos jours depuis la démocratisation.

À l'instar du Cameroun, d'autres pays africains confirment l'hypothèse de l'éternisation au pouvoir de l'ex-parti unique. Nous avons les cas de la Guinée Equatoriale et du Zimbabwé. Cette énumération n'est pas exhaustive.

En Guinée Equatoriale, C'est l'ex-parti unique, le Parti Démocratique de Guinée Equatoriale (PDGE) créé le 11 octobre 1987, qui exerce et continue d'exercer le pouvoir depuis 1990 à travers son Président Theodoros OBIANG NGUEMA MBAZOGO, en même temps Président de la République. On peut dire qu'en dehors de sa longévité au pouvoir, la gestion efficace des ressources pétrolifères a contribué à légitimer le pouvoir en place. En dépit, des critiques, il y a lieu de reconnaitre que la Guinée équatoriale a fait un en avant en termes de développement, notamment le développement des infrastructures et l'amélioration des conditions de vie des populations du fait de la manne pétrolière.

---

[475] Même si l'opposition crie toujours à la fraude électorale et aux règles du jeu politiques et électorales favorables au RDPC, il reste que le RDPC a gagné à la majorité absolue les élections présidentielles de 1997, 2004, 2011, 2018, les élections législatives de 1997, 2002, 2007, 2012, 2019, les élections municipales de 2002, 2007, 2012, 2019 et les élections des sénateurs de 2013 et 2018.

Au Zimbabwé, c'est le même parti qui gouverne, on a juste modifié, la tête, la génération. En effet, c'est la Zimbabwe African National Union – Patriotic Front (ZANU-PF), ex-parti unique dans la démocratisation fondé par le Président Robert MUGABE en 1980 qui détient le pouvoir en dépit des luttes politiques et de la compétition électorale du contexte de concurrence. L'accession au pouvoir de Monsieur Emmerson MNANGAGWA le 24 novembre 2017 s'inscrit dans la continuité politique, bien qu'elle traduise une rupture générationnelle. Il s'est agi aussi de stopper les appétits du pouvoir de Madame MUGABE[476]. Le parti au pouvoir avant et dans la démocratisation est l'ex-parti unique, la ZANU-PF, qui contrôle et domine la scène politique. Sa réussite est liée, entre autres, à une conciliation stratégique et efficace des ressources civiles et militaires du pouvoir dans la stabilisation et le développement progressif du pays. La montée en puissance et l'influence de l'opposition n'ont pas pu renverser cette donne politique.

En Angola, le Mouvement Populaire pour la Libération de l'Angola (MPLA), ancien parti unique créé en 1975 José Eduardo DOS SANTOS, à la suite du décès du premier Président, António Agostinho NETO, est toujours au pouvoir. Le président Joao LOURENÇO, qui a succédé au Président DOS SANTOS vient de briguer un second mandat[477], en remportant les élections générales avec 51,7 % et 124 sièges, tandis que l'UNITA, éternel rival du MPLA a obtenu un score de 44,5 % et 90 sièges sur un Parlement de 230 sièges[478].

Ces quelques cas amènent à retenir que dans la démocratisation, l'ex-parti unique développe une adaptation conservatrice du pouvoir. Mais ceci ne veut pas dire fermeture de la scène politique. Il s'agit en réalité d'une conséquence de la compétition politique et électorale qui doit être saisie en fonction des rapports de force des acteurs en présence,

---

476 TV5 Monde, (2022), [En ligne] : https://information.tv5monde.com/terriennes/mort-de-robert-mugabe-portrait-de-grace-mugabe-une-ex-premiere-dame-decriee-203762, (Consulté le 4/11/2022).

477 Africa News, (2022), [En ligne] : https://fr.africanews.com/2022/08/25/elections-en-angola-place-au-depouillement-des-votes//, (Consulté le 02/09/2022).

478 Africa News, (2022) [En ligne] : https://fr.africanews.com/2022/08/26/elections-en-angola-le-mpla-en-route-vers-la-victoire/ ; également, https://www.bbc.com/afrique/region-62091846, (Consultés le 02/09/2022).

notamment le pouvoir et l'opposition. On voit bien comment ailleurs, notamment en Occident, un parti politique domine et exerce la réalité du pouvoir politique pendant plusieurs années. Ce qui n'a pas été la fortune de l'ex-parti unique dans d'autres pays africains.

I. 2- L'EX-PARTI UNIQUE/DOMINANT : DE L'OPPOSITION AU RETOUR AU POUVOIR

Deux approximations sont analysées ici : d'une part, l'ex-parti unique est passé à l'opposition (I. 2. 1); et, d'autre part, il est revenu au pouvoir (I. 2. 2).

I. 2.1 - L'EX-PARTI UNIQUE/DOMINANT : DU POUVOIR À L'OPPOSITION

Avant et pendant les premières élections de la démocratisation en Afrique, l'ex-parti unique a perdu son privilège de parti au pouvoir, bien qu'il soit toujours influent dans la vie politique du fait de ses scores électoraux, de ses tractations et de son commerce politiques d'avec les autres partis politiques. Celui-ci est devenu un parti d'opposition luttant, avec nostalgie, pour un retour au pouvoir afin de reconquérir les positions de pouvoir jadis sous son contrôle ; ce d'autant plus que l'opposition a souvent fait montre d'un esprit revanchard dans la gestion du pouvoir. L'ex-parti unique est donc passé de sa position privilégiée et enviée de parti au pouvoir à la position critique de parti d'opposition.

L'analyse rend compte d'une expérience plus ou moins longue de l'ex-parti unique tributaire de la réalité politique de chaque société politique. Plusieurs Etats expérimentent ou ont expérimenté cette trajectoire politique de l'ex-parti unique. En effet, si le passage du pouvoir à l'opposition perdure pour certains ex-partis uniques (Afrique du Sud, Sénégal, Côte d'Ivoire, République démocratique du Congo, la Guinée Conakry, le Nigéria par exemple) pour d'autres, a contrario, il s'est agi d'une transition d'un temps court pour revenir au pouvoir (Congo, Bénin). Au-delà de cette remarque, d'autres Etats peuvent être cités : l'Algérie, la Tunisie, le Ghana, l'Egypte, la Libye, etc. Récemment, il y a les situations les situations de coup d'état aux Niger et au Gabon qui ont détrôné l'ex-parti unique du pouvoir.

Dans certains pays, le vent démocratique avec la Conférence nationale ou l'organisation des élections de la transition a détrôné l'ex-parti unique du pouvoir. Il est devenu un parti d'opposition dans le multipartisme. Ainsi, en Afrique du Sud, le Parti National ou le National Party (NP), l'ex-parti unique auquel appartenait le Président Frederick Willem DE KLERK est devenu un parti d'opposition depuis l'accession au pouvoir de l'African National Congress (ANC) à travers l'élection de Monsieur Nelson MANDELA le 10 mai 1994 à la suite des négociations post-conflit qualifiées de Convention for a Democratic South Africa (CODESA)de 1991 à 1993[479]. Ce passage du pouvoir à l'opposition perdure, comme on peut également le constater pour les cas du Sénégal, de la Côte d'ivoire et de la République Démocratique du Congo.

En Côte d'ivoire, la mutation a été complexe. En effet, le Parti Démocratique de Côte d'ivoire (PDCI), parti du Président Félix HOUPHOUËT-BOIGNY, est resté parti unique de 1960 à 1990. Il s'est agi de l'ancien parti unique dans le multipartisme jusqu'au 24 décembre 1999, date du coup d'Etat du Général Robert GUIE qui a renversé le Président Henri KONAN BEDIE, alors le successeur du Président Houphouët BOIGNY (N4guessan, 2003, pp. 51-80). Depuis lors, le PDCI est passé du pouvoir à l'opposition. L'organisation des différentes élections confirme ce statut du PDCI consécutivement à l'accession au pouvoir du Front Patriotique Ivoirien (FPI) avec le Président Laurent GBABO et sa succession critique par le Président Alassane Dramane OUATTARA avec le Rassemblement Des Républicains (RDR), puis le Rassemblement des Houphouetistes pour la Démocratie et la Paix (RHDP) lancé le 16 juillet 2018. L'ex-parti unique essaye, pour ne pas disparaître, de glaner des sièges au Parlement et dans les conseils municipaux, et de bénéficier de certaines positions de pouvoir par les coalitions avec le parti présidentiel, comme ce fut le cas en 2016[480].

La situation politique de l'ex-parti unique en République Démocratique du Congo, anciennement le Zaïre, n'a pas changé depuis

---

479 Convention pour une Afrique du Sud démocratique, (2022), [En ligne]: https://www.universalis.fr/encyclopedie/codesa/, (Consulté le 3/ 11/2022).

480 Le soutien discuté de monsieur Henri KONAN BEDIE au Président Alassane OUATTARA, aujourd'hui rompu. Dans la même veine, l'on a vu une frange du FPI de monsieur Laurent GBABO s'allier au Président Alassane OUATTARA.

le renversement du Président MOBUTU par la prise du pouvoir par la force de monsieur Laurent-Désiré KABILA avec l'Alliance des Forces Démocratiques pour la Libération (AFDL) le 17 mai 1997. L'ex-parti unique qui a régné durant 32 ans est devenu un parti d'opposition [481]; les changements et les mutations de la vie politique et au sommet de l'Etat n'ont rien changé[482]. En effet, la prise du pouvoir par son successeur, le Président Joseph KABILA par le pouvoir militaire et sa légitimation à travers les différentes élections maintiennent l'ex-parti unique dans l'opposition. La dernière élection présidentielle qui a consacré Félix TSHISEKEDI et son parti politique l'Union pour la Démocratie et le Progrès Social (UDPS)[483], en mobilisant des coalitions a confirmé son confinement dans l'opposition. En réalité, depuis la démocratisation, les nouveaux hommes forts travaillent à maintenir l'ex-parti unique dans l'opposition ; encore qu'il ne soit pas à l'abri des « di-sociations » internes.

Le Sénégal se caractérise par une tradition démocratique avec le multipartisme, bien que limité. L'année 1990 qui marque la vague des transitions et démocratisations y trouve un multipartisme intégral[484], dans un contexte de concurrence politique consécutivement à un multipartisme limité à la suite d'une brève période du parti unique/dominant (DIENG, 2012, pp. 195-207). Le Parti Socialiste (PS) du Président Abdou DIOUF exerce le pouvoir à la suite du Président Léopold Sédar SENGOR. Il est devenu un parti d'opposition depuis

---

[481] Il s'agit du Mouvement populaire de la Révolution (MPR), fondé le 20 mai 1967 par Joseph-Désiré Mobutu, Justin Bomboko, Joseph Untube N'singa Udjuu et Étienne Tshisekedi.

[482] Sous la présidence de Félix Vundwawe Te Pemako le MPR a présenté une candidate à l'élection prudentielle du 30 juillet 2006, Cathérine Nzuzi. Le MPR a été rebaptisé « MPR fait privé ». Par ailleurs, une fusion avec d'autres partis politiques a donné naissance à l'Union des Démocrates Mobutistes (UDM) dirigée par François Joseph Mobutu Nzanga Ngbangawe. Sur certains aspects des mutations politiques, lire : Jean-Louis ESAMBO KANGASHE, « Le Président Mobutu et le Premier Ministre sous l'acte constitutionnel de la transition : duel ou duo? », *Afrika Focus*, Vol. 14, Nr. 2, 1998, pp. 161-178 : Open Journals https://openjournals.ugent.be/af/article/61071/galley/185476/view/, (Consulté le « 4/12/22).

[483] Parti politique créé par son père Etienne TSHISEKEDI le 15 février 1982.

[484] C'est en 1981 que le Président Abdou DIOUF instaure le multipartisme intégral. Ceci fait suite à trois étapes : le parti unique, l'Union progressiste Sénégalaise du Président Léopold Sédar SENGHOR (1966-1976), le multipartisme à trois partis politiques (1978-1978), et le multipartisme à quatre partis politiques (1978-1981)

l'accession au pouvoir de Monsieur Abdoulaye WADE. La dernière élection présidentielle remportée par monsieur Macky SALL maintient le Parti Socialiste dans ce registre dans lequel il se bat avec ses divisions et querelles internes de reprendre le pouvoir.

Dans le contexte gabonais, l'ex-parti unique/dominant est le Parti Démocratique Gabonais (PDG) fondé le 12 mars 1968 par le Président Omar BONGO après abolition du multipartisme. Depuis le retour au multipartisme en 1991, ce parti a assumé toujours le statut de parti présidentiel et de parti majoritaire. Malgré certaines transformations politiques, la logique de continuité a été assurée par Monsieur Ali BONGO, alors à la fois Président du PDG et Président de la République. Ce dernier a bénéficié du soutien des caciques du régime dont l'ambition était de rester fidèle au Président Omar BONGO à travers son fils, et de conserver leurs positions de pouvoir aussi bien que les avantages matériels et symboliques qui en découlent. Mais le coup d'état du 30 août 2023 est venu changer cette position de pouvoir, le Général de brigade Brice Clotaire OLIGUI NGUEMA étant devenu le Chef d'Etat, Président du Conseil national pour la transition et la restauration des institutions (CTRI). La fin probable de la transition permettrait de saisir la position Du PDG dans le système politique gabonais.

Quelle que soit la trajectoire, ce qui est constant, c'est le gain ou la perte du pouvoir d'État.

I.2.2 - L'EX-PARTI UNIQUE/DOMINANT : DE L'OPPOSITION AU RETOUR AU POUVOIR

Le Congo et le Bénin renseignent sur un temps cours du passage du pouvoir à l'opposition, et du retour au pouvoir. Mais, ce processus ne semble pas facile comme on pourrait le penser, il y a un retour au pouvoir de manière pacifique (Bénin), et un retour au pouvoir de manière violente (Congo).

Au Bénin, anciennement République du Dahomey, le Parti de la Révolution Populaire du Bénin (PRPB) créé le 30 novembre 1975 qui est devenu le parti unique/dominant avec le Président Mathieu KEREKOU disparaît en 1990 par le vent démocratique. *« Le caméléon est remonté en haut de l'arbre »* (MAYRARGUE, 1996, p. 124) par le

Front d'Action pour le Renouveau et le Développement (FARD) après la Présidence de monsieur Nicéphore SOGLO (1991-1996). Ce n'est pas le parti unique, mais c'est le gestionnaire du parti et de la période uniques qui est revenu au pouvoir. Camilla STRANDSBJERG aide à saisir cette trajectoire par ce qui suit : *« La personnalité de Kérékou est étroitement liée à cette histoire politique récente du Bénin. Ancien militaire, il fut d'abord le leader du régime militaro-marxiste entre 1972 et 1989. Suite à la Conférence nationale de février 1990, il fut maintenu à son poste de chef de l'Etat pendant le régime de transition de 1990-1991»* (STRANDSBJERG, 2005, pp. 71-94). On peut donc comprendre conséquemment la suite : *« Aux premières élections présidentielles du « Renouveau démocratique », en 1991, Kérékou a perdu face à Nicéphore Soglo, le « nouveau candidat », technocrate et ancien administrateur de la Banque Mondiale. Cependant, cinq ans plus tard, Kérékou a été réélu président de la République du Bénin. L'ancien général du régime marxiste-militaire était devenu démocrate. Le petit livre de Mao était remplacé par la Bible, et Kérékou se lançait dans une nouvelle aventure politique, cette fois-ci avec un discours d'inspiration pentecôtiste »* (STRANDSBJERG, 2005, p. 73). Cette mobilisation des registres divin et démocrate dans les arts de faire de la politique par monsieur Mathieu KEREKOU donne à voir *« la démocratie divine »* en train de faire sens (STRANDSBJERG, 2005, pp. 71-94). À cela s'ajoutent les coalitions et alliances électorales.

Même si le parti unique/dominant, le Parti de la Révolution populaire du Bénin a disparu, on ne peut pas douter que le poids et l'esprit du parti unique aient continué à structurer les mentalités et la pratique politiques combattu alors par le démocrate-pasteur. Ainsi pouvait-il affirmer ce qui suit : *« En régime démocratique, la grandeur et la crédibilité des dirigeants politiques se mesurent à la modestie, voire à l'humilité dont ils sont capables de faire preuve »* STRANDSBJERG, 2005, p. 81). Monsieur Nicéphore SOGLO n'a exercé qu'un seul mandat de cinq ans (1991-1996) ; monsieur Mathieu KEREKOU est revenu au pouvoir en briguant deux mandats, du 04 avril 1996 au 05 avril 2006. Ceci veut dire que monsieur Mathieu KEREKOU a pacifiquement et démocratiquement repris le pouvoir, même si on peut y lire une violence symbolique dans la perspective bourdieusienne.

Au Congo, il y a aussi le cas du Président Dénis SASSOU NGUESSO, qui, dans un contexte de guerre civile, a été chassé du pouvoir. L'exercice du pouvoir par le Président Pascal LISSOUBA a été éphémère dans un contexte de guerre civile avec le retour au pouvoir du Président Dénis SASSOU NGUESSO légitimé, ensuite par l'organisation d'élections.

En réalité, ces deux cas témoignent de la réalité du retour au pouvoir de l'ex-parti unique/dominant. Mais la fortune des autres ex-partis uniques est contrastée ailleurs.

II. L'EX-PARTI UNIQUE/DOMINANT : DE L'OPPOSITION À LA DISPARITION

Maintenant les analyses donnent à voir les situations de confinement dans l'opposition (II. 1) et de disparition (II. 2) de l'ex-parti unique dominant.

II. 1 - L'EX-PARTI UNIQUE/DOMINANT : ÉTERNEL PARTI D'OPPOSITION ?

L'hypothèse ici est celle de l'ex-parti unique/dominant, qui, se retrouvant dans l'opposition, ne parvient plus à revenir au pouvoir. Il est devenu un parti d'opposition confirmé, comme on peut le constater au Sénégal, en Côte d'ivoire et au Mali, pour ne citer que ces cas.

En dépit, des structures d'opportunités culturelles propres à chaque société politique, il apparait une même réalité dans ces différents pays : l'ex-parti unique/dominant perd toutes les élections, notamment présidentielles de la démocratisation. C'est la perte et la dépréciation de ses ressources politiques. Il faut en saisir quelques facteurs explicatifs : l'avantage territorial comparatif, les « di-sociations », le financement des campagnes politiques, etc.

L'ex-parti unique/dominant a perdu son avantage territorial comparatif lié à sa stato-nationalisation ou projection périphérique du contexte du parti unique. À l'épreuve continue de la compétition politique et électorale, sa base électorale s'amenuise également graduellement. Face à la rareté des biens ou trophées politiques, ses anciens membres ou militants, adhèrent massivement et stratégiquement au nouveau parti au pouvoir qui bénéficie du pouvoir d'allocations autoritaire des choses de valeur. La transhumance politique devient alors une pratique de plus en plus valorisée (MONKAM, 2020, pp. 9-16 ; KAPTCHOUANG TCHEJIP, 2015, pp. 147-174 ; BOUMAKANI, 2008, pp. 499-512 ; MEDARD, 2000, pp. 75-87), au même titre que les stratégies de divisions et manipulations opérées par le nouveau pouvoir. Dans ce contexte, devenir membre de l'opposition traduit une perte de valeur politique. Ce qui donne à voir un confinement ethno-régional de l'ex-parti unique s'identifiant à son dirigeant actuel. C'est qui est observable, en Côte d'Ivoire, avec le PDCI sous la direction de Monsieur Henri KONAN BEDIE.

Les « di-sociations » révélatrices des démissions, des suspensions et des exclusions au sein de l'ex-parti unique consolident son nouveau statut de parti d'opposition. En effet, les luttes pour le contrôle légitime du parti, en rapport avec la nouvelle donne politique, développent et renforcent les divisions internes. Les organes dirigeants ont des difficultés à contrôler le parti, parce qu'ils ne disposent plus des ressources institutionnelles et coercitives, justifiant le parti-Etat. C'est ce qui explique, entre autres, la montée en généralité des « di-sociations » qui sapent et affaiblissent la base électorale de l'ex-parti unique dans la démocratisation. L'ex-parti est devenu alors un facteur d'éclosions de nouveaux partis politiques.

De manière logique, ce qui précède aide à comprendre la problématique actuelle du financement de l'ex-parti unique. Ce dernier n'a plus les moyens de sa politique. Il a perdu en capitaux humains, et partant en capitaux financiers. Ses militants ont continuellement perdu leurs positions privilégiées de pouvoir qui leur accordaient d'énormes avantages matériels, financiers et symboliques lors des compétitions électorales interpartisanes. On ne peut plus battre campagne avec les moyens de l'Etat, à savoir véhicules, les locaux, etc. On ne peut plus financer le parti avec l'argent de l'Etat. Le financement privé de l'ex-parti unique est en chute libre. Qui plus est, le financement public qui dépend du nombre d'élus, est considérablement faible parce que le nombre d'élus aussi a considérablement chuté. Or, l'argent est le nerf de la politique des partis politiques (LEYRIT, 1995).

Ceci veut dire que, l'ex-parti unique n'a plus les moyens de sa politique lui permettant de revenir au pouvoir. Il est en bas. Il est devenu un parti nostalgique. Ce qui est rendu encore plus difficile au regard de stratégies de confiscation et de monopolisation du pouvoir développées par le parti actuellement au pouvoir.

II. 2 - DE LA DISPARITION DE L'EX- PARTI UNIQUE/DOMINANT

En paraphrasant Michel OFFERLE (OFFERLE, 2022, pp. 117-123 ; ROSE et MACKIE, 2018 ; MARTINACHE et SAWICKI, 2020), on peut se poser la question suivante : Comment et pourquoi l'ex-parti unique meurt-il ? En ce qui concerne la disparition des partis politiques, en général, et à la suite de quelques contributions de ROSE (ROSE et MACKIE, 2018), certaines raisons sont mentionnées : *« La durée de vie des partis varie en fonction de leurs succès électoraux, de leurs participations gouvernementales (mais des contradictions entre les diverses élites peuvent ici surgir) et de l'habileté du leader faisant prévaloir l'accès aux postes sur les excès des partisans orientés vers l'intérieur de l'organisation »* (OFFERLE, 2022, pp. 117-123). Ceci veut dire que l'échec aux élections, la non-participation aux équipes gouvernementales et l'habilité du leader aident à comprendre la disparition d'un parti politique.

Ces raisons, quoique pertinentes, sont insuffisantes à saisir la disparition de l'ex-parti unique. La disparition dont il s'agit ici consacre la mort, la fin ou l'inexistence de fait et de droit du parti unique. À ce sujet, il y a deux hypothèses : d'une part, la disparition par la dissolution (Tchad, Bénin, Mali, Togo) ; et, d'autre part, la disparition par mutation, transformation, fusion ou changement de nom (République Démocratique du Congo).

Dans la plupart des pays africains, le retour au multipartisme dès les années 1990 a mis fin au règne du parti unique, soit en devenant un parti dans le multipartisme, soit en disparaissant tout simplement. Mamadou GAZIBO observe que : *« En effet, dans beaucoup de pays, une fois vaincues les résistances au multipartisme, les partis politiques se sont multipliés et ont disparu au gré des fusions et « transhumances » à un rythme tel qu'il était bien difficile de les prendre au sérieux »* (GAZIBO, 2006, pp. 5-17). Il y a également la difficulté et la complexité de l'héritage du parti unique dans la démocratisation consécutivement à la perte des élections ou au décès de son créateur.

En dépit de la logique de continuité dans certaines situations, il y a la disparition du parti unique.

Au Togo (COMI TOULABOR, 2005, pp. 113-131), l'ancien parti unique/dominant, le Rassemblement du Peuple Togolais (RPT) fondé le 30 août 1969 par le Président EYADEMA a excrcé le pouvoir jusqu'en avril 2012. En effet, son successeur, Faure GNASSINGBE, au regard de la complexification de la scène politique, a créé l'Union Pour la République sur les cendres du RPT, afin de ratisser large et de conserver le pouvoir. Ceci lui permet de s'inscrire, dans une certaine mesure, dans la logique de continuité avec une ouverture du personnel politique du fait de la disparition du RPT.

En ce qui concerne le Bénin, il la disparition Parti de la Révolution Populaire du Bénin en 1990 et la création Front d'Action pour le Renouveau et le Développement (FARD) qui a permis au Président Mathieu KEREKOU de revenir au pouvoir. Dans une logique et stratégie d'adaptation conservatrice, ce dernier a changé d'idéologie et son registre politique en contexte de démocratisation en développant la démocratie divine. On peut ainsi comprendre la disparition du parti unique nourrie aussi par la transhumance et les « *di-sociations* ».

La disparition de l'ex-parti unique qui a moulé la plupart des élites politiques africaines, qu'on s'en réjouisse ou qu'on le déplore est sujette à caution. En effet, le poids de la culture du parti unique structure de part en part la démocratisation. Au regard des effets néfastes de la pratique démocratique, entre autres, l'exacerbation du libertinage, du tribalisme, la corruption, l'impuissance de l'Etat, il y a une sorte de nostalgie du parti unique au regard du contrôle efficace sur les populations et de la société politique. En même temps et contradictoirement, l'expression et l'exercice des libertés démocratiques de tout ordre, avec les avantages matériels et symboliques, individuels et collectifs qui s'y rattachent, justifient le refoulement et l'éloignement du spectre et du traumatisme du retour au parti unique.

CONCLUSION

La démocratisation en Afrique consacre les fortunes diverses de l'ex-parti unique. Mais pour l'ex-parti unique encore en activité, aussi bien que pour les autres partis politiques, les défis sont globalement les mêmes. Il s'agit, de manière non exhaustive du défi de son unité dans son champ politique privé (fonctionnement interne) et du défi de son impact réel sur la stabilité et le développement de l'Etat et l'épanouissement des populations dans le champ politique public (central et local).

Ici et là, méritent d'être traitées efficacement en puisant dans les cultures et traditions africaines, les questions de discipline, de démocratie, d'ethnicité, de féminisation, de rajeunissement, d'alternance, de corruption, de gouvernance inclusive et du néocolonialisme sous toutes ses formes.

RÉFÉRENCES BIBLIOGRAPHIQUES

Akono Evang S. P., (2014), Contribution à une science africaine de l'ethnie à partir de l'expérience camerounaise, Droit et Société, n° 86, pp. 157-174.

Akono Evang S. P., (2014), L'exploration africaniste du politique autrement : faire la socio-politologie des concepts directeurs, Revue Africaine d'Etudes Politiques et Stratégiques, n°1, pp. 131-160.

Akono Evang S. P., (2009), La posture comme clé de détermination de la nature du régime politique camerounais », Revue Africaines d'Etudes Politiques et Stratégiques, n° 6, pp. 81-98.

Akono Evang S. P., (2006), Partis politiques, ethnies et politique d'affection dans la démocratisation au Cameroun (1990-2004) : contribution à l'élaboration d'une sociologie de la politisation de l'ethnicité, Thèse de Doctorat/Ph.D, Science Politique, Yaoundé, Université de Yaoundé II, 643 p.

Badie B. et Hermet G., (2001), La politique comparée, Paris, Armand Colin, 316 p.

Banegas R., (2003), Les paradoxes de la consolidation démocratique, In *La démocratie à pas de caméléon. Transition et imaginaires politiques au Bénin*, Paris, Karthala, 2003, pp. 207-240. : https://www.cairn.info/la-democratie-a-pas-de-cameleon--9782845863965-page-207.htm

Banock M., (1992), Les processus de démocratisation en Afrique : Le cas camerounais, Paris, L'Harmattan, 252 p.

Balandier G., (1986), Sens et Puissance, Paris, Quadrige/PUF, 336 p.

Bayart J.-F., (1996), La greffe de l'Etat, Paris, Karthala, 404 p

Bayart J.-F., (1989), Le politique par le bas en Afrique. Question de méthode, Politique africaine, n°1, Mars, pp. 53-82.

Bayart J.-F., Mbembe A. et Toulabor C., (1992), Le politique par le bas en Afrique noire : contribution à une problématique de la démocratie, Paris, Karthala, 228 p.

Boumakani B., (2008), La prohibition de la « transhumance politique » des parlementaires. Etude de cas africains », Revue française de droit constitutionnel, n° 75, pp. 499-512.

Carbone G. M., (2006), Comprendre les partis et les systèmes de partis africains. Entre modèles et recherches empiriques, Traduit de l'anglais par Annabelle Larouche St-Sauveur, Politique africaine, n° 104, pp. 18-37 : DOI 10.3917/polaf.104.0018 Article disponible en ligne à l'adresse : https://www.cairn.info/revue-politique-africaine-2006-4-page-18.htm

Charlot J., (1971), Les partis politiques, Paris, Armand Colin, 256 p.
Coleman J. S. et Rosberg C. G. (eds), (1964), Political Parties and National Integration in Tropical Africa, Berkeley, University of California Press, 746 p.

Debbasch O., (1966), La formation des partis uniques africains, Revue des mondes musulmans et de la Méditerranée, pp. 51-94.

Dieng A. A., (2012), Le parti unique et les pays d'Afrique noire. Le cas du Sénégal, Présence Africaine, n° (185-186), pp. 195-207.

Easton D., (1953), The Political System, New York, A. A. Knopf, 320 p.

Esambo Kangashe J.-L., (1998), Le Président Mobutu et le Premier Ministre sous l'acte constitutionnel de la transition: duel ou duo?, Afrika Focus, pp. 161-178.

Gaxie D., (1977), Economie des partis et rétributions du militantisme, Revue Française de Science politique, n° 20 (1), pp. 123-154.

Gazibo M., (2006), Pour une réhabilitation de l'analyse des partis en Afrique, Politique africaine, n° 104, 2006, pp. 5-17.

Hodgkin T., (1961), African Political Parties: An Introductory Guide, Harmondsworth, Penguin, 217 p.

Huntington S., (1996), Troisième vague. Les démocratisations de la fin du XXe siècle, Nouveaux horizons, 340 p.

Jaffrelot C., (Dir.), (2000) Démocraties d'ailleurs. Démocratie et démocratisation hors d'Occident, Pris, Karthala, 644 p.

Kaptchouang Tchejip C., (2015), La transhumance politique au Cameroun (1990-2013): entre surdimensionnement des ego et figuration sur la scène politique, Revue africaine d'études politiques et stratégiques: African Journal of Political and Strategic Studies, n° 2, pp. 147-174.

Kaptchouang Tchejip C., (2004), Partis politiques et démocratie locale au Cameroun : Une analyse de la compétition locale à l'ère du pluralisme, Thèse de Doctorat/PhD en Science Politique, Université de Yaoundé II.

Keita M., (1960), Le parti unique en Afrique, Présence Africaine, n° 30, pp. 3-24.

Kingdon J. W., (1984), Agendas, Alternatives and Public Policies, Boston, Little Brown, 240 p.

Koselleck R., (1997), L'expérience de l'histoire, Paris, Gallimard/Le Seuil, 247 p.

Lavroff D.-G., (1974), Démocratie et parti dominant, Le Monde diplomatique, p. 19.

Leyrit C., (1995), Les partis politiques et l'argent, Paris, Marabout, 250 p.

Martinache I. et Sawicki F., (2020), La fin des partis ?, Paris, La vie des idées, 98 p.

Mayrargue C., (1996), Le caméléon est remonté en haut de l'arbre, Politique africaine, n° 62, p.124.

Médard J.-F., (2000), Clientélisme politique et corruption, In CARTIER-BRESSON J., (dir.), *Corruption, libéralisation, démocratisation, Tiers-Monde*, tome 41, n°161, pp. 75–87.

Meny Y. et Surel Y., (2004), Politique comparée. Les démocraties, 7e édition, Paris, Montchrestien, 495 p.

Mokam D., (2020), La transhumance politique et la réunification au Southern Cameroons: 1949-1960, Africana Studia, n° 33, Edição do centro de estudos africanos da Universidade do porto, pp. 9-16.

Moore B., (1973), Social Origins of Dictatorship and Democracy. Lord and Peasant in the Making of the Modern World, Penguin University Books, 559 p.

Nuembissi Kom P., (2008), Les partis politiques africains entre universalité et particularité, Polis/R.C.S.P. /C.P.S.R., Vol. 15, Numéros 1&2, pp. 1-77.

N'guessan K., (2003), Le coup d'État de décembre 1999 : espoirs et désenchantements, In Le Pape M. et Vidal C., (dir.), *Côte d'Ivoire. L'année terrible 1999-2000*, Paris, Karthala, pp. 51-80.

Offerle M., (1987), Les partis politiques, Paris, PUF.

Przeworski A., (1991), Democracy and the Market. Political and Economic Reforms in Eastern Europe and Latin America, Cambridge, Cambridge University Press, pp. 66- 88.

Rambourg M., (1968), Parti Unique et Administration en Afrique, Canadian Journal of African Studies / Revue canadienne des études africaines, pp. 137-146.

Rose R., Mackie T. T., (2018), Do Parties Persist Or Disappear?: The Big Tradeoff Facing Organizations, Studies in public policy, Centre for the Study of Public Policy, University of Strathclyde, 1984, Université de Californie, Berkeley, 28 p.

Schachter-Morgenthau R., (1998), Le multipartisme en Afrique de l'Ouest francophone jusqu'aux indépendances : la période nationaliste, Paris, L'Harmattan, 488 p.

Sindjoun L., (2004), *Comment peut-on être opposant au Cameroun ? Politique parlementaire et politique autoritaire*, Dakar, Codesria, 350 p.

Strandsbjerg C., (2005), Continuité et rupture dans les représentations du pouvoir politique au Bénin entre 1972 et 2001, Cahiers d'études africaines, pp. 71-94.

Sylla L., (1977), Tribalisme et parti unique en Afrique noire Esquisse une théorie générale de intégration nationale Paris, Presses de la Fondation nationale des sciences politiques, 396 p.

Toulabor C., (2005), La difficile implantation territoriale du multipartisme au Togo: CAR, CDPA, et UFC, In QUANTIN P. (dir.), *Gouverner les sociétés africaines : acteurs et institutions*, Paris, Karthala, pp. 113-131.

LES LIBANAIS AU CAMEROUN ET EN CÔTE-D'IVOIRE : Trajectoires migratoires et dynamiques socio-spatiale d'une communauté immigrée

Henri Ludovic Mboha Nyamsi
Université de Yaoundé II/LARGEHMAC
nyamsihenri@gmail.com

Résumé

Le Cameroun et la Cote d'Ivoire sont deux pays caractérisés par une politique migratoire hospitalière. En raison de cette hospitalité, ils sont considérés comme des pôles d'attraction pour de nombreux étrangers venant non seulement de la sous-région mais aussi des pays lointains. Parmi les populations étrangères dans ces deux pays figurent en bonne place la communauté libanaise. Facilitée au départ par l'appartenance du Cameroun, de la Cote d'Ivoire et du Liban à un même empire colonial, cette migration libanaise au Cameroun et en Côte d'Ivoire va se poursuivre et se perpétuer au lendemain des indépendances grâce aux **Success Stories** des premiers arrivants. Ces derniers vont jeter des ponts pour faciliter l'arrivée et l'installation des prochaines générations. Cette double trajectoire migratoire (coloniale et post coloniale) a contribué à former une colonie libanaise au Cameroun et en Côte d'Ivoire et dont l'organisation et la visibilité ont contribué à domestiquer et à s'approprier un certain nombre d'espaces qui concourent à l'affirmation de leur identité malgré le caractère très cosmopolite des villes qui les accueillent. Au-delà des différentes trajectoires migratoires, ce travail met en exergue les stratégies et les pratiques sociales d'une communauté désireuse d'habiter le nouvel espace ou de domestiquer les non lieux de la migration.

Mots clés. Libanais, Cameroun, dynamiques socio-spatiale, Communauté immigrée

Summary

Cameroon and Cote d'Ivoire are two countries characterized by a hospital policy. Because of this hospitality, they are considered as poles of attraction for many foreigners coming not only from the sub-region but also from distant countries. Among the foreign populations in these two countries figure prominently the Lebanese community. Initially facilitated by the belonging of Cameroon, Ivory Coast and Lebanon to the same colonial empire, this Lebanese migration continued and was perpetuated after independence thanks to the Success Stories of the first immigrants. The latter built bridges to facilitate the arrival and installation of the next generations. This double migratory trajectory (colonial and post-colonial) contributed to forming a Lebanese colony in Cameroon and in Côte d'Ivoire. The organization and visibility of the Lebanese community contributed to domesticating and appropriating spaces which asserting their identity despite the very cosmopolitan nature of the cities that host them. Beyond the different migratory trajectories, this work highlights the strategies and social practices of a community wishing to inhabit the new space or to domesticate the non-places of migration.

Key words: Lebanese, Cameroon, socio-spatial dynamics, immigrant community

INTRODUCTION

Historiquement, le Cameroun, « terre d'accueil »[485] et la Cote d'Ivoire « pays d'hospitalité »[486] sont considérés comme des pays hospitaliers abritant sur leurs territoires de nombreux étrangers venant non seulement des pays voisins, mais aussi des nations lointaines. Parmi les populations étrangères installées dans ces deux pays figurent les Libanais dont la présence, les activités et les dynamiques d'occupation de l'espace marquent l'observateur, notamment le chercheur en questions migratoires. Facilitée au départ par l'appartenance du Cameroun, de la Cote d'Ivoire et du Liban à un même empire colonial[487], la migration libanaise vers l'Afrique et singulièrement vers le Cameroun et la Cote d'Ivoire va se poursuivre et se perpétuer au lendemain des indépendances grâce aux *Success Stories* des premiers arrivants (Thioub, 2006). Ces derniers ont très vite pris conscience des opportunités économiques et des possibilités d'insertion dans les circuits de la traite, forme dominante de l'exploitation coloniale en Afrique (Thioub, 2006 : 3). Par sa structure et ses mécanismes de fonctionnement, ce type d'économie, dominé par l'activité marchande nécessite l'emploi d'un nombre considérable d'intermédiaires commerciaux. Très vite les Libanais ont intégré ces circuits et sont

---

[485] Les violences politiques récurrentes, la généralisation de l'insécurité et les nombreuses guerres civiles atroces survenues en Afrique centrale et dans les grands lacs au cours des dernières décennies ont provoqué d'importants mouvements de populations en quête d'un refuge à l'étranger. Dans cet environnement en proie au relâchement des normes et pratiques fondatrices de la cohésion, le Cameroun est apparu comme un pôle d'attraction pour ces populations. C'est ainsi que de milliers de réfugiés en provenance du Tchad, du Nigéria, de la République Centrafricaine, du Rwanda et du Burundi ont regagné le Cameroun. Le Cameroun abrite à ce jour selon les statistiques du HCR près de 400 000 réfugiés centrafricains repartis sur l'étendue du territoire national. D'autre part, le Cameroun constitue une terre d'opportunités économiques pour de nombreux migrants venus d'Afrique occidentale. Ces migrants économiques exercent dans divers secteurs d'activités en fonction du pays d'origine. Les Sénégalais et les Maliens sont majoritairement dans le petit commerce, les Tchadiens dans la cordonnerie, les Centrafricains sont spécialisés dans le gardiennage et les Nigérians dans la vente de pièces automobiles (Voir profile migratoire du Cameroun, OIM, 2009). Cette ouverture du Cameroun à l'égard des étrangers lui a valu le nom de ''terre d'accueil'' désormais lié à son identité.

[486] Consacré par son hymne national « Salut Ô terre d'espérance ! Pays de l'hospitalité », la Cote d'Ivoire est effectivement considérée comme terre d'hospitalité en raison du nombre d'étrangers qu'il abrite sur son territoire, lequel se situe autour de 40% de la population totale du pays. Voir Cyril Bensimon, « Côte d'Ivoire. Une mosaïque fragile », *Le Monde*, 25 février 2019, p. 12

[487] Le Cameroun tout comme la Cote d'Ivoire et le Liban est au lendemain de la Première Guerre mondiale sous la domination française

devenus incontournables pour les occidentaux d'une part à qui ils livraient les produits issus des « brousses » africaines et destinés pour les métropoles occidentales et pour les indigènes d'autre part devenus dépendants des produits manufacturés que devaient leur livrer en retour les Libanais. Ce qui leur a permis de se fondre très tôt dans le paysage économique.

Loin d'être un ensemble monolithique, la communauté libanaise au Cameroun et en Côte d'Ivoire est divisée non seulement par des clivages pré-migratoires liés à la classe sociale, à la religion ou au village d'origine, mais aussi par des distinctions qui proviennent de différents processus migratoires. Ces différentes trajectoires ont peu à peu formé des colonies[488] libanaises au Cameroun et en Côte d'Ivoire et dont l'organisation sociale et la visibilité ont contribué à domestiquer et à « s'approprier »[489] (Veschambre, 2003 : 73) un certain nombre d'espaces qui concourent à l'affirmation de leur identité malgré le caractère très cosmopolite des villes qui les accueillent.

L'objectif de ce travail est d'analyser le processus d'implantation de la communauté libanaise au Cameroun et en Côte d'Ivoire en s'intéressant, en plus des trajectoires migratoires, à son organisation sociale et spatiale. Il s'agit d'examiner à partir d'une approche socio anthropologique de la migration[490] l'ensemble des relations sociales et des pratiques spatiales d'une communauté désireuse d'« habiter » le nouvel espace ou de domestiquer les *« non lieux »* de la migration[491].

---

[488] « Colonie » n'est pas à entendre ici au sens péjoratif du terme désignant un territoire étranger à la nation qui l'administre et l'entretient dans un rapport de dépendance politique économique et culturelle, mais plutôt comme un ensemble d'individus qui quittent leur pays pour s'établir ou se fixer dans une autre contrée.

[489]Il ne s'agit pas d'une appropriation au sens juridique en termes d'acquisition d'une propriété, mais d'une appropriation au sens anthropologique, qui consiste à se familiariser avec un espace qui nous est étranger au point d'en faire sien au travers des marquages symboliques…Lire à ce sujet, Veschambre, Vincent, 2003. Appropriation et marquage symbolique de l'espace : quelques éléments de réflexion. Carta, Université d'Angers.

[490]Cette approche appréhende la migration non pas comme un simple mouvement des individus d'un lieu A vers un lieu B, mais elle prend en compte les processus de conservation, voire de (re)construction identitaire engagé par les immigrés libanais dans des espaces publics nationaux d'autres pays

[491] Dans les littératures migrantes, l'espace est souvent un lieu de passage, hostile et vide de toute dimension humaine. Pour (re)trouver ses repères, le personnage migrant doit reconfigurer ce « non-lieu» qu'est le pays d'accueil, au risque d'en faire le terrain d'un conflit irrésolu entre deux cultures. Voir Joubert Satyre, « Non-lieux et

Autrement dit, comment les Libanais au Cameroun et en Côte d'Ivoire réussissent ils à se sentir *« chez eux »*[492] en dépit de l'hétéronomie liée à l'exil ?

Cette étude qui s'inscrit dans la perspective des rapports entre migration-territoire et identité (Bruneau, 2006 ; Di Méo, 2002) interroge la façon dont les communautés immigrées, celle libanaise en l'occurrence, négocie son installation voire son implantation dans les sociétés d'accueil tout en préservant une continuité identitaire, qui traduit une espèce d'attachement à son pays d'origine. En fait, face au danger de dilution et d'assimilation dans les sociétés d'accueil, les membres de la communauté libanaise s'inscrivent dans une dynamique de construction sociale et de marquage symbolique des espaces en vue de la perpétuation et de la transmission de leur identité. Par ce phénomène de tropicalisation[493], ces migrants créent des espaces « refuges », ou des *ethnoscapes* (Apadurai 2001) dans leur pays d'accueil où ils transplantent sous le modèle fantasmé ou réel les éléments de leur culture. C'est la constitution du fil continu qui tisse les canevas de leur histoire personnelle et communautaire (Ramos, 2006).

D'un point de vue théorique, ce travail s'inscrit dans une perspective constructiviste notamment le constructivisme structuraliste de Pierre Bourdieu qui permet d'allier le rôle de l'individu dans la construction des savoirs et l'influence des structures sur ces individus (Bourdieu, 1989 : 88). Il constitue un cadrage théorique pertinent en ceci qu'il nous permet d'observer, mieux de comprendre la construction et la (re)construction des pratiques sociales, les valeurs, les croyances et les modes d'investigation des espaces par les immigrés libanais dans leur nouvel environnement. Au-delà de la littérature, cette recherche s'appuie sur des éléments de terrain collectés depuis 2013 dans le cadre de précédents travaux[494] que nous avons menés sur cette communauté.

---

déterritorialisation, tropicalisation et reterritorialisation dans Passages d'Émile Ollivier et Chronique de la dérive douce de Dany Laferrière, *Revue Voix plurielles,* 2008, vol 5, n°2

[492] Le chez soi à l'étranger, lire à ce sujet, Stéphane Dufoix, dans son ouvrage *Les diasporas*, Paris, PUF, 2003, p 83.

[493] Emprunté à Satyre Joubert (op cit), la tropicalisation traduit l'idée de la domestication ou de l'appropriation par un individu d'un espace qui lui est étranger en vue d'en faire sien.

[494] Voir notre thèse de Doctorat intitulé « immigration et logiques de transplantation ailleurs de l'Etat d'origine. Le cas des Libanais au Cameroun et en Côte d'Ivoire »,

Il s'agit d'un ensemble d'entretiens semi-directifs avec plusieurs individus (Libanais, et autres observateurs), mais aussi des observations directes à partir des terrains camerounais et ivoiriens. Ainsi, après avoir examiné les trajectoires d'implantation de la communauté libanaise au Cameroun et en Côte d'Ivoire, la discussion analyse ses modalités d'organisation sociale et d'occupation de l'espace.

I- DYNAMIQUE MIGRATOIRE ET TRAJECTOIRES DE L'IMPLANTATION DES LIBANAIS AU CAMEROUN ET EN COTE D'IVOIRE

A la faveur des multiples crises qui ont frappé le Liban tout au long de son histoire[495], le pays s'est inscrit dans une dynamique migratoire composite marquée par le départ de la majorité de ses populations à l'étranger[496] avec l'Afrique comme terre d'attraction parmi les multiples trajectoires qu'a connues cette émigration. Commencée il y'a plus d'un siècle[497] et jadis concentrée sur quelques pays francophones d'Afrique de l'Ouest notamment le Sénégal et la Guinée Conakry (Bourgui, 2005 : 150), la migration libanaise touche

thèse de Science Politique soutenue à l'Université de Yaoundé II le 10 novembre 2017 ; ou encore « Diaspora et résilience de l'Etat : comment l'identité fait sens dans la reproduction ailleurs de l'Etat », *Polis*, n° 21, septembre 2017.

[495] Le Liban a tout au long de son histoire connu de nombreuses crises politiques, mieux une crise politique continue avec des périodes d'accalmie. Dans ses différentes relations avec le monde extérieur et aussi du fait du pluralisme confessionnel difficilement maitrisable, l'Etat libanais, même s'« il fonctionne, produit des lois, des services sociaux, opère des transferts économiques et finit aussi par créer de la loyauté »[495], s'inscrit dans une situation de crise « permanente » larvée ou ouverte. Il s'agit d'une société éclatée, avec un passé difficile et conflictuel caractérisé par de nombreuses guerres civiles et par l'immixtion constante des puissances régionales et extra régionales dans ses affaires intérieures, ce qui explique selon une synthèse d'Elizabeth Picard les difficultés d'un État qui peine à trouver la stabilité. (Picard (Elizabeth), « Liban, un Equilibre précaire. Questions internationales », *La Documentation française,* 2008, pp.89-99

[496] Selon plusieurs sources, la population libanaise expatriée est supérieure à celle restée au pays, voir Lacoste
(Yves), Géopolitique des diasporas, Paris, Hérodote, 1989 ; Atlas du Liban, chapitre 2, p.32-63, intitulé le « Liban dans la mondialisation », Presses de l'Institut Français du Proche Orient (IFPRO), 2007.

[497] Boutros Labaki situe l'arrivée des premiers Libanais en Afrique en 1892. Voir son article « L'émigration libanaise en Afrique occidentale sud-saharienne », REMI, 1993, n°9-2, pp 91-112

aujourd'hui l'ensemble du continent. Cette émigration n'a pas épargné le Cameroun et la Cote d'Ivoire. Encouragée au départ par les autorités coloniales françaises (Naba Réné, 2004)[498], cette migration va se poursuivre au lendemain des indépendances en raison des *success stories* des premiers migrants qui ont jeté des ponts pour favoriser l'arrivée de leurs compatriotes.

I.1-Une émigration libanaise favorisée par la colonisation française

A la fin du XIXe siècle, la France est présente en Afrique et occupe de nombreux territoires sous le régime de la colonisation[499]. Elle contrôle de vastes ensembles aussi bien en Afrique du nord qu'en Afrique subsaharienne. Si le but officiel est de propager l'éducation occidentale et de vulgariser la religion catholique, cela n'empêche pas la France de privilégier également ses intérêts économiques et commerciaux tout en affirmant son indéniable influence dans le monde. Au même moment, on note une présence française au Liban bien que ce dernier soit encore sous l'emprise ottomane[500]. Avec la Première guerre mondiale et la défaite de l'empire ottoman allié de l'Allemagne, la domination ottomane sur le Liban va prendre fin au profit de la France. Cette dernière sera alors chargée d'administrer le Liban par le biais du mandat de la Société des Nations[501]. Ainsi le Liban comme de nombreux pays d'Afrique subsaharienne se retrouve sous le giron de la France qui crée un pont entre les colonies d'Afrique au Sud du Sahara et celles du Proche et Moyen Orient notamment la Syrie et le Liban[502].

L'arrivée des premiers Libanais en Afrique coïncide avec la présence française au Proche Orient et s'amplifie avec l'instauration du

[498] [498] Naba (Réné), « Liban-Diaspora : la colonisation occidentale, le plus important bouleversement
démographique de l'histoire de l'humanité », communication donnée à l'occasion de la célébration du premier centenaire de l'émigration libanaise. 15 janvier 2014

[499] Bien que le Cameroun n'ait jamais été officiellement une colonie française, ce dernier dans la pratique était traité comme les autres pays sous colonie française.

[500] Corm (Georges), *Le Liban contemporain, Histoire et Société*, Paris, La Découverte, 2012, dans son chapitre 3 intitulé De l'émirat du mont Liban à la constitution du Grand Liban, p.85

[501] Corm, op cit, p 86.

[502] Naba (Réné), 2014, op cit.

mandat qui attribue officiellement la gestion du Liban à la France. Ce qui laisse présager que la France a joué un rôle important dans le « déroutement[503] » des flux migratoires libanais vers l'Afrique. Ceci peut également se justifier par le fait que l'expérience africaine des premiers Libanais démarre dans les colonies françaises notamment au Sénégal et en Guinée française.[504] Ce n'est que quelques années plus tard que cette présence va se manifester dans les colonies anglaises notamment au Ghana, au Nigéria et en Sierra Léone. La thèse que l'émigration des premières vagues libanaises vers l'Afrique a été voulue et entretenue par la France repose sur deux éléments fondamentaux, l'un économique et l'autre politique.

Sur le plan économique, l'objectif de la France était de placer les Libanais émigrés d'Afrique en situation d'intermédiaires entre colons et colonisés, entre les Blancs résidant dans les villes côtières et les Noirs peuplant la « brousse » africaine en vue d'assurer l'acheminement des produits issus de ces « brousses » et destinés vers les ports européens.[505] « L'expansion coloniale en Afrique de l'Ouest et du centre exige un lourd investissement, tant en hommes qu'au niveau budgétaire. Afin d'encadrer les différents commerces (arachide, bois, matières premières…), d'occuper les comptoirs et, *in fine*, d'effectuer un maillage de négociants et d'intermédiaires au sein de l'empire colonial, Paris trouve en ces Libanais les acteurs idoines » (Auregan, 2012 : 2). Leurs statuts d'intermédiaires les rendent indispensables aux administrateurs français, qui y voient non seulement le chaînon manquant entre les producteurs autochtones et les grandes maisons françaises, bordelaises et nantaises notamment, mais également une main-d'œuvre utile qui ne rechigne aucunement à encadrer directement les petits paysans locaux ». Cette déclaration de Charles Robequain[506] résume à elle seule ce rôle peu confortable que

---

[503]Le « déroutement » renvoie à l'idée de confusion, pour traduire l'idée d'une confusion de destination arrangée ou programmée. La petite histoire veut que les premiers migrants libanais en direction de l'Afrique, aient été tout simplement « déroutés » vers ce continent à partir de Marseille alors qu'ils croyaient partir pour le Brésil, les Etats-Unis ou le Mexique. Lire à ce sujet Hourani (Albert), « introduction », in Hourani (Albert) et Shehadi (Nadim*), The lebanese in the world. A century of emigration,* London, I.B, Tauris and the centre for Lebanese Studies,1992, p.7

[504] Thioub (Ibrahima), *op.cit,* p.2

[505] Naba Réné, op cit.

[506] Né en 1897 et mort en 1963, et chaire de Géographie de la France d'Outre- Mer et des Régions tropicales de l'Université de Paris, Charles Robequain a visité l'Afrique

les Libanais devaient jouer dans l'intérêt de Paris au sein des colonies françaises d'Afrique: « *Par leur frugalité, leur ténacité, leur sens des affaires, ce sont des commerçants redoutables ; s'installant dans les lieux les plus reculés sans souci de confort, envoyant leurs camions automobiles sur des pistes invraisemblables, ils se collent au producteur indigène* » (Robequain, 1937 : 133). Venus pour la plupart des zones rurales du sud du Liban, les émigrés libanais de la première génération devaient se répandre dans l'hinterland pour capturer dans les lieux de production les denrées exportables vendues aux agents des grandes compagnies européennes et pour redistribuer les produits importés dans les moindres villages.

L'élément politique est lié au fait que les Français, pour des soucis d'équilibre/déséquilibre démographique au Liban (accroitre la population chrétienne maronite alliée et réduire une population musulmane particulièrement rebelle et menaçante à son endroit) vont encourager une émigration des populations musulmanes vers ces pays d'Afrique. C'est sans doute cette politique qui serait à l'origine de la forte concentration d'une communauté musulmane libanaise dans les pays d'Afrique noire occidentale colonisés par la France. En Côte d'Ivoire par exemple, la communauté libanaise est composée à 95% de musulmans.[507] Même si l'on ne dispose pas de données sur la répartition des Libanais par religion au Cameroun, madame M.K, secrétaire de l'un des doyens de la communauté libanaise au Cameroun pense que les Libanais d'obédience musulmane seraient sinon numériquement supérieures, du moins égaux à ceux d'obédience chrétienne. Parmi les Libanais connus de la première génération au Cameroun figurent Saleh Azar et Hajal Massad qui ont, chacun a sa manière marqué l'histoire de la diaspora libanaise au Cameroun. Cette émigration de première génération sera suivie par d'autres phases plus ou moins récentes.

I.1.1-La perpétuation de la destination africaine : une migration à la chaine, fruit des « *Success Story* » des premiers migrants.

de l'ouest pendant la colonisation française et a laissé de nombreuses notes de voyages consignées dans les différents bulletins de l'association des géographes français.

[507] « La Côte d'Ivoire est-elle confrontée au radicalisme religieux », Rapport de l'Institut d'Etudes de sécurité, N° 13, juin 2015

Comme annoncé précédemment, les premiers Libanais en Afrique en général et au Cameroun et en Côte d'Ivoire en particulier ont très vite pris conscience des opportunités d'affaires et des possibilités d'insertion dans les circuits économiques de la traite pratiquée pendant la période coloniale. Contrairement à leurs compétiteurs européens *les petits blancs*[508] souvent handicapés par un complexe de supériorité nourri par leur appartenance à la nation colonisatrice, les Libanais ont accepté d'adapter leur commerce aux données sociologiques et à la culture de leurs sociétés d'accueil. Acceptant de vivre dans les conditions de leurs clientèles, ils ont intégré leurs activités dans les sociétés d'accueil, s'offrant ainsi les conditions d'une plus grande mobilité pour saisir les différentes opportunités d'échange sur un éventail plus large de produits[509]. Grace à leurs faibles dépenses d'installation, de fonctionnement, à leur rapide familiarisation avec certains aspects des cultures locales mobilisables dans les transactions marchandes notamment les langues locales, les premiers Libanais ont acquis une position centrale dans cette fonction d'intermédiaire leur octroyant ainsi d'énormes profits. Ce succès croissant dans le commerce a accru les flux migratoires en provenance du Liban à la conquête du nouvel eldorado. Ainsi, dès qu'ils le peuvent, les Libanais font venir leurs familles et des compatriotes formant ainsi un réseau commercial de plus en plus dense. La migration est ainsi plus organisée car planifiée et souvent financée à partir du pays d'accueil.

Cette activation des chaînes et des filières migratoires sur la base des réseaux familiaux et communautaires a été favorisée par le mouvement de solidarité que les nombreuses guerres du Liban et leurs lots de malheurs ont suscité parmi les émigrés et leurs descendants, y compris ceux dont les liens avec leurs familles et villages d'origine semblaient avoir été depuis longtemps rompus. Aider un membre plus ou moins proche de sa famille ou de son village à émigrer, faciliter son installation et son insertion professionnelle étaient alors, en temps de guerre, un geste courant et ordinaire de solidarité que de nombreux émigrés ont accompli.[510] Les chaînes migratoires ont été d'autant plus efficaces que la diaspora libanaise dans la plupart des pays

---

[508] Empruntée à Ibrahima Thioub, cette expression désigne ceux des occidentaux qui acceptaient malgré leur position de dominateur de se livrer aux activités considérées comme étant dégradantes. voir Thioub,(Ibrahima) *op.cit.*

[509] Thioub, *op.cit.*, p.3, Bourgui (Albert), Libanais en Afrique ou d'Afrique...,, *op.cit*,

[510] Labaki (Boutros), "Emigration during the war 1975-1990"

d'immigration était déjà depuis longtemps structurée sur le plan économique autour de pôles commerciaux et entrepreneuriaux. Les activités et les entreprises économiques des anciens migrants de la diaspora dont le développement et le fonctionnement étaient en bonne partie basés sur la dynamique des réseaux familiaux et communautaires [511](Souha Tarraf, 2000), ont alors joué un rôle important dans l'insertion économique d'une partie non négligeable des nouveaux venus. Ces derniers sont en général rattachés aux anciens migrants par des liens de parenté. Ces anciens, ordinairement appelés « établis »[512] viennent en aide aux nouveaux venus soit en les intégrant d'une façon ou d'une autre dans leurs propres entreprises, soit en leur fournissant les relais et le soutien leur permettant de construire leur parcours économique et professionnel. Dans cette perspective plusieurs « établis » notamment Sale Azar, Hazim, et Hajal Maassad au Cameroun, ont facilité l'arrivée et l'intégration de plusieurs Libanais de la deuxième génération qui eux aussi à leur tour ont mis sur pied des mécanismes en vue de faciliter l'arrivée d'autres compatriotes. Hajal Massad lui-même est arrivé au Cameroun en 1952 avec le concours de ses deux frères qui séjournaient déjà dans le pays[513].

Inversement, les nouveaux arrivants ont souvent contribué par leur nombre, par les activités nouvellement développées et par la diversité de leurs compétences et qualifications au renforcement des réseaux et des activités économiques des communautés libanaises ou d'origine libanaise déjà installées. Ils ont aussi contribué à l'émergence

---

511 La quasi-totalité des études sur la diaspora libanaise font état d'une diaspora structurée autour des réseaux familiaux et communautaires, voir par exemple Amir Abdulkarim, « La diaspora libanaise une organisation communautaire », *L'espace géographique*, n°3, 1994, pp.217-223 ; Pelikis (Anja) « The emergence of translocal community. The case of a south lebanese village and its migrant connection to Ivory Coast », *Cahier d'études sur la méditérranée orientale et le monde turco-iranien*, n° 30 juin-Décembre 2000, pp. 297-317 ; Souha Tarraf (Najib), « Territoires migratoires, territoires de familles chez les Libanais de Dakar », *op.cit*

512 L'expression « Etablis » ou « Anciens » dans le cadre de l'immigration libanaise fait référence aux individus anciennement installés dans les pays d'accueil en opposition aux « nouveaux » qui sont d'installation récente. Du fait de leur ancienneté dans les pays d'accueil, de l'assise financière dont ils disposent et du capital social et relationnel engrangé dans le pays d'adoption ces derniers constituent donc une base sur laquelle les nouveaux s'appuient

513 Entretien avec Madame Nadia Hajal, épouse Hajal Massad, arrivée au Cameroun en 1956 avec son époux le 25 mars 2023 à Yaoundé

ou au renforcement de « niches» économiques ethniques constituées par des commerces et des services qui s'adressent partiellement ou totalement à une clientèle communautaire[514]. Ils ont enfin contribué à la dynamisation et au renforcement des réseaux sociaux et socioculturels communautaires, tant ceux propres aux pays d'immigration que ceux liant les émigrés aux autres membres de leurs groupes familiaux et villageois qui se trouvaient encore au Liban. La vie des migrants, leurs relations sociales et leurs engagements affectifs restent étroitement liés à un ensemble de réseaux communautaires plus ou moins délocalisés ou trans-locaux qui relient ensemble espaces d'immigration et territoires d'origine et qui reconstruisent et reproduisent des communautés d'appartenance sur la base d'une origine commune et des relations de parenté (Bruneau, 2004 :136). Ces différentes trajectoires ont peu à peu formé des colonies de libanais au Cameroun et en Côte d'Ivoire et dont l'organisation et le mode de structuration de l'expérience collective sont l'objet de notre seconde partie.

II- DYNAMIQUES SOCIALES ET D'OCCUPATION DE L'ESPACE PAR LES LIBANAIS AU CAMEROUN ET EN COTE D'IVOIRE

En tant que forme organisée objectivement visible des points communs les plus intimes fondée sur l'origine des migrants, la communauté (immigrée) a besoin pour se constituer des structures qui lui donnent corps. Il s'agit d'un ensemble d'institutions aussi bien formelles qu'informelles qui permettent aux individus de se regrouper et de faire face ensemble aux problèmes auxquels ils sont confrontés. Ces structures qui assurent généralement le maintien des marqueurs culturels, apparaissent comme des lieux de transmission de la conscience identitaire. Le territoire étant le principal support de l'identité, ces populations vont s'inscrire dans un processus de construction des territoires[515] au Cameroun et en Côte d'Ivoire en vue

[514] C'est le cas des restaurants où, les Libanais au Cameroun peuvent retrouver des plats nationaux (Taboulé, le Fatouch, l'Homos, le Maxi gril, le Chiche Taouk, le Farayed, le Makaneck, le Sfiha, le Fallafel) et étrangers à la majorité des Camerounais.
[515] Le territoire n'est pas à entendre ici au sens politique du terme définissant un espace continu et strictement limité dans lequel un Etat exerce son pouvoir, mais comme une construction qui prend en compte les relations sociales et les pratiques spatiales qui le créent. Il s'agit davantage des formes de territoire diffuses, réticulaires parce qu'ils

d'assurer la survie de leur identité. Il s'agit du développement d'un nouvel ancrage territorial susceptible de les aider à mettre sur pied une dynamique relationnelle entre des éléments immatériels (mémoires, récits, rituels, festivals, savoir-faire) et matériels (sites, paysages, bâtiments) qui produisent du sens[516]. Inscrite dans un rapport socio spatial, cette dynamique se construit autour des grandes familles et des associations, lesquelles sont engagées dans un processus de recomposition territoriale.

2.1 - Une organisation sociale autour des grandes familles au Cameroun et des associations en Côte d'Ivoire.

La famille et les associations s'identifient comme étant des instruments facilitant la reproduction sociale à travers le maintien des normes et des valeurs. Ce sont des agents de socialisation qui permettent aux Libanais à l'étranger de s'adapter à l'environnement social dans lequel ils vivent. Il s'agit également des instruments de médiation culturelle qui permettent à ces populations à l'étranger de faire face au « choc culturel » dont ils sont victimes du fait de l'immersion dans la société d'accueil ou d'atténuer les influences ou l'agressivité émanant de la rencontre de la culture des autres. Il s'en suit donc maintien et transmission des normes et des valeurs sociales du groupe d'une génération à une autre permettant ainsi la perpétuation de l'identité. Si les associations constituent les principales institutions communautaires sur lesquelles les Libanais de Côte d'Ivoire s'appuient pour la perpétuation de leur identité en terre étrangère, ceux du Cameroun du fait de la difficile construction d'une vie associative s'appuient sur des unités familiales comme étant le principal mode de regroupement.

L'histoire des Libanais au Cameroun souligne que les immigrants ont mis en place des mécanismes d'appui et d'accompagnement au sein de la communauté[517]. La collaboration de la famille et les relations de parenté offertes par la colonie sont mobilisées en faveur des réussites individuelles et collectives. En situation migratoire, la famille et le réseau social constituent généralement un soutien important pour

définissent plus des phénomènes relationnels et des valeurs abstraites. Ce sont des espaces constitués en systèmes symboliques identitaires à fortes références culturelles Turgeon Laurier, « L'esprit du Lieu, entre le matériel et l'immatériel », note conceptuelle colloque, Université Laval Québec, 2010 [516]

[517] Entretien avec MK, Secrétaire de l'un des doyens de la communauté libanaise au Cameroun, op cit.

l'individu lui permettant d'atténuer les souffrances traumatiques des expériences pénibles ou négatives traversées telles que le rejet et toutes les pratiques xénophobes. Constituée autour de grandes familles solidement implantées, la communauté libanaise au Cameroun, dans une logique de lutte contre la dilution pure et simple dans la société d'accueil a développé un certain nombre de mécanismes en vue d'assurer la survie de leur identité autour du renforcement de « l'idée de communauté paroissiale ». Inspirée du modèle catholique des paroisses, la « communauté paroissiale » désigne généralement des groupes affinitaires et unis où la proximité, le travail de pastorale, la participation aux offices et mouvements religieux constituent le lien, la forme légale étant celle des associations de fidèles au sens canonique du terme (Muller, 2002 : 56).

Au-delà des traditionnelles communautés religieuses et monastiques aux statuts spécifiques dont le partage est essentiellement basé sur la vie spirituelle, la communauté paroissiale en contexte migratoire met en exergue un lien de proximité basé non pas sur la spiritualité mais sur une origine ethnique[518] ou familiale commune. Il s'agit généralement d'un groupe restreint inséré dans un univers étranger et partageant les mêmes valeurs et une référence spatiale. S'ils se sont regroupés dans un secteur de la ville ou du territoire qu'ils ont choisi, les immigrés Libanais et leurs descendants se sont organisés en priorité par familles. En plus des liens de concitoyenneté, les rapports familiaux sont très denses à l'intérieur de la colonie. Entre Libanais, l'économie familiale s'est maintenue et développée car du travail de toute la famille dépend la réussite des affaires. Organiser la famille est l'objectif de ces immigrés pour s'installer dans la société d'accueil. Quelle que soit l'ascension sociale des individus ils doivent se rappeler des opportunités antérieures rendues possibles par la collaboration de la famille, des relations de parenté offertes par la colonie et mobilisées en faveur des réussites individuelles.

Les immigrants ont mis en place des réseaux d'emplois, des établissements réalisant des affaires préférentielles entre membres de la famille. Les Libanais continuent de travailler traditionnellement en famille mais s'appuient sur des nationaux dès que leur entreprise

[518] L'identité ethnique est prise ici au sens wébérien de croyance partagée en une même origine, c'est ce qui fait la différence des autres formes d'identité sociale (professionnelle, religieuse, politique…).

dépasse une certaine masse critique. Quel que soit le degré d'immersion dans la société d'accueil et les réaménagements identitaires subis, la communauté traditionnelle perdure en ce sens qu'elle a créé un sentiment d'appartenance, un lieu de sociabilité et de convivialité qui ne disparaît pas après quelques décennies de sécularisation de la société. Le nombre des membres est réduit mais leur attachement à la communauté entretient le système de valeurs autour de la famille, de la justice, du partage qui définit cette appartenance. En deçà des observances et des pratiques régulières, le sentiment d'appartenance est celui de la majorité de ceux qui se disent Libanais, et adhèrent à une culture de la « libanité ».

La communauté familiale apparait comme une sorte de caste au sein de laquelle les valeurs se perpétuent et se transmettent. Ce système fondé sur une légendaire discrétion dont le leitmotiv est d'éviter tout engagement politique a permis aux quelques six mille Libanais présents au Cameroun de se fondre dans la société. De nombreuses familles, à l'instar des familles Omaïs exerçant dans le secteur du transport, Khoury (dans le secteur bois), Fadi (transport), Hazim (bois) ou Hajal Massad (commerce général) encadrent leurs membres et emploient plusieurs centaines de personnes sans grand bruit.

En Côte d'Ivoire, les cadres d'expression et de perpétuation de l'identité libanaise sont construites autour des associations, lesquelles travaillent à réunir des gens dans un même espace social autour d'un idéal commun. A ce titre, elles apparaissent comme un facteur de socialisation et comme un lieu de ressourcement identitaire. Elles sont aussi des espaces de convivialité, de fuite de la solitude, de résistance aux difficultés de la vie, de réconfort psychologique, d'entraide, de soutien mutuel, bref, des espaces de survie face à une société qui leur est parfois hostile. Elles apparaissent enfin comme des œuvres de solidarité d'une part entre les personnes associées, et d'autre part avec des jeunes en difficulté ou supposés tels et des familles nécessiteuses au sein de la communauté, prenant ainsi le relais de l'Etat libanais en proie aux crises multiples qui amenuisent ses capacités à prendre en charge ses ressortissants à l'étranger[519]. Dans cette configuration, le

[519] Du fait des crises socio multiples dont est victime le Liban, il a une faible capacité de projection à l'étranger pour protéger ses populations, comme le ferait par exemple les Etats Unis ou la Turquie. Dans ce sens que les Associations s'attellent à défendre

mouvement associatif très dynamique parmi les populations libanaises en Côte d'Ivoire, témoigne d'une volonté de s'approprier un ou plusieurs territoires, réels ou imaginaires. Il traduit le refus des migrants d'être radicalement déterritorialisés, sans feu ni lieux, des gens de nulle part et correspond à la nécessité de reprendre l'initiative dans la délimitation des frontières entre autochtones et allogènes, d'élaborer des identités collectives, outils à travers lesquels chaque membre du groupe peut se confronter aux autres selon les divers contextes sociaux dans lesquels il se trouve engagé[520]. Enfin, le mouvement associatif met en exergue une sorte de projection d'une nouvelle forme de restructuration de la société ou d'une partie de la société libanaise à l'extérieur, selon qu'il s'agit des « associations parapluie » (regorgeant tous les ressortissants du pays du cèdre) ou des associations ethnico-communautaires mettant en scène les sous-groupes que constituent le Liban. Dans cette multitude d'associations libanaises en Côte d'Ivoire, l'on peut citer l'Union Libanaise Culturelle Mondiale (ULCM-Cote d'Ivoire) qui est l'organe faitière des organisations rassemblant les Libanais en Côte d' Ivoire, l'association chiite Al Ghadir dirigée par Cheick Kobéissi, proche du Hezbollah libanais. Socialement et économiquement active, cette association englobe près de 93% de chiites présents en Côte d'Ivoire qu'elle accompagne dans leur installation et intègre au réseau des commerçants libanais notamment depuis 2006[521]. C'est également le cas de L'association féminine « El Zahra » qui encadre les femmes libanaises d'Abidjan. Cette organisation sociale est suivie par une volonté d'appropriation des espaces par les immigrés comme logique d'affirmation de soi ou de revendication de l'existence sociale d'un groupe.

---

leurs membres face aux difficultés qu'ils pourraient rencontrer dans les pays d'accueil.

[520] Abdulkarim (Amir), « Mouvement associatif libanais en France et solidarité avec le territoire d'origine »,
Actes du colloque de Paris, sur le thème ''le territoire, lien ou frontière ?'', Paris, 2-4 octobre 1995.

[521] Voir le journal L'orient LEJOUR du 7 septembre 2009 dans son titre « La communauté libanaise de Cote
d'Ivoire ou l'histoire du Baobab centenaire qui abrite le cèdre millénaire »

2.1.1 Appropriation et marquage symbolique du territoire comme dynamique d'occupation de l'espace par les Libanais au Cameroun et en Côte d'Ivoire

Une fois à l'étranger, les Libanais au Cameroun et en Côte d'Ivoire, comme la plupart des communautés immigrées font face à des espaces anonymes, qui leur sont inconnus et où il leur est difficile de vivre. Pour remédier à cette situation, ces derniers s'inscrivent dans un processus d'appropriation, de patrimonialisation et de marquage des espaces qui peuvent servir à la fois à des processus d'auto-identification et des formes d'assignation identitaire (Gasnier, 2000 : 3), ainsi qu'à des lieux où l'échange des informations et des expériences contribuent à l'insertion et à l'encrage des immigrés dans leurs pays d'accueil. Ces espaces qui sont généralement construits sur le modèle du pays d'origine et qui renvoient à ces populations du levant leur propre conscience d'exister apparaissent comme étant des excroissances ou des extensions de leur territoire d'origine. Ces « territoires dits de l'altérité » (Hovanessian et Quiminal, 1995 : 11) ou à caractère archipeldique qui prennent corps à l'intérieur des espaces nationaux d'autres pays sont matérialisés au Cameroun et en Côte d'Ivoire par la forte concentration des Libanais dans certains quartiers de grandes villes aux allures d'enclaves territoriales d'une part et par la ségrégation résidentielle des membres de la communauté d'autre part.

L'enclave territoriale comme gage de protection et pool de ressources pour les Libanais

La répartition géographique de la population libanaise dans plusieurs villes du Cameroun et principalement de Côte d'Ivoire montre l'existence de poches de concentration de ces derniers sous le modèle l'enclave[522] signalant l'existence de son implantation. Classiquement, on attribue à ce type de regroupement des fonctions d'accueil des primo-immigrants. Conçus comme des « sas » ou, pour reprendre la terminologie de de Simon Patrick des « ports de première entrée » (Simon Patrick, 1993 : 379), ces territoires d'immigrés permettent de limiter la rupture vécue à la suite de la migration et

---

[522] Le mot « enclave » renvoie généralement à une forme d'organisation spatiale d'une communauté dans un pays, la plupart de temps dans une ville. Il s'agit d'un quartier ou d'un secteur dominé en nombre par un groupe ethnique particulier qui a créé des institutions et des services religieux, culturels, commerciaux et linguistiques correspondants[522]. C'est un secteur culturellement et économiquement distinct,[522] un milieu urbain ségrégué sur le plan ethnique et/ou racial

faciliter ainsi une adaptation progressive à la société d'installation. Au Cameroun et particulièrement à Douala et Yaoundé qui constituent les principales villes d'accueil des Libanais, ces derniers ont procédé à l'investissement de certains secteurs desdites villes qu'ils se sont « appropriés » faisant d'eux de véritables « territoires libanais ». C'est le cas des quartiers Akwa et Bonapriso à Douala et Bastos à Yaoundé où ont été mis en place des dispositifs de regroupement des membres de la communauté.

Cette dynamique est beaucoup plus visible en Côte d'Ivoire certainement en raison du nombre élevé des Libanais dans ce pays[523], avec la ville d'Abidjan qui regorge plusieurs foyers d'immigrés libanais. On peut citer ici l'exemple du quartier résidentiel de Marcory surnommé « petit Beyrouth » en raison de la forte implantation des populations d'origine libanaise et de la concentration institutionnelle (écoles, églises, mosquées…) qui constitue un puissant facteur d'attraction résidentielle des membres de la communauté. Au-delà des milliers de kilomètres qui séparent Abidjan de Beyrouth, les populations libanaises se sentent à Marcory comme à Beyrouth. C'est le sens de cette déclaration d'une beyrouthienne qui, au terme d'un séjour en Côte d'Ivoire affirma: ''Abidjan is like Beyrout'' (Peleikis, 2000 : 298). Sur le plan de la visibilité extérieure, la juxtaposition des institutions à caractère communautaire et les pratiques qui y ont cours rappellent l'ambiance du Liban. C'est le cas du centre culturel islamique Al Zahraa et au sein duquel est située la grande mosquée Alghadir qui fait office de lieu de culte pour les Libanais du quartier.

La concentration spatiale de ces populations s'interprète comme un indicateur de dynamisme social ou communautaire garant d'une bonne cohésion sociale et culturelle. Il s'agit d'un espace de confiance nécessaire à l'émergence d'un groupe et d'une volonté de croître en harmonie dans son nouvel environnement. C'est un véritable quartier, un « chez soi loin ailleurs » (Dufoix, 2003 : 85). En quelque sorte, plus un groupe ou une population est concentré(e) dans l'espace physique de la ville plus il ou elle serait en mesure de répondre aux besoins de ses membres. La ségrégation spatiale de ces migrants est perçue comme un des moyens d'adaptation qu'un groupe minoritaire

---

[523] Selon le Journal Jeune Afrique, publication du 27 décembre 2018, on dénombre près de 80. 000 Libanais en Côte d'Ivoire. https://www.jeuneafrique.com/695940/societe/qui-sont-les-libanais-de-cote-divoire/, (Consulté, le 20/01/2021)

utilise pour préserver sa cohésion interne et pour s'adapter à de situations nouvelles telles un conflit particulier, une discrimination systématique dont il serait la victime. Le regroupement dans l'espace rend alors accessible aux membres de la communauté ou du groupe des informations susceptibles de leur permettre de se prémunir contre toute « agression » extracommunautaire. A l'intéricur de la communauté, ils se sentent protégés face à une société qui, à plusieurs niveaux leur apparaît comme étrangère, voire hostile. L'enclave se présente donc comme une sorte de cage ou de cocon qui protège du monde extérieur et fournit une certaine solidarité entre les personnes vivant dans le même espace et une certaine sécurité pour le groupe. Cette auto ségrégation spatiale que pratique l'immigré libanais obéit à la logique des territoires circulatoires (Tarrius, 2010) ou des territoires mobiles et s'assimile à l'érection des frontières qui constituent le périmètre de sécurité au sein duquel les populations se sentent protégées et met en exergue des dispositifs sociaux originaux de la part de ces Libanais qui assurent la continuité du rôle de leur Etat au-delà des frontières nationales.

Les populations immigrées estiment que le fait de se regrouper dans un même endroit leur permet de mieux se défendre face à une agression ou une attaque dirigée contre elles. Au-delà de cet aspect que l'on pourrait qualifier de sécurité ou de protection physique des individus, l'enclave apparaît également comme un pool de ressources pour l'épanouissement économique et social des membres de la communauté du fait des mécanismes d'entraide. Généralement les quartiers ethniques ou espaces de « centralité immigrée » reposent sur l'émergence d'une spécialisation économique, culturelle et sociale de l'espace de telle sorte qu'ils représentent un centre d'attraction communautaire pour la consommation, de biens matériels ou symboliques. L'attraction communautaire se traduit par une fréquentation des membres de la communauté qui, au-delà de la volonté de s'approvisionner y trouvent le moyen d'entretenir des relations sociales. Cette fonction explique chez les Libanais le développement des structures assurant la reconstitution du milieu d'origine : infrastructures commerciales ethniques/nationales favorisant la continuité des pratiques de consommation, d'approvisionnement et d'amélioration du réseau communautaire prenant généralement en charge les problèmes administratifs des immigrants ainsi que la formation indispensable à l'acquisition des moyens d'évolution dans la société d'installation.

Toutes ces structures tendent à gérer l'adaptation des immigrants tout en maintenant un équilibre entre leur passé et leur devenir (Gomez, 2009 : 155). En plus des aspects liés à la pérennisation ou la conservation de l'identité, il se développe au sein de l'enclave des filières d'emploi et d'entrepreneurship, une sorte d'« espace» où se pratique une économie ethnique caractérisée par l'entraide entre les membres de la communauté. Souvent exclus du système économique formel, les immigrés nouvellement arrivés trouvent au sein de la communauté un milieu favorable pour le développement des petites activités qui leur offrent une voie alternative d'ascension sociale. Ce système d'économie dite ethnique se retrouve au sein de la diaspora libanaise en Afrique. Cette dernière a mis sur pied un mécanisme de solidarité visant à apporter des soutiens multiformes aux membres de la communauté. « La solidarité qui règne dans la communauté Libanaise en Afrique (affirme un de nos informateurs), est à elle seule un facteur de réussite ».

Les riches Libanais interviennent quelquefois pour garantir des prêts consentis à leurs compatriotes. De nombreux commerçants n'ont même pas besoin de l'intervention des banques, ils reçoivent d'importants prêts des autres[524]. L'importance de ce lien national permet à chacun de se sentir soutenu et reconnu par ses compatriotes. La solidarité dans les milieux Libanais se manifeste également par le fait que ces derniers s'arrangent sinon toujours, du moins la plupart de temps à se ravitailler dans les boutiques et entreprises de leurs compatriotes afin de les encourager dans leurs initiatives. Ce phénomène est perceptible chez les Libanais qui exercent dans la restauration. Les Libanais fréquentent beaucoup plus les restaurants tenus par leurs compatriotes[525]. Même si ces instants constituent pour ces levantins un moment de retour à la culture à travers les plats Libanais qui y sont disponibles, on note également une motivation économique, celle d'un patriotisme économique visant à faire tourner les devises entre compatriotes. Un exemple qui étaye cet argument, est la fréquentation à Yaoundé par les

---

[524] Ce système qui n'est pas propre aux Libanais a permis à quelques riches Libanais de faciliter l'intégration économique à plusieurs membres de la communauté.

[525] Observations directes dans deux restaurants l'un à Yaoundé et l'autre à Douala où 80% de clients sont constitués des membres de la communauté.

Libanais d'un établissement de restauration dénommé Il Paticio situé au quartier Bastos. Cet établissement est tenu par un Libanais et accueille au moins deux fois par jour les Libanais qui généralement arrivent en groupe de trois ou de cinq en matinée pour leur petit déjeuner et en mi-journée pour le dîner notamment pendant les heures de pause dans leurs différents services[526].

Une ségrégation résidentielle comme dynamique d'occupation de l'espace au Cameroun

Loin de la question de la concentration des populations dans l'espace traditionnellement mesurée par des indices d'inégalités comme pendant l'apartheid en Afrique du Sud ou lors de la ségrégation raciale aux Etats-Unis, la ségrégation décrit la géographie sociale des villes et agglomérations urbaines dans un contexte où les populations immigrées ont tendance à se regrouper dans certains secteurs de la ville ou des résidences particulières. A l'instar des "Suudu Sénégalais",[527] les Libanais au Cameroun ont mis en place dans les villes des dispositifs permettant d'accueillir et de regrouper les personnes d'origine libanaise afin de leur permettre de résoudre ensemble les problèmes liés à la vie en migration. Contrairement à la Côte d'Ivoire où les Libanais de par leur nombre élevé, leur pouvoir économique ont pu domestiquer des territoires à large surface au point de faire d'eux des quartiers ethniques, (Petit Beyrouth, Rue Zrarie), ceux présents au Cameroun se contentent, selon la formule de Kaufmann d'une transposition à des échelles plus petites, et notamment ce qu'il appelle « l'objet des objets », c'est-à- dire la maison.(Kaufmann, 1997 : 238). Au Cameroun, si la diaspora libanaise n'est pas regroupée spatialement telle une « *lebanese or China town* », l'organisation spatiale est faite plutôt des « territoires de familles »[528].

Il est donc commun qu'un immeuble associe à la fois l'activité commerciale au rez de chaussez et les appartements d'habitation. Les premières générations de migrants s'organisèrent ainsi selon leur

---

[526] Voir note précédente

[527] Suudu. Ce sont des chambres habitées par les ressortissants d'un même village dans un pays qui n'est pas le leur.cf. Cheick Oumar Ba in : « Un exemple d'essoufflement de l'immigration sénégalaise. Les Sénégalais au Cameroun ».

[528] Au sujet des « territoires de familles », on peut lire Souha (Tarraf Najib), « L'espace en mouvement : dynamiques migratoires et territorialisation des familles libanaises au Sénégal », Thèse de Doctorat, Université de tours, 1994.

confession ou leur origine géographique. Dans l'imaginaire collectif libanais, la proximité entre le commerce et l'habitat créait un réel sentiment d'appartenance aux territoires devenant de fait semi privatisés. C'est le cas du restaurant Il pasticio à Bastos où le bâtiment abritant le restaurant fait également office de maison d'habitation pour les membres de la communauté. C'est également le cas de l'immeuble Hajal, bati au centre-ville de Yaoundé qui abrite en même temps le lieu d'habitation et les espaces commerciaux. Assimilées aux « *household* [529]» (Massey, 1990 : 3) de David Douglass, les maisons d'accueil, plus qu'un simple ménage en français sont des unités domestiques élaborées dans la distance, mais assez solides pour sécuriser à l'échelle du réseau des liens étirés dans la distance. La maison ici n'est pas le lieu de la famille restreinte unique, mais de la cohabitation des familles de quelques résidences qui servent de maisons d'accueil pour les immigrés. Les enquêtes effectuées dans les villes de Douala et de Yaoundé, nous ont permis d'identifier un certain nombre de résidences qui font office de *household* pour de nombreux Libanais vivant au Cameroun. Les cas des immeubles Marlboro[530] à Douala et Hajal Massad à Yaoundé constituent deux exemples typiques de ce genre de regroupement.

CONCLUSION

Une fois à l'étranger, les communautés immigrées font face à des espaces anonymes, à un manque d'ancrage territorial. Ce manque d'ancrage qui est une caractéristique principale des migrants « primo-arrivant » dans le pays d'accueil, traduit l'idée d'absence de possession d'un lieu par les migrants qui leur soit propre et à partir duquel ils peuvent s'identifier. C'est l'absence d'un champ symbolique semé de signes qui permettent à chacun de se reconnaitre et de s'identifier au

[529] Traduit en Français par « ménage » le terme *household* est utilisé par Douglass Massey et développée dans la méthode des enquêtes ethnologiques pour désigner des maisons occupées par plusieurs unités familiales en migration et venant d'un même village ou d'une même contrée. Voir Douglas (Massey), "Social structure, household strategies, and the cumulative causation of migration", *Population index,* n° 56, 1990, pp.3-26

[530] Ce bâtiment de quatre étage et de plus de soixante pièces situé au quartier Akwa à Douala a abrité pendant plus de 25 ans les populations libanaises qui occupaient toutes les pièces de l'immeuble. (Voir notre thèse de Doctorat, pages 321 et 322)

groupe qui l'investit (Di Méo, 2002 :177). L'absence de ce géosymbole signe d'un manque d'appropriation et d'ancrage territorial tel que vécu par les Libanais au Cameroun et en Côte d'Ivoire aboutit généralement à la perturbation de l'identité perçue comme la médiation essentielle du rapport à l'espace. (Di Méo, 2002 : 178). Ce qui est généralement à l'origine de l'effritement de l'identité des individus migrants.

En réponse à cette perturbation de l'identité consécutive au manque d'ancrage territorial et aussi du fait des migrations brutales subies[531], les populations libanaises au Cameroun et en Côte d'Ivoire ont développé un certain nombre de pratiques d'adaptation en vue non seulement d'atténuer la dégradation ou l'altération de leur identité mais aussi d'organiser la vie en communauté. Ces pratiques qui ont partie liée avec les catégories culturelles de leur pays d'origine mettent en exergue la reproduction dans les champs sociaux de la migration des réalités socioanthropologiques du pays d'origine et viennent en compensation de la perte de leurs territoires d'origine.

Cette dynamique est traduite dans le cadre de de l'immigration libanaise au Cameroun et en Côte d'Ivoire par la mise sur pied des structures de sociabilité bâties autour des réseaux familiaux et des associations et d'autre part de la domestication des espaces, de la tropicalisation des lieux qui s'appuient sur la production des signes visibles visant à pérenniser ou légitimer une appropriation de l'espace. C'est le sens de la création des enclaves territoriales par les populations libanaises au Cameroun et en Côte d'Ivoire assimilables aux china town où est mis en avant l'existence sociale d'un groupe, d'une communauté.

Au-delà du marquage des espaces comme modalité de territorialisation et d'affirmation de l'identité collective, l'enclave constitue également pour ces Libanais des lieux de la solidarité migratoire où les nouveaux venus peuvent profiter de l'expérience et des relations des anciens.

Grace à cette double dynamique sociale et spatiale, les Libanais au Cameroun et en Côte d'Ivoire ont réussi à créer un environnement propice à la conservation de la mémoire et d'apprentissage pour les membres d'une communauté dont l'objectif est de maintenir un lien

---

[531] Une bonne partie de l'émigration libanaise est liée aux multiples guerres civiles qu'il a connu sur son territoire ainsi qu'au conflit qui oppose le Hezbollah à l'Etat d'Israël depuis

avec les valeurs du pays et faire face ainsi au dépaysement auquel ils sont exposés.

Références bibliographiques

Abdulkarim, A., (1994), La diaspora libanaise une organisation communautaire, L'espace géographique, n°3, pp.217-223.

Appadurai A., (2001), Après le colonialisme. Les conséquences culturelles de la globalisation. Paris, Payot, 336 p.

Auregan X., (2012), Communauté libanaise en Afrique de l'Ouest, La Revue Géopolitique.

Belhedi A., (2006), Territoires, appartenance et identification. Quelques réflexions à partir du cas tunisien, Espace géographique, n°4, pp.310-316.

Bonnemaison J., (1997), Les gens des lieux : histoire et géosymboles d'une société enracinée : Tanna, in J. Bonnemaison, 1997, Les fondements géographiques d'une identité : l'archipel du Vanuatu : essai de géographie culturelle, Paris, Editions de l'ORSTOM, 1997

Bourgui A., (2005), « Libanais en Afrique ou d'Afrique », Revue outre terre, n°2, pp.149-153.

Bourmaud P., (2015), Nationalité, internationalisme et visée coloniale dans les mandats français (1920-1946) », Revue des Mondes Musulmans de la Méditerranée, n° 137, pp. 75-94.

Boutros L., (1993), L'émigration libanaise en Afrique occidentale sud-saharienne », REMI, n°9-2, pp. 91-112.

Bruneau M., (2004), Diasporas et espaces transnationaux, Paris, Anthropos, .

Bruneau M, « Les territoires de l'identité et la mémoire collective en diaspora », *Espace géographique,* 2006, n° 4, vol 35, p.332.

Carmen Gomez M., (2009), L'importance de la visibilité dans le processus migratoire, Papers, n° 91, pp.153-169.

Corm, G., (2012)., Le Liban contemporain, Histoire et Société, Paris, La Découverte, 318 p.

Di Méo G., (2002), L'identité, une médiation essentielle du rapport espace/société, Geocarrefour, vol 77, n°2, pp. 175-184.

Dufoix S., (2003), Les diasporas, Paris, P.U.F.

Gasnier A., (2000), patrimoine et environnement : les territoires du conflit, Norois, n° 185, pp. 3-5.

Gomez Carmen., (2009), L'importance de la visibilité dans le processus migratoire, Papers, n° 99, pp.153-169.

Hovanessian M., et Quiminal C., (1995), Introduction, Les Territoires de l'Altérité, Journal des anthropologues, n° 59, pp.11-13.

Kaufmann J.C., (1997), Le cœur à l'ouvrage, Paris, Nathan, 238 p.

Labaki B., (1993), L'émigration libanaise en Afrique Occidentale sud-saharienne, Revue Européenne des Migrations Internationales, vol 9, n°2, pp. 91-112.

Lacoste Y., (1989), *Géopolitique des diasporas*, Hérodote, n° 53, pp. 3-12

Massey D., (1990), Social structure, household strategies, and the cumulative causation of migration , Population index, n° 56, pp. 3-26.

Muller C., (2002), La communauté paroissiale, l'exemple du diocèse de Bayeux-Lisieux, *ESO,* n°17, pp.55-59.

Pelikis, A., « The emergence of translocal community. The case of a south lebanese village and its migrant connection to Ivory Coast », *Cahier d'études sur la méditérranée orientale et le monde turco-iranien*, n° 30, 2000, pp. 297-317.

Ramos E., (2006)., L'invention des origines. Sociologie des ancrages identitaires, Paris, Armand Colin, 224 p.

Robequain C., (1937), Notes de voyage à travers l'A.O.F, Bulletin de l' Association de géographes français, n° 109, pp.130-140.

Samra Abi M., (2010), L'émigration libanaise et son impact sur l'économie et le développement », *Cahier des migrations internationales,* n° 105, pp. 3-115.

Satyre J., (2008), Non lieux et déterritorialisation, tropicalisation et reterritorialisation dans passages d'Emile Olivier et chronique de la dérive douce de Dany Laferrière, Revue Voix plurielles, n°5, pp. 80-89.

Simon P., (1993), Les quartiers d'immigration : ports de première entrée ou espaces de sédentarisation? L'exemple de Belle ville, Espaces Populations, Sociétés, n°11 (2), pp.379-387.

Souha Tarraf N., (2000), Territoires migratoires, territoires de familles chez les Libanais de Dakar, *CEMOTI*, n° 30, pp. 273- 295.

Tarrius A., (2014), Quand les territoires circulatoires des transmigrants traversent des quartiers enclavés de villes moyennes françaises », Revue européenne des migrations internationales, n° 30 (2), pp.169-192.

Tarrius A., (2010), Territoires circulatoires, et étapes urbaines des transmigrant (e)s, Regards croisés sur l'économie, vol 2, n°8, pp. 63-70.

Thioub I., (2009), Les libanosyriens en Afrique de l'Ouest du XIXe siècle à nos jours. Annales de la FLSH, UCAD. Numéro spécial, (Mélanges offerts à Mbaye Guèye).

Veschambre,V., (2004), Appropriation et marquage symbolique de l'espace. Quelques éléments de réflexion », *ESO,* n° 1, pp.73-77.

Travaux académiques

Mboha Nyamsi, H., (2017), Immigration et logiques de transplantation ailleurs de l'État d'origine : le cas du Liban au Cameroun et en Côte d'Ivoire », Thèse de Doctorat, Université de Yaoundé II, 2017, 421 pages.

Souha Tarraf, N., (1994), L'espace en mouvement : dynamiques migratoires et territorialisation des familles libanaises au Sénégal, Thèse de Doctorat, Université de Tours.

POUR UN JURIDISME FONCIER INTEGRATIF AU CAMEROUN

Éric NNOMENKO'O
Faculté des arts lettres et sciences humaines
Université de Yaoundé 1 Cameroun
ericnnomenkoo@yahoo.fr

RESUME
La gouvernance foncière camerounaise est caractérisée par une inflation normative qui induit une abrogation désordonnée des textes y relatifs et la multiplication des réformes foncières inefficaces et inadaptées qui ne prennent pas en compte les désidératas des communautés coutumières et traditionnelles ; conséquence indubitable de la perpétuation du mode de gouvernementalité colonial qui se particularise par l'exclusivisme décisionnel. D'où l'absence d'une véritable politique foncière pouvant servir d'assiette ou de base aux nombreuses réformes foncières jusqu'ici adoptées par les décideurs publics. Cette erreur de logique est à l'origine de la perpétuation, voire la persistance des conflits fonciers entre l'Etat et les populations villageoises. Cette situation interpelle sur l'urgence de la perspective d'un juridisme foncier intégratif au Cameroun.

Mots-clés : *Pour, Juridisme, Foncier, Intégratif, Cameroun.*

Abstract
The governance of land tenure in Cameroon is characterised by an inflation of norms that leads to the haphazard repeal of related texts and the proliferation of ineffective and inappropriate land tenure reforms that do not take into account the wishes of customary and traditional communities; an undeniable consequence of the perpetuation of the colonial mode of government, which is characterised by decision-making exclusivism. Hence the absence of a genuine land policy that could serve as a basis for the many land reforms adopted to date by public decision-makers. This error of logic is at the root of the perpetuation, indeed the persistence, of land conflicts between the State and village populations. This situation highlights the urgent need for an integrative land law in Cameroon.

Key-word: *For, Legal, Land, Integrative, Cameroon.*

INTRODUCTION

La gouvernance foncière est fondamentalement problématique au Cameroun. Elle se caractérise par une inflation législative inefficace, l'absence d'une véritable politique foncière et la persistance des conflits et litiges fonciers induits par le pluralisme juridique qui exclut de l'accès au droit la grande majorité des citoyens précisément en zones rurales, conséquence de la logique du titrement ou de titrisation.

Si l'on concède à l'Etat camerounais de n'avoir pas pu élaborer une véritable politique foncière au lendemain des indépendances du fait de la forte prégnance de l'héritage colonial il convient tout de même de constater que rien de concret n'a non plus été fait au cours des cinquante dernières années pour améliorer la gouvernance foncière en prenant le soin de préciser le statut des communautés coutumières relativement au foncier rural, alors que de nombreuses réformes foncières ont jusque-là été entreprises.

La multiplication des réformes foncières illustre à suffisance les difficultés des décideurs publics camerounais à mettre sur pied un véritable régime foncier et cadastral issu d'un consensus avec les populations en général et celles villageoises en particulier au sujet de la gestion, de l'appropriation, de l'usage, du contrôle et du partage des terres non immatriculées.

Incompréhensiblement l'Etat camerounais continue de croire que la solution réside dans la floraison des réformes foncières non consensuelles. A titre illustratif à l'occasion du Comice Agro-pastoral tenu en janvier 2011 dans le chef-lieu de la région du Sud (Ebolowa), il avait été annoncé une nouvelle réforme foncière actuellement en gestation au ministère des domaines, du cadastre et des affaires foncières (MINDCAF). A l'observation celle-ci risque d'aboutir à de contre-résultats et pour cause, les premiers projets de texte y relatifs recèlent des lacunes. L'on peut observer pour finalement le regretter que ce qui aurait dû être prioritaire, à savoir, des indications sur la clarification ou l'amélioration du statut juridique des populations rurales sur les terres occupées depuis des temps immémoriaux, sur la base d'un document de politique foncière issu d'une concertation multi-acteurs ne l'est pas.

I- CARTOGRAPHIE DES REFORMES FOCIERES SUCCESSIVES AU CAMEROUN : ENTRE MODIFICATIONS LACUNAIRES ET RESUSLTATS HYPOTHETIQUES

La floraison des réformes foncières jusqu'ici entreprises par les décideurs publics camerounais via le Ministère des Domaines, du Cadastre et des Affaires foncières et ses organes annexes, suggèrent de questionner l'efficacité du système d'encadrement et, en particulier, la capacité du régime foncier camerounais à organiser de manière équitable et efficace la maîtrise et le partage des ressources ; dans un contexte où les bailleurs de fonds internationaux manifestent de plus en plus la volonté de substituer aux régimes fonciers dits « coutumiers », jugés obsolètes, un régime de propriété privée pour permettre l'ouverture d'un véritable marché foncier répondant aux simples lois de l'offre et de la demande.

L'inefficacité des réformes foncières successives engagées au Cameroun, ainsi que les multiples conflits fonciers qu'elles induisent résultent du dualisme ou pluralisme juridique qui exclut de l'accès au droit la grande majorité des citoyens précisément en zones rurales. Exclusion incompréhensible étant donné que la reconnaissance des droits locaux promeut une gouvernance et une administration foncières plurielles qui combinent de façon dynamique différents modes de sécurisation foncière adaptés aux besoins de différents types d'acteurs. Cette reconnaissance peut également permettre une meilleure articulation entre droits locaux et cadre légal national, entre régulations foncières locales et dispositifs publics.

La notion de gouvernance, et, singulièrement de gouvernance foncière, fait transparaître plusieurs éléments qui ne sont pas suffisamment pris en compte dans les décisions sur le foncier au Cameroun. Entre autres éléments, nous pouvons évoquer : a) la participation de tous les acteurs[532] ;b) la responsabilité[533] ;c) la transparence[534] ;d) la primauté de l'intérêt public et l'équité dans la gestion et l'allocation des ressources ;e)l'efficacité dans la gestion[535] ;f) la non-discrimination[536] et, fine ; g) la primauté du droit dans le règlement des conflits.

A- Des modifications lacunaires

Au lendemain des indépendances les autorités camerounaises vont entreprendre de mettre en place une « nouvelle » politique domaniale et foncière. C'est ainsi que plusieurs réformes foncières seront entreprises induisant à chaque fois des modifications :

- Suppression de la notion de terres vacantes, reconnaissance de la propriété individuelle ou collective coutumière, ainsi que celle de l'Etat (Loi n° 59-47 du 17 juin 1959) ;
- Institution de l'obligation d'authentifier tous les actes relatifs aux droits réels immobiliers (Loi n° 61/20 du 27 juin 1961) ;
- Introduction de la notion de « patrimoine collectif national » et de la procédure d'immatriculation du domaine privé de l'Etat (Décret-loi n°63-2 du 9 janvier 1963) ;
- Organisation du régime de la constatation des droits coutumiers fonciers individuels (Décret n° 64-9/ORC du 30 janvier 1964) ;
- Introduction de la notion de mise en valeur des terres et suppression concomitante de la constatation des droits fonciers coutumiers (Loi n°66-3/COR du 7 juillet 1966 et décret n° 66/385/COR du 30 décembre 1966) ;
- Consécration d'un mode unique d'accession à la propriété, à savoir l'immatriculation après mise en valeur (Ordonnance n° 74/1 du 6 juillet 1974 et décret n° 76/165 du 27 avril 1976) ;

---

[532] La gestion des affaires publiques n'est pas l'affaire des seuls gouvernements, qu'ils soient nationaux ou locaux, les processus de prise de décision devraient également impliquer le secteur associatif et le secteur privé.

[533] Les élus et les titulaires de charges publiques sont tenus de répondre de leurs actes, activité et décisions et doivent assumer les conséquences de leurs défaillances.

[534] C'est l'exigence à un libre accès de tous à des informations fiables et à jour sur les décisions et les résultats, en particulier sur les procédés par lesquels les titulaires des charges publiques sont choisis, contrôlés et remplacés.

[535] Elle implique une utilisation optimale des ressources financières, et humaines, avec notamment la mise en place de mécanisme contre la corruption et le gaspillage.

[536] Aucun groupe ne devrait être exclu des bénéfices du service public ou des centres de décision ; la réduction des inégalités entre les hommes et les femmes constitue un aspect particulier de cette préoccupation ; la non-exclusion sur la base de considérations religieuses ou ethniques en est également un thème majeur

- Définition et organisation du domaine public, du domaine privé de l'Etat et du domaine national (Ordonnance n° 74/1 du 6 juillet 1974 et décret n° 76/166 et 76/167 du 27 avril 1976) ;
- Organisation des modalités de redistribution des terres tant du domaine privé de l'Etat que du patrimoine collectif national (Décret n°64-10/COR du 30 janvier 1964) ;
- Introduction de la notion de mise en valeur des terres et suppression concomitante de la constatation des droits fonciers coutumiers (Loi n°66-3/COR du 7 juillet 1966 et décret n° 66/385/COR du 30 décembre 1966) ;
- Consécration d'un mode unique d'accession à la propriété, à savoir l'immatriculation après mise en valeur (Ordonnance n° 74/1 du 6 juillet 1974 et décret n° 76/165 du 27 avril 1976) ;
- Définition et organisation du domaine public, du domaine privé de l'Etat et du domaine national (Ordonnance n° 74/1 du 6 juillet 1974 et décret n° 76/166 et 76/167 du 27 avril 1976) ;
- Abrogation de l'Ordonnance n°74/3 du 6 juillet 1974 relative à la procédure d'expropriation pour cause d'utilité publique et aux modalités d'indemnisation, remplacée par la loi n° 85/009 du 4 juillet 1985 ;
- Création de la mission d'Aménagement et d'équipement des terrains urbains et ruraux (MAETUR) (Décret n°77-193 du 23 juin 1977) ;
- Restructuration des transactions immobilières privées (Décret n°79-017 du 13 janvier 1976) ;
- Réglementation de la délimitation des centres urbains (Décret n°79-183 du 17 mai 1979) ;
- Définition des règles relatives à la création des lotissements (Décret n°79-194 du 19 mai 1979), complété par le (Décret n° 90/1481 du 9 novembre 1990) ;
- Répression des atteintes à la propriété foncière et domaniale (Loi n° 80-22 du 14 juillet 1980, modifiée par la loi n° 85-05 du 4 juillet 1985 et son décret d'application n° 84-311 du 22 mai 1984) ;
- Copropriété des immeubles bâtis (Décret n° 81-03 du 7 juillet 1981 et son décret d'application n°83-609 du 26 novembre 1983) ;
- Modalités d'attribution des parcelles de lotissements sociaux (Arrêté n° 79-PM du 10 juillet 1981, suivi par l'arrêté n° 126 du

17 mars relatif aux lotissements de standing crées par la MAETUR);
- Promotion immobilière (Loi n° 97-003 du 10 janvier 1997) ;
- Réorganisation du ministère des domaines et des affaires foncières (Décret n°2005/178 du 27 mai 2005). La réorganisation de l'ancien ministère de l'Urbanisme et de l'Habitat s'est soldée par sa mutation en un ministère des affaires foncières et domaniales, la gestion des questions relatives à l'habitat ayant été transmise au ministère du développement urbain ;
- Fixation des conditions d'obtention du titre foncier (Décret n°2005/481 du 16 décembre 2005 modifiant et complétant certaines dispositions du décret n°76/165 du 27 avril 1976) ;
- Organisation des modalités de fonctionnement du Bulletin des Avis Domaniaux et fonciers, etc., décret n° 2006/0368/PM du 3 mai 2006 ;
- Fixation des modalités d'organisation et de fonctionnement de la commission consultative en matière foncière et domaniale (Décret n°2016/1430/PM du 27 mai 2016).

B- Des résultats hypothétiques

Nonobstant cet arsenal législatif sans cesse fluctuant l'on observe toujours une faible attention accordée aux droits fonciers coutumiers. En effet, lorsque le régime foncier camerounais traite des intérêts coutumiers, il le fait d'une manière qui réduit leur portée et leur substance. Seuls quatre articles dans les lois foncières mentionnent de manière explicite la question des intérêts coutumiers et dans tous les cas, ces mentions sont suivies de limitations strictes.

Morceaux choisis

L'article 17 de l'ordonnance n° 1 de 1974 (la première loi foncière) fait référence « aux collectivités coutumières » et aux «membres » de ces dernières, mais ne leur garantit qu'une occupation et un usage paisibles des terres, c'est-à-dire qu'ils ne sont clairement pas perçus comme des propriétaires fonciers à part entière dont les droits de propriété seront protégés. Même la garantie d'une occupation et d'un usage paisibles est limitée à certaines parties de leurs terres, à savoir, celles où la présence et le développement humains sont évidents.

L'article 7 de l'ordonnance n° 74-2 du 6 juillet 1974 stipule que les «propriétaires et les occupants de bonne foi qui détiennent sur les dépendances du domaine public (...) des droits (...) ne peuvent être dépossédés que si l'intérêt général l'exige et moyennant une indemnisation(...) ». Cependant, ceci est également fortement proscrit comme démontré ci-après.
En effet, la loi n° 76/25 de 1976 exige que « les propriétaires fonciers, les propriétaires fonciers coutumiers, les agriculteurs et les autres détenteurs de biens immobiliers » soient présents lors des adjudications «pour déclarer tous les biens en leur possession» (article 9). Cependant il s'avère que cette disposition se limite aux terres supportant des habitations et des fermes compte tenu de la définition du terme propriété.

L'article 15 réaffirme l'inclusion des propriétaires coutumiers au sein de la condition que « les propriétaires fonciers, les détenteurs, les usufruitiers, les agriculteurs et les autres détenteurs de droits de propriété réels » répondent aux convocations des fonctionnaires responsables des enquêtes. Cela ne signifie cependant pas que des droits autres que ceux relatifs aux habitations et à l'agriculture seront reconnus et enregistrés (Alden Wily, 2011).

Par ailleurs il n'existe aucune disposition institutionnelle instituant les terres communautaires comme une catégorie distincte. En effet, la classification des terres est à la fois restrictive et trompeuse. Officiellement, la loi ne prévoit que deux types de propriétés foncières: les domaines nationaux et les domaines privés. Dans la pratique, toutefois, elle prévoit un troisième type, les domaines publics, qui pourraient entrer dans l'une ou dans l'autre catégorie, selon la mesure dans laquelle l'État est réputé en être le détenteur privé (voir ordonnance 74-2).

A ce jour peu de propriétés coutumières ont fait l'objet d'un enregistrement officiel et ne sont donc respectées en tant que propriétés privées, ceci du fait que : a) la procédure d'enregistrement volontaire s'avère obscure, coûteuse et longue. Remplir cette procédure exige des connaissances, un revenu et une certaine mobilité ;b) la procédure promise consistant à la réalisation d'une enquête exhaustive et à l'enregistrement au cadastre des droits n'a jamais été mise en place (comme exposé dans la loi n° 76/25 de 1976) ; c) seules certaines parties des domaines coutumiers peuvent faire l'objet d'un enregistrement, à l'instar des habitations et les fermes.

On peut également relever quelques incongruités dans l'actuel régime foncier. A titre illustratif l'une des conditions de l'article 9 de la loi n° 85/009 du 4 juillet 1985 relative à l'expropriation pour cause d'utilité publique stipule que « l'indemnisation due aux terrains nus et non viabilisés n'est versée que lorsqu'il s'agit d'un terrain résultant d'une détention coutumière ayant donné lieu à l'obtention d'un titre foncier ». Il ne fait nul doute que cette condition est une incongruité surtout lorsqu'on sait que 90% d'occupants des terres rurales ne disposent pas d'un titre foncier, et l'obtention d'un titre foncier relève d'un vrai parcours du combattant à cause de la corruption qui caractérise la délivrance de ce document.

Bien plus l'article 4 alinéa 2 dispose qu'« en principe, l'expropriation ouvre droit à une indemnisation préalable ». Paradoxalement la même loi précise dans son alinéa 3, que dans certains cas (sans en spécifier lesquels), le bénéficiaire de l'expropriation peut, avant paiement effectif de l'indemnité, occuper les lieux dès la publication du décret d'expropriation. Dans ces conditions pas étonnant qu'au lieu de disparaître, certain conflits et litiges fonciers qui datent pourtant des indépendances se perpétuent à cause du monopole foncier de l'Etat.

II- QUELLES REFORMES FONCIERES DANS UN CONTEXTE D'EXCLUSIVISME ?

L'inefficacité des réformes foncières engagées au Cameroun est consécutive au monopole foncier de l'Etat. Monopole foncier qui donne lieu à des réformes foncières orientées dont le but est la satisfaction des ambitions économiques de l'Etat. Sinon comment comprendre la perpétuation des conflits fonciers mettant aux prises l'Etat et les communautés villageoises sur des terres qui relèvent pourtant de la possession coutumière. Certains de ces conflits, faudrait-il le révéler, se perpétuent au fil des temps, sans que les collectivités coutumières, leurs membres, ni l'État, ne puissent rien faire pour les régler de manière définitive. Il s'agit des conflits fonciers qui opposent l'Etat aux autochtones depuis l'indépendance consécutivement à l'occupation d'anciens domaines coloniaux. Incontestablement la question foncière est plus que jamais entrée dans l'ordre de l'éternité au Cameroun eu égard à son actualité sans cesse renouvelée, et cela depuis l'aube même de l'occupation militaire allemande en 1884.

A- La terre Bakweri

Ce conflit foncier prévaut à Buea dans la région anglophone du sud-ouest Cameroun, précisément dans la Circonscription de Fako. Il met aux prises l'Etat camerounais et les communautés tribales de cette localité. Au centre de cette crise foncière, 104 000 hectares de terres traditionnelles des Bakweri transformées en partie en plantations. A l'origine, ces terres furent aliénées par la colonie allemande. Dans les années 1940, les britanniques rachetèrent les terres en les déclarant comme terres des natifs détenues en fidéicommis par le Gouverneur du territoire mandaté.

L'administration britannique loua ensuite à bail les terres à la Coopération pour le développement du Cameroun (CDC) jusqu'au moment où les Bakweri seraient en mesure de les gérer sans assistance. Concrètement la CDC devait verser un loyer aux municipalités de la Circonscription de Fako. À l'indépendance le Gouvernement camerounais s'empara de la CDC et des terres sous tutelles. Au début des années 1990, le Gouvernement décidera de privatiser le domaine et promulguera une loi en ce sens (le décret 94/125), mais sans s'engager à verser une indemnisation (Alden Wily, 2011).

Opposés à cette privatisation, les Bakweri de la diaspora vont se mobiliser. Cette mobilisation est le fait de l'élite Bakweri basée aux Etats-Unis et en Angleterre. Ils ne vont d'ailleurs pas manquer d'adresser une correspondance au président de la république le 1er octobre 1999, pour lui signifier leur mécontentement (Tchapmegni, 2008). Constatant l' « indifférence » du président de la république relativement à leur requête, en 2000, la diaspora Bakweri va adresser une correspondance (Encadré 1) au directeur général du FMI, pour &lui faire connaître leurs revendications dans le cadre de la privatisation de la CDC.

Extrait de la correspondance des Bakweri au DG du FMI

Washington, DC 20431 USA
Monsieur le Directeur Général
Objet : Privatisation de la Cameroon Development Coporation (CDC) cautionnée par le FMI, sans consultation avec les propriétaires autochtones des terres.

(...) Il est porté à l'attention de toutes les parties impliquées dans la privatisation de la CDC qu'il existe actuellement un niveau de tension sociopolitique très élevé dans les provinces anglophones du Cameroun, région où sont situées les terres en question. Privatiser la CDC sans le consentement ni la participation des propriétaires autochtones des terres constitue un grand danger surtout à l'égard des potentiels investisseurs comme l'a abondamment illustré la leçon du Zimbabwe et du Kenya. Le monde doit apprendre à prévenir les conflits car le coût de les éteindre est souvent disproportionné en termes de vies humaines et de ressources. Le BLCC-USA espère sincèrement que son appel sera entendu dans l'intérêt de l'équité, la paix et l'unité nationale au profit des générations camerounaises futures. Veuillez agréer, Monsieur le Directeur, l'expression de nos sentiments les plus distingués. Au nom du BLCC-USA et des Bakweri de par le monde.

Signataires :
LYOMBE EKO, Ph.D. Directeur exécutif du BLCC – USA.
NJOH Endeley, Ph.D. Secrétaire général du BLCC-USA
DIBUSSI TANDE Directeur de la Communication du BLCCUSA
Emile MONDOA, M.D. Conseiller principal du BLCC-USA
Jack Endeley
Le président de l'association FAKO America.
Source: Robinson Tchapmegni,2008

B- Le domaine Lagarde

Situé à Penka-Michel dans la région de l'Ouest-Cameroun, ce domaine d'une superficie de 548 ha fût créé à titre expérimental en 1925, pour la culture du quinquina, à la suite de la circulaire ministérielle de l'inspection générale du service français de la santé du 15 juin 1925. Après des essais d'acclimatement effectués à partir de 1925, l'administration coloniale française conclura en 1942 que « *les pays* possédant des régions favorables à la culture du quinquina comme les hautes terres de l'Ouest-Cameroun sont rares dans l'empire colonial français » (Ngomsik-Kamgang, 2012).

Par la suite la France entreprendra d'étendre la zone expérimentale en la classant dans le domaine privé du territoire, à l'insu du chef supérieur autochtone qui avait pris part aux négociations aboutissant à la création de zones expérimentales. Cette ambition coloniale va conduire à l'expropriation sans indemnisation de nombreuses familles qui occupaient la zone.

S'offusquant de cette façon de procéder à laquelle se livrait l'administration coloniale, les populations locales, motivées par leurs chefs, vont s'insurger. Les familles expropriées refuseront notamment de travailler dans la plantation du quinquina et les responsables de l'exploitation, durent faire venir les gens d'autres villages pour y travailler. Avec l'éclatement de la guerre civile au Cameroun, les exploitants de la cité du quinquina vont abandonner les plantations et rentreront hâtivement en France.

Cet abandon fera donc renaître l'engouement des populations locales pour leurs terres. Elles vont ainsi saboter l'exploitation en brûlant bâtiments, matériels et cultures. Elles se livreront par la suite à l'occupation des lieux au fur et à mesure que la région retrouvait la paix, si bien qu'en 1966, l'occupation de l'ex cité du quinquina, était quasi-totale. Cette occupation sera cependant de courte durée, puisque l'Etat camerounais entrera en scène en expulsant à nouveau les nombreuses familles qui y avaient déjà élu domicile. L'État veut y réaliser les travaux de relance du quinquina.

Animées par leur sempiternelle résilience, les populations locales ne s'avoueront pas vaincues. Elles entreprendront à nouveau des actes de sabotage à la cadence suivante : a) le 09 mars 1985, un incendie est déclenché dans la plantation et brûle 11300 plants ;b) en janvier, février et mars 1989, trois vagues d'incendies consécutives embrasent de nouveau la plantation détruisant au total près de 10 ha ; c) en 1990, 20 ha sur 24 plantés (soit 83,33 %) disparaissent dans le feu et ; d) en mai 1993, 5 vols et vandalismes sont perpétrés sur le bloc administratif.

En 1997, confronté à la crise économique et ne pouvant plus assurer ses projet agricoles, l'Etat entreprendra de morceler l'espace agricole du domaine Lagarde en de toutes petites parcelles (700 m2) qu'il louera ensuite aux locaux de toutes origines, pour y pratiquer des cultures vivrières. Cette logique de l'Etat remobilisera les Bansoa qui se lanceront à nouveau à la conquête de leurs terres jadis arrachées arbitrairement par l'administration coloniale (Ngomsik-Kamgang, 2012).

C- La terre Ntoungou

Ce conflit foncier qui oppose depuis plus de 20 ans l'Etat camerounais via la MAETUR, et les populations autochtones du village Ntoungou situé au carrefour Golf à Yaoundé, est assez illustratif. En effet, le 22 avril 1997, une partie des terres du village Ntoungou avait été mise à la disposition de la Mission d'Aménagement et d'Equipement des Terrains Urbains et Ruraux, pour aménagement par arrêté n°0237/Y/2.5.MINUH/D du Vice premier ministre chargé de l'Urbanisme et de l'Habitat. L'article 3 dudit arrêté prévoyait que le Ministre de l'Urbanisme et de l'Habitat déciderait en temps opportun de la répartition des espaces aménagés entre les populations autochtones, la MAETUR et l'Etat. Cependant les choses se passeront en violation du décret, puisque les terres seront plutôt accaparées par l'élite au pouvoir, provoquant au passage le courroux des populations autochtones. Pour que justice soit faite, les populations Ntoungou ont saisi à trois reprises le président de la République à travers des correspondances (Encadré 2).

Suite à cette énième correspondance, le 29 juin 2011, monsieur Martin Belinga Eboutou, alors directeur du cabinet civil de la présidence de la République, adressera une correspondance au directeur de la MAETUR (Encadré 3). Ces instructions n'ont malheureusement pas été suivies d'effet.

Extrait d'une correspondance des populations Ntoungou

« Vous êtes le père de la nation, garant de l'ancrage de notre pays dans le cercle des nations démocratiques et respectueuses des droits de l'homme et de l'Etat de droit. Vous ne saurez donc laisser ceux de vos proches collaborateurs ayant accumulé trop de richesses au détriment de la fortune publique et abusant de la toute-puissance que vous leur conférez par vos décrets, déposséder l'Etat du Cameroun et surtout les pauvres populations autochtones de NTOUNGOU de leurs patrimoines fonciers. Aliéner notre légitime « droit à la propriété, notre droit d'user, de jouir et de disposer de nos terres, en être les maîtres absolus et exclusifs dans les conditions fixées par la loi » et exercer des actes de torture et de barbarie vis-à-vis de nous sont des crimes qui ne sont rendus possibles que par l'impunité dont jouissent leurs auteurs et à cause d'un Etat rendu complice de l'oppresseur [...] Excellence, nous réclamons nos terres ! Que nos terres où gisent les restes de nos aïeux nous soient rétrocédées ! Votre indifférence nous renvoie un silence de complicité car personne ne doute que vous êtes au courant de ces scandales dont vos proches collaborateurs voudraient vous faire porter le sinistre fardeau de la responsabilité. Nous vous remercions d'avoir consacré votre précieux temps à nous lire et nous gardons espoir d'une prompte réaction de votre part »

Source : « Escroquerie Foncière : Des hautes personnalités de la république impliquées dans un scandale d'escroquerie foncières », septembre 2013, camer.be www.panafricain.com. Consulté le 24/04/2022

Extrait de la Correspondance du DC de la présidence au Directeur de la MAETUR.

« Pour la haute information du Chef de l'Etat. J'ai l'honneur de vous demander de bien vouloir prendre toutes les dispositions nécessaires à l'effet d'apporter une solution définitive au litige foncier opposant les familles à la MAETUR»

Source : *www.cameroon-info.net.Consulté le 24/04/2022*

III- ROMPRE AVEC LA LOGIQUE INCREMENTALE : LA POLITIQUE FONCIERE COMME SUBSTRAT DES REFORMES FONCIERES

À la différence de la réforme foncière qui désigne plutôt la réforme des textes juridiques qui touchent à la terre ou qui y sont liés, la politique foncière renvoie aux objectifs et stratégies censés sous-tendre une bonne gouvernance foncière. Ces objectifs et stratégies doivent prendre en compte les réalités anthropologiques, culturelles, cultuelles sociopolitiques, socioéconomiques, etc., qui structurent ou composent la société pour laquelle ils sont conçus. Leur mise en œuvre doit être la conséquence ou la résultante logique d'une identification préalable des problèmes et des défaillances à corriger.

La mise en œuvre des politiques foncières pose la question des échelles d'intervention, des modes de coordination, de régulation et d'arbitrage entre les conceptions et les intérêts des différents groupes d'acteurs. L'administration foncière joue ici un rôle central par les fonctions qu'elle exerce, en particulier, en matière d'aménagement de reconnaissance et de transfert des droits sur le sol. En fonction des choix de gouvernance foncière, des instances diverses peuvent être responsabilisées ou faire partie d'un dispositif public d'administration foncière qui ne se réduit donc pas aux services étatiques spécialisés, mais peut intégrer des instances communales, des comités locaux, etc. (Livre blanc des acteurs français de la coopération, 2008).

C'est dans cette perspective que s'inscrivent Hubert Ouédraogo et Vincent Basserie (2011) pour qui « les politiques foncières doivent reposer d'une part sur un diagnostic, reconnu comme objectif par les différents acteurs, des problèmes prioritaires à résoudre et d'autre part, sur une approche socialement inclusive axée sur la participation véritable de l'ensemble des acteurs fonciers : État et collectivités locales, société civile y compris, organisations paysannes et organisations de femmes, institutions traditionnelles, secteur privé, etc. ».

Une bonne politique foncière, même s'il n'en existe pas dans l'absolu, est celle qui s'adapte aux évènements et qui se donne les moyens d'une prise de décision rapide appuyée sur un potentiel d'intervention suffisant. Une politique foncière suppose l'évaluation de l'action publique pour savoir si la politique conçue en termes de réformes a atteint les objectifs fixés. L'évaluation, du point de vue de la politique foncière, permet de déterminer si la politique mise sur pied a du succès, ou si, au contraire, le problème subsiste, auquel cas, il faut formuler une nouvelle politique pour éviter de faire face à des réformes foncières inadaptées et improductives ainsi qu'à de mauvaises pratiques et réglementations en matière de gestion des sols.

L'élaboration et la mise en œuvre des politiques foncières constituent des exercices complexes, longs mais réalisables. Le suivi et l'évaluation des politiques foncières sont déterminants afin d'assurer leur revue et actualisation périodiques autant que de besoin, et de corriger à temps les insuffisances ou erreurs commises» (Ouédraogo et Basserie, 2011).Émargeant dans cette logique, Werner Bussmann, Ulrich Klöti et Peter Knoepfel (1998) posent que « les évaluations peuvent avoir pour objectif, ou comme conséquence, de formuler ou de modifier des mesures ou des politiques publiques, d'en améliorer la mise en œuvre ou d'en rendre compte ».

Globalement l'évaluation renvoie à l'analyse des résultats d'une intervention publique « pour savoir non seulement si celle-ci a atteint les objectifs qui lui étaient assignés, mais surtout, si elle a produit des effets attendus en s'appuyant sur des données empiriques collectées et analysées spécifiquement à cet effet» (Abouem à Tchoyi et M'bafou, 2013). Répondre aux défis de la diversité, de la rareté et du développement durable suppose des politiques foncières volontaristes. C'est-à-dire celles qui peuvent concilier croissance économique et équité. Celles qui peuvent assurer l'intégration économique et sociale des populations rurales et urbaines, construire un cadre sécurisant pour les activités économiques, et assurer la protection de l'environnement dans une perspective de développement durable. Cela suppose des changements importants dans les orientations des politiques foncières, et des innovations majeures dans les outils juridiques et institutionnels et les procédures nécessaires à leur mise en œuvre. De tels changements sont avant tout le résultat d'une volonté politique, généralement exprimée au plus haut niveau de l'État, motivée par des facteurs d'ordre social et économique. (Livre blanc des acteurs français de la coopération, 2008).

Tant en milieu rural qu'urbain, les inflexions ou les changements affectant la politique foncière visent à réduire les tensions sociales nées d'une répartition inégale des ressources foncières. Ils visent également à lever les obstacles à l'investissement et à la production en adaptant les interventions aux systèmes fonciers et aux formes de tenure dominantes. Dans le contexte d'un pays comme le Cameroun la réforme foncière devrait, entre autres finalités, poursuivre les objectifs suivants : a) rationalisation et sécurisation des droits fonciers de tous les acteurs comme moyen de prévention et de gestion des conflits ;b) amélioration de la productivité de la terre afin qu'elle contribue mieux à la réduction de la pauvreté ;c) sécurité alimentaire et ;d) transparence. Pour ce faire, la réforme foncière en gestation au ministère des domaines, du cadastre et des affaires foncières, doit parvenir à réaliser l'équilibre entre les droits villageois et les exigences de la modernité, en garantissant à tous une « sécurité foncière optimale» (Initiative des droits et ressources, 2012-2013).

CONCLUSION ET PERSPECTIVES

A titre conclusif, paraphrasant Michel Crozier (1982), nous pouvons affirmer qu'« on ne change pas une société par décret ». D'où l'urgence de l'élaboration d'une véritable politique foncière au Cameroun comme nous le suggérons dans cette réflexion. La logique voudrait que les choses soient prises par le bas comme elles sont sur le terrain et non par le haut comme on voudrait qu'elles soient sinon rien ne changera en termes de gouvernance foncière au Cameroun. La question foncière ne saurait être gérée de façon bureaucratique et exclusive dans un contexte de conflits permanents. Il faut véritablement songer à une planification multi-acteurs. Dans cette perspective la réforme foncière actuellement en élaboration au ministère des domaines, du cadastre et des affaires foncières, devrait parvenir à réaliser l'équilibre entre les droits villageois et les exigences de la modernité, en garantissant à tous les acteurs une « sécurité foncière optimale.

A cet effet, il est expédient que soient adoptées des approches alternatives de sécurisation foncière au Cameroun. Les réformes foncières futures ont fondamentalement besoin d'envisager différemment la sécurisation foncière. Elles ont en particulier besoin de s'émanciper des présupposés coloniaux sur la sécurité foncière et sur les droits fonciers villageois. Si le système de l'immatriculation foncière peut convenir à de grandes propriétés bénéficiant d'investissements lourds, l'histoire de l'immatriculation enseigne qu'il faut imaginer des approches alternatives pour les petites exploitations familiales, s'appuyant sur le consensus autour de la légitimité des droits fonciers locaux dans leur grande diversité.

Emargeant dans cette logique le juriste et anthropologue Hubert Ouédraogo (2011) suggère d'explorer trois directions : a) la première direction est d'ordre méthodologique. Selon l'auteur, malgré les limites qu'on leur attribue à tort ou à raison, les approches participatives doivent être la base des processus d'élaboration des législations foncières. la participation et la concertation bien conduites sont de bons moyens pour limiter les risques d'adoption de solutions foncières inadaptées et inapplicables ;b) la seconde direction consiste à reconnaître les droits fonciers légitimes, et, malgré les spécificités qui sont les leurs, ces droits méritent une égale considération et protection de la loi ; c) la troisième direction est relative aux institutions et outils de gestion foncière. Il d'agit de s'appuyer sur les institutions locales déjà existantes ou d'œuvrer à leur amélioration. Ce qui constitue un gage prometteur d'effectivité de la gestion foncière locale, à condition de renforcer les capacités de ces institutions et de veiller aux questions de gouvernance locale.

BIBLIOGRAPHIE

ABOUEM à TCHOYI David, M'BAFOU Stéphane Claude, *50ans de réforme de l'État au Cameroun : Stratégies, bilans et perspectives*, Paris, L'Harmattan, 2013.

BANQUE AFRICAINE DE DEVELOPPEMENT, FONDS AFRICAIN DE DEVELOPPEMENT, « Cameroun : Etude diagnostique pour la modernisation des secteurs du cadastre et des domaines », 2009, pp.1-66.

BOUTINET Jean-Pierre, *Anthropologie du projet*, Paris, PUF, 1990.
BUSSMANN Werner, KLÖTI Ulrich, KNOEPFEL, Politique publiques : Evaluation, Paris, Economica, 1998.

COALITION RRI CAMEROUN, « Plaidoyer pour un cadre juridique du foncier et des domaines au Cameroun plus protecteur des droits et intérêts des communautés locales et des populations autochtones, juin 2015, pp1-12.

INITIATIVE DES DROITS ET RESSOURCES, Rapport annuel, « Propriétaires fonciers ou paysans sans terres : Quel choix feront les pays en voie de développement ? », 2012-2013, pp.1-22.

LIVRE BLANC DES ACTEURS FRANÇAIS DE LA COOPERATION, « Gouvernance foncière et sécurisation des droits dans les pays du sud », Synthèse, 2008, pp. 1-127.
LIZ ALDEN Wily, « A qui appartient ces terres ? Le statut de la propriété foncière coutumière au Cameroun », éd. Fenton, février 2011, pp.1-25.

MINISTERE DES DOMAINES, DU CADASTRE ET DES AFFAIRES FONCIERES, *Régime foncier et domanial au Cameroun : Lois et Ordonnances, Décrets et Arrêtés, Circulaires et Instructions,* 2008.

MINISTERE DES DOMAINES, DU CADASTRE ET DES AFFAIRES FONCIERES, « Guide de l'opérateur économique pour l'accomplissement des procédures foncières, Domaniales et Cadastrales, en vue de la facilitation de l'accès aux droits sur la terre », Tome 2 relatif aux procédures sur le domaine national et sur le domaine privé des particuliers, Rapport définitif, avril, 2012, pp.1-83.

NGOMSIK-KAMGANG Joseph, *Evolution dans la région de l'Afrique Centrale des règles foncières et d'urbanisme : l'exemple du Cameroun,* Thèse de doctorat en droit public, Université de Limoges, 2012.

NKANKEU François, BRYANT Christopher, « Regards multidisciplinaires sur les conflits fonciers et leurs impacts socio-économico-politique au Cameroun », Montréal, août 2010, pp.310-311.
NYAMA Jean-Marie, *Régime foncier et domanialité publique au Cameroun,* Presse universitaire de l'UCAC, 2012.

OUEDRAOGO Hubert, BASSERIE Vincent, « Les politiques foncières formelles et concertées : Le chaînon manquant des systèmes fonciers ouest-africain ? », juin 2011, pp.1-4.

TCHAPMEGNI Robinson, *Le contentieux de la propriété foncière au Cameroun*, Université de Nantes, Thèse de droit privé, 2008.

Structures éditoriales du groupe L'Harmattan

L'Harmattan Italie
Via degli Artisti, 15
10124 Torino
harmattan.italia@gmail.com

L'Harmattan Hongrie
Kossuth l. u. 14-16.
1053 Budapest
harmattan@harmattan.hu

L'Harmattan Sénégal
10 VDN SICAP AMITIE 3
BP 45034 Dakar-Fann
direction@senharmattan.com

L'Harmattan Cameroun
Tsinga/Derrière polyclinique FECAFOOT
BP 11486 Yaoundé
Jacques.koukam@harmattan.fr

L'Harmattan Burkina Faso
Villa 281, secteur 23 623, rue 14.32
Ouagadougou
zagbie@outlook.fr

L'Harmattan Guinée
Almamya, rue KA 028 OKB Agency
BP 3470 Conakry
harmattanguinee@yahoo.fr

L'Harmattan RDC
185, avenue Nyangwe
Commune de Lingwala - Kinshasa
matangilamusadila@yahoo.fr

L'Harmattan Congo
219, avenue Nelson Mandela
BP 2874 Brazzaville
deunovmikhael@gmail.com

L'Harmattan Mali
Immeuble Mgr Jean Marie Cissé
Aci Hamadallaye
BP 145 Bamako
syllaka@yahoo.fr

L'Harmattan Togo
Djidjole - Maison Amela
face EPP BATOME
02 BP 20680 Lomé
didieramela11@gmail.com

L'Harmattan Côte d'Ivoire
Résidence Karl - Cité des Arts
Abidjan-Cocody
03 BP 1588 Abidjan
harmattan.ivoire@gmail.com

L'Harmattan Bénin
Rue 604, (Immeuble à l'entrée
de la rue UCAO- Cite de Saint-Jean)
Cotonou
stepcorpus@gmail.com

Nos librairies en France

Librairie internationale
16, rue des Écoles
75005 Paris
librairie.internationale@harmattan.fr
01 40 46 79 11
www.librairieharmattan.com

Librairie des savoirs
21, rue des Écoles
75005 Paris
librairie.sh@harmattan.fr
01 46 34 13 71
www.librairieharmattansh.com

www.ingramcontent.com/pod-product-compliance
Lightning Source LLC
LaVergne TN
LVHW010020081026
849535LV00016B/1985
* 9 7 8 2 3 3 6 5 1 7 6 9 8 *